KB211971

아무것도 아닌 자의 죽음

아무것도 아닌 자의 죽음

이옥희 지음

바이북스†
ByBooks

천국에 계신 아버지!

가난한 사람들을 배려하며

고단한 삶을 행복하게 사신 아버님과

아름다운 세상에서

초라한 삶을 사시는 분들과

삶에 지친 사람들을

사랑하며 섬기시는 모든 분들에게

감사와 존경의 마음을 담아

이 책을 바칩니다.

아무것도 아닌 자의 죽음

육순종목사(한국기독교장로회 총회장 비전아시아 이사장)

선교사 이옥희는 오늘도 어김없이 자신의 이야기를 풀어놓는다. 인도를 떠난 지 5년의 시간이 준 절망과 눈물, 그 고통의 날들을 통해 눈뜬 혜안과 통찰을 나눈다. 그가 자신의 이야기를 지속적으로 나누는 것은 자신의 이야기를 팔기(?) 위해서다. 자신의 이야기를 팔아, 인생 여정에서 만난 수많은 '아무것도 아닌' 사람들을 살리기 위해서다. 어떻게 보면 그는 하나님의 앵벌이다. 어떻게든 한 푼이라도 더 모아, 한 모금의 사랑이 필요한 이들에게 끝없이 퍼주려 하기 때문이다. 그러나 절박함으로 안겨주는 그의 책은 언제나 울림이 크다. 그의 글은 쉽게 읽혀지는 편이지만, 그 안에 전하는 메시지는 결코 간단하지 않다. 삶의 방향전환을 요구하는 뼈 아픈 성찰이 그 중심에 자리하고 있기 때문이다. 그의 글은 수려하지만 때로 거칠다. 우아하지만 때로 스트레이트다. 그러나 사람을 빨아들이는 스토리텔링의 힘이 있다. 간혹 상식의 틀을 깨뜨리지만, 우리를 설득한다. 질풍노도 같은 롤러코스터 인생이야기지만, 가지런한 삶의 결이 있다. 그가 말하려고 하는 지향은 모호하지 않고 분명하다. 에둘러 가지 않고 바로 정곡을 찌른다. 글은 자신의 분신이라고 하는데, 정확히 이옥희의 글이 그렇다.

책을 읽으며, 인도를 그리워하는 저자의 마음에 감정이입이 되어 힘들었다. 첸나이 무디츄르의 희망발전소와 난달의 와이에스 나가르 희망공동체가 세워지는 과정을 지근에서 지켜보았기에 그렇다. 또한 남인도에 십여 차례 드나들며, 이 책에서 언급되는 데칸고원과 잠말라마구두, 에이즈 그룹 홈 등 사역의 현장에서 함께 했던 시간들이 떠올라 가슴이 시리기도 했다. 그의 꿈과 기도를 알고, 그의 가슴의 온도를 알기에, 그가 5년간 얼마나 그리워했고, 얼마나 울었고, 얼마나 기도했는지가 미루어 짐작되어 마음이 많이 아팠다. 그러나 그는 불꽃처럼 사랑했던 달리트들, 희망없는 아이들 곁으로 돌아갈 수 없는 자신의 삶의 여정을 받아들이는 순명의 자리에 이른 듯하다. 토기장이신 하나님의 주권 앞에 겸허히 선 그의 모습은 숭고하다. 사실 받아들임은 체념이 아니다. 자포자기나 수동적인 운명론도 아니다. 받아들임은 체념과 포기를 넘어 선 자리다. 예수께서 받아들인 십자가와 죽음은 체념이나 포기가 아니라, 가장 적극적인 선택이었고 가장 능동적인 결단이었다. 예수의 받아들임은 그 어떤 저항과 결단보다 강력한 것이었다. 예수는 받아들임을 통해 하늘의 뜻을 이루었기 때문이다. 그래서 받아들임은 강하고 부드러운 것이며, 가장 자연스러운 삶의 길이다. 나는 이옥희가 5년의 방황의 마침표를 찍고, 하나님의 주권을 받아들이는 사건을 통해서 그의 사역이 오롯이 하늘의 뜻을 향하고 있음을 본다.

저자는 기억의 서랍을 열며, 자신의 삶과 사역을 이룬 뿌리에 대해서 차분히 풀어놓는다. 아버지의 이야기다. 사부곡이라고 할 만한 이 책의 3부, '아버지의 하늘'은 이옥희를 이옥희 되게 한 존재의 근원에 관한 이야기다. 그는 역경에 쉽게 굴하지 않는다. 무시당하고 인정받지 못하는 열악한 상황을 넉넉히 견디는 힘이 있다. 그 자존감이 어디서 온 것인지 때로 궁금했다. 이 책의 고백 속에서 그것이 그의 아버지였음을 발견하게 된다. 그의 아버지는 그의 자존감의 뿌리다. 아버지는 그의 든든한 후원자이며 지지자였고, 그를 품은 대지였다. 나는 비로소 그가 왜 그토록 하나님 아버지에게 거리낌이 없이 졸라댈 수 있었는지를 이해할 수 있었고, 불가해한 고난으로 점철된 사역의 여정을 끝내 견딜 수 있었던 이유, 남인도에서 만난 희망을 잃어버린 이들에게 마르지 않는 샘물 같은 존재를 설 수 있었던 이유를 알게 되었다. 이옥희에게 아버지는 그의 존재의 빛이다. 이옥희에게 육신의 아버지의 사랑이 하늘 아버지의 사랑의 빛으로 다가왔듯이, 아낌없이 주었던 이옥희의 인도에서의 삶 역시 그 땅의 이름 없는 이들에게 하늘 아버지의 사랑으로 다가갔을 것이다.

코로나 19의 상황은 멈추어 서서, 돌아보고(통찰하고), 돌이키라는 하늘의 음성이다. 이옥희는 이미 멈추어 서 있었다. 그래서 그의 통찰은 예리하고 날카롭다. 돌이켜야 한다는 그의 목소리도 추상같다. 근본을 꿰뚫고 있으며, 가치 전복적인 시각으로 일관한다. 그에게 예수가 이기신 사망권세는 추상적 개념이 아니라 제국의 권세이고, 맘몬의 권세이며, 거짓 언론의 권세이고, 대중의 인기라는 권세이다. 그에게 요셉은 기후재앙의 위기를 통찰했음에도 그것으로 백성들을 위해 봉사하지 않고, 권력의 이익을 위해 봉사한 인물일 뿐이다. 희년법이야말로 탐욕의 무한 질주를 멈출 수 있는 하나님의 뜻이라 외치며 물화된 교회와 자본주의를 경고한다. 그는 코로나 19가 인류를 교정하지 못할 것이라고 말한다. 코로나 19를 바라보는 명망가들의 시각이 본질에서 빗나가 있다고 지적한다. 코로나 19는 교정자가 아니고 예언자라고 선포한다. 코로나 19는 우리의 죄악의 결과물을 보여주고, 우리들의 거짓된 현주소를 가감 없이 드러낸다는 점에서 시대의 예언자라고 말한다. 이 예언자 앞에서 우리가 할 수 있는 일은 참회와 돌이킴뿐이다.

우리 시대는 지금 막다른 길목에 서 있다. 특별히 한국교회는 회복하기 어려운 수렁에 빠져있다. 그런 의미에서 언제나 막다른 길목에서 새로운 길을 찾아 온 저자가 숱한 몸부림 끝에 내놓는 통찰은 한 줄기 빛과 같다. 그가 제시하려는 이정표는 철저히 자기를 내어주는 사랑과 나눔의 길이다. 이것은 저자가 살아온 삶의 이력이며, 그립고 그리운 인도에서 받은 영감의 핵심이다. 언제나 희망은 나를 열어, 내 것을 나누는데 있음을 일깨우는 이 책《아무것도 아닌 자의 죽음》이 고맙다.

아무것도 아닌 자들과 춤추는 사람

신형식 (한국기초과학지원연구원장)

이 글을 쓰는 지금까지도 필자는 저자 이옥희 선교사를 만나지 못했다. 몇 해 전 그의 책 《사랑만이 가슴에 남는다》를 우연히 접한 후 부쩍 보고 싶었지만, 해외선교 중에 있고 돌아올 기약이 없다고 해서 그저 그 바람을 가슴에만 품고 있었다.

저자는 필자의 자랑스러운 제자 이원택 국회의원의 큰누나이거니와, 필자가 고교시절에 몸담았던 고전독서회 후배이시기도 하다. 이런 인연에서 파생된 수많은 연결고리가 우리 사이에 얽혀 있다. 삼십년 이상 지켜본 이 의원이나, 또 학창시절에 민주화운동으로 옥고를 치르는 이 의원을 교도소로 면회 갈 때마다 부모님과 동행했는데, 그분들을 통해 저자의 품성을 익히 짐작해온 터다. 필자가 주례를 맡았던 이 의원의 결혼식과 작년에 있었던 아버님 장례식 등에서 목사님 가족을 모두 만났고 지금도 가깝게 지내고 있지만, 유독 저자만 아직까지도 상봉하지 못한 게 신기하기만 하다.

하지만, 헌신과 깨달음으로 점철된 저자의 삶의 여정을 끊임없이 들어서 숙지하고 있으므로, 상봉 여부가 책의 추천사를 쓰는 데 크게 중요하지 않겠다는 생각으로 용기를 내었다. 제현들의 양해를 구한다.

독자들의 이해를 돕기 위해 저자의 이력을 간략히 소개하고자 한다. 저자는 1957년 정월 초하루 전북 김제시 백구면 강좌마을에서 3남4녀 중 둘째이자 장녀로 태어났다. 독서와 글쓰기를 자신의 평생친구라 여겨온 그는 여고에 입학하자마자 고전독서회에 가입하여 활동했으며, 졸업 후 신학대학교에 진학했다. 1989년부터 1997년까지 서울 둔촌동에 있는 은퇴한 여성목회자들의 부양관인 베다니집 관장으로 근무하던 중, 1991년 목사 안수를 받았다.

그 후, 그는 1997년 8월 사전 준비 없이 선교사가 되어 먼 길을 떠났다. 이 소식을 전해들은 것은 시간이 꽤 흐른 뒤였지만, 도대체 어떤 힘이 40대 여성 목회자를 험난한 선교의 길로 이끌었을지 많이 궁금했었다.

그해 10월 인도 첸나이에 도착하였고, 뉴델리에서 머물다가 1999년 10월 다시 남인도로 내려가서 안드라푸라데쉬주 데칸고원 일대에서 활동을 시작했다. 저자가 인도에 있는 동안 가장 많이 순회한 라열라시마 지역은 우리나라 호남지방보다 큰 가시덤불과 바위가 가득한 황무지였다. 그 삭막한 광야에서 저자는 인도 카스트제도의 마지막 넷째 계급에도 끼지 못하는 달리트(불가촉천민)를 만나, 3000년의 인도 역사 속에서 학대받고 수탈당해온 그들의 삶에 함께 분노하고 흥분하며 절망과 희망을 공유하였다.

이 책 제목과 같은 표제의 1부 〈아무것도 아닌 자의 죽음〉은 바로 그러

한 선교현장의 생생한 분노, 절망과 함께 헌신과 믿음의 부르짖음을 담고
있다. 저자는 '아무것도 아닌 자들'에 대한 연민과 그들이 처한 처절한 현
실에 막중한 소명의식을 느끼면서도 아무것도 해줄 수 없는 인간적인 무
력감으로 고뇌한다. 그러나 예수님께서 앞장서 보이신 헌신과 믿음, 사랑
의 길에 의지하여 끊임없이 매달리고 호소하며 응답받는다.

저자가 샨띠홈(에이즈고아원), 믿음의 집(에이즈고아원), 뿌렘담(고아원), 엔젤
스홈(네팔 고아원), 실맛신학교를 지원하며 겪는 감동과 감격, 슬픔과 아픔,
희망과 절망에 대한 글을 통해 참으로 숨 가쁘고 열정적인 그의 삶의 여
정을 느낄 수 있다.

2007년 인도의 구루꿀신학대학교에서는 이 같은 달리트 선교와 에이
즈고아 돌봄의 공을 인정하여 그에게 명예신학박사 학위를 수여하기도
했다고 들었다. 또 이런 선교사업에 든든한 버팀목이 되어준 한국 후원자
들과의 감동적인 이야기가 소개되는데, 이들을 향한 깊은 감사와 존경의
마음이 절절히 배어난다.

2부 〈토기장이와 진흙덩이〉는 성경에 대한 이 저자의 깊은 묵상이다.
전통적인 해석에 매이지 않고 현 상황과 시점에서 성서를 재해석한다. 성
서 구절과 말씀을 현실에 비추어보며 이를 지금 이 순간 우리가 만들어가
는 역사 속에 적용하는 내용이다. 육신으로 태어난 인간이 살 수 있는 가
장 아름답고 가치 있으며 복된 삶의 길이 바로 십자가의 길이라 믿는 그
는 그 고된 길을 몸소 기쁘게 걸어간다. 저자는 2010년 8월, 첸나이에 미
래세대를 위한 집으로 선교센터 '희망발전소'를 열어 한국과 인도청년을
위한 교육과 훈련을 실시했고, 2013년 2월에는 데칸고원의 소읍인 난달

지역 변두리에 선교센터 '희망공동체'를 시작하여 농촌지역 어린이, 청소년과 청년들이 꿈과 희망을 나누는 장을 마련했다.

그렇게 선교의 길을 걷던 2014년 8월, 저자는 비즈니스 비자로 포교활동을 하고 있다는 사실이 인도 관계당국에 알려져 이민국의 조사를 연거푸 받은 끝에 한국으로 추방되는 철퇴를 맞았다. 인도에 들어갈 길이 막힌 그는 새로운 선교현장을 찾아 서남아시아와 동부 아프리카를 종횡하며 방황하다가 우여곡절 끝에 2017년부터 3년을 중국에 머물게 되었다. 그 기간 동안 그는 사회주의 중국사회와 조선족의 역사를 공부하며 간도독립운동사에 깊은 관심을 가지게 되었다고 한다. 그는 이렇듯 예수그리스도를 따르는 하강과 비움의 고된 여정에 성서야말로 끊임없이 뜨거운 감동과 에너지를 불어넣어 '하나님의 음성'을 들으며 고난과 시련을 이겨내게 만든 원천이었다고 고백한다.

3부 〈아버지의 하늘〉은 은자이셨던 아버지에 대한 존경과 사랑을 담아 고인에게 헌정한 글이라 할 수 있다. 여성의 배움에 대해 배타적이던 시대 상황에서도 딸을 신뢰하고 목회자의 길을 터주신 아버지는 어떠한 상황에서든 항상 격려하며 축복하셨다고 한다. 이원택 군의 일로 여러 차례 뵐 때마다 항상 겸손하시고 과묵하신 모습으로만 기억되었던, 그분이 그런 따듯하고 속 깊으신 분인 줄은 미처 몰랐다. 아버지의 한없는 사랑과 신뢰가 저자를 낙천적인 사람으로 만들었으리라 믿는다. 가난하고 병들고 소외된 타국의 이웃에게 지치지 않는 사랑을 아낌없이 퍼붓는 저자의 모습은 그 아버지로부터의 내리사랑에 기인한 것일 터이다. 또 그의 가슴 깊이 자리하고 있는 유년시절의 원형적인 모습에 대한 글이 함께 실려 있다. 양동이

13

와 두레박을 챙겨들고 식수 항아리를 채우려 종종걸음으로 작두샘을 왕복했던 추억은 인도 데칸고원을 딛고 선 저자에게 큰 깨달음과 감동을 불러일으킨다. 더불어 고향의 너른 들녘과 만경강 푸른 물은 고난에 빠질 때마다 저자를 끊임없이 다독이며 꿈과 희망을 선사해줬을 것이다.

4부 〈코로나 담론〉은 주로 코로나19 바이러스가 야기한 팬데믹에 대한 묵상과 해석이다. 또한 창조주에 대한 경외와 이웃에 대한 사랑을 최우선해야 하는 교회의 가치가 사라지는 현실과 재물에 치중하는 교회에 대한 비판이 실려 있다. 또 거짓과 폭력이 난무하고 권위주의화한 소셜네트워크서비스(SNS) 단체대화방에 대한 실망과 아픔에 관한 글 또한 현대인이 꼭 짚어봐야 할 대목이다.

저자의 가족들을 오랫동안 지켜본 필자에게는 돌아가신 아버지에 대한 추억과 가르침을 담은 3부가 가장 흥미롭게 다가온 것이 사실이다. 그러나 원고를 덮으며 가장 울림이 컸던 부분은 단연코 4부다. '궁즉통'이라 했던가. 사람이 무슨 일에 몰입하다보면 세상의 이치를 깨닫는 법인가 보다. 풍요로운 현대 물질문명의 그림자로 생겨난 미세먼지나 코로나19 팬데믹 등의 원인과 해법에 대한 저자의 견해를 읽다보니 어느 훌륭한 미래학자의 탁견을 청해 듣고 있는 것처럼 느껴졌다. 현 상황을 파악하고 분석하며 미래를 예지하는 저자의 통찰력과 혜안이 돋보이는 이 책이, 다양한 이해집단의 기호에 맞춰 쏟아지는 정보의 홍수 속에서 부디 독자들의 기준을 곧추세우는 계기가 되기를 바란다.

통찰력과 냉철한 비판이라는 단어가 드러내는 이성적 이미지와는 달리, 저자는 늘 해처럼 활짝 웃어서 '해보'라는 별명을 가졌다. 소싯적 매 맞으면서도 웃어서 선생님들께 매를 더 벌은 적도 있다는 저자. 이처럼 몸에 밴 낙천성으로 소외된 이국(異國)의 아무것도 아닌 자들에게 뿌린 사랑과 희망의 씨앗이 이제 막 움트고 있는 듯하다. 머지않아 그 꽃이 만발하고 백배 천배의 씨앗을 맺어 온 세상에 '신명나게 춤추듯' 퍼져나가길 빈다.

해사하게 웃는 저자 이옥희 목사를 《아무것도 아닌 자의 죽음》을 통해 가슴으로 만나본다.

낮에는 한없이 무모한 도전자,
밤에는 바보처럼 울며 기도하는 사람

최선욱(문학박사, 수필가)

저자 이옥희 선교사는 나와 동창 사이다. 이제 그는 그저 풋풋했던 소녀시절 추억 속에만 박혀있는 친구가 아니다. 만남이 이어질수록 인격의 향기가 짙게 배어나오는, 우정 그 이상의 감동을 전해주는 친구다. 오불오불 모여 있는 작은 꽃송이를 보면서 그 속에서 창조주의 오묘한 손길을 느끼는 섬세함이 있는가하면 때로는 험난한 길, 좁은 길, 남이 가지 않는 길을 택해 우직하고 무모하게 도전하는 강한 정신력을 지닌 사람이다. 소탈한 외모와 달리 저자는 사람과 사물, 시대를 읽는 눈이 예리하다. 그러하되 늘 십자가 사랑에 붙잡혀 작고 연약한 자에게 먼저 다가가 손 내미는 긍휼이 넘치는 사람이다. 누구에게도 그러하듯 내가 갈팡질팡할 때, 안일에 빠져있을 때 일으켜 세워주는 영혼의 격려자이다. 지금까지도 부실한 내 신앙의 선배요, 나침판 역할을 해주고 있다. 그 고마움의 빚을 조금이라도 갚는다는 심정으로 감히 추천사를 쓰고자 한다.

본서는 총 4장으로 구성되어 있다.

1부 〈아무것도 아닌 자의 죽음〉에서는 주로 해외 선교의 현장에서 만났던 '아무것도 아닌 자'들에 대한 그리움이 절절히 느껴진다. 또한 '작은 자'를 향해 나가는 저자를 기도로 물질로 돕는 후원자 이야기, 돌보아야 할 곳은 너무 많고 후원금만으로는 부족할 때 자신의 몸이라도 팔아 그들의 밥이 되고픈 저자의 심정, 구제비 충당을 위해 자신의 책을 팔기 위해 보따리장사 하는 어려움과 보람, 때맞춰 풍성히 채워주시는 하나님의 신묘막측한 은혜 체험 등이 담겨있다.

2부 〈토기장이와 진흙덩이〉에서는 저자가 갈등적 상황에서 하나님의 침묵으로 말미암아 영적 고독감에 빠졌다가 하나님의 피조물에 불과한 종으로서의 깨달아가는 과정과 고백을 듣게 된다. 그리고 희년의 정신으로 돌아가자고 외치고 있다. 창조의 섭리가 담긴 자연법, 희년법의 원리를 현 시대에 구현하는 길만이 참삶의 길임을 제언하고 있다. 동시에 삶의 가치가 전도된 현실을 직시하면서 총체적인 회개를 촉구하고 있다.

3부 〈아버지의 하늘〉에는 부러울 만큼 남다른 부녀간 사랑이 진솔하게 드러나 있다. 작가가 신학의 길로 들어서는 초기부터 험지, 오지 찾아 선교 활동하는 내내 말없는 지지자가 되어주신 아버지에 대한 존경과 감사가 일화 속에 알알이 배어있다.

4부 〈코로나 담론〉은 코로나19가 인류에게 과연 무엇을 요구하는가, 시대의 아픔 앞에 조용히 묵상하고 회개할 것을 요청하는 영적인 성명서이다. 그리고 이 위기를 자초한 제국의 폭력과 세상을 지배하고 있는 권세들, 자본의 노예로 살아가는 현대인들을 향해 예언자적 직언을 쏟아놓았다. 특히 대형교회를 지향하는 한국 교회의 허상을 파헤치고, 배금주의와 기복주의에 물들어 회개와 기도가 없는 크리스찬에게 경고의 메시지를 던지고 있다.

저자는 18년여 세월 동안 온몸 바쳐 그리스도 사랑의 씨앗을 뿌리고 가꿔오던 인도 땅에 다시 들어갈 수 없는 현실을 마치 11월 텅 빈 들판에 서 있는 느낌이라고 했다. 아무것도 아닌 자로 취급받는 달리트의 손을 잡아주고 안아주고 같이 울어주며 그들의 어머니로 살아왔던 날들. 인도에서 그렇게 부대끼고 흔들렸고 아팠음에도 달리트 이름 하나하나 기억하며 여전히 그곳에 시선을 두고 산다. 기티카, 키쇼르, 모제쉬, 마니, 산토스 등 고아나 장애우, 환우, 가장 낮은 곳에 있는 작은 자들을 홀로 두지 않고 선교사는 늘 가슴에 품고 산다.

선교사는 기후, 음식, 언어 모든 것이 맞지 않는 해외, 인도에서 1인 4역, 5역 일을 하면서도 쓰러지지 않고 살아온 것이 기적이라고 스스로 고백했다. 나는 여기에 현재진행형 기적 하나를 덧붙이고 싶다. 진두지휘하던 저자가 인도 현장에 들어가지 못한 세월이 5년여 흘렀지만 선교 사역이 중단되지 않고 더 확장되고 있다는 사실은 기적 중의 기적 아닌가. 어떻게 그것이 가능할까? 하나님 앞에서 남몰래 울며 몸부림치는 이 선교사의 기도와 열정이 이루어낸 결과라고 생각한다. 물론 혼자의 힘은 아니다. 선교사를 신뢰하는 많은 후원자들의 기도와 후원금이 지속되었으므로 가능한 일이었다. 저자의 기도와 후원자의 헌금도 자의적인 것 같지만 결국은 하나님의 뜻이요, 은총이었음을 고백하고 있다. 저자는 돈이 우상이 되어버린 각박한 세상에 자기 호주머니를 열고 욕심을 내려놓을 줄 아는 사람, 주고도 더 많이 못 주어 미안해하는 사람, 전혀 모르는 자, 되갚을 수 없는 자, 가장 작은 자들에게 아무런 생색 내지 않고 도움을 줄줄 아는 사람을 성숙한 사람이라고 정의하였다. 저자는 이런 분들에게 빚지고 살며 이런 분들 덕에 일할 수 있음에 감사하고 감격해한다. 이런 분들이 하나님의 기쁨이 되는 사람이며 진정 성숙한 사람이요, 이로 인해 세상은 아직도 희망적이라고 노래하고 있다.

저자는 자신의 반생이 모금인생이었다고 솔직히 토로한다. 그는 '선교사는 거지다'라고 아예 선포하고 모금활동을 수년간 해왔다. 그는 사막에 꽃을 피우리라는 신념 하나로 초지일관 전력투구하며 살아내고 있다. 자신의 신념이 하나님의 뜻이라는 확신이 서면 그는 좌고우면하지 않고 행동으로 옮기는 사람이다. 사막에 물을 퍼 나르기로 작정하고 발 벗고 나선 무모한 도전자다. 어릴 적에도 그는 집안에서 물 긷는 아이였다. 방과 후면 으레 수대, 양동이, 두레박을 챙겨서 우물물을 퍼 나르는 일을 도맡은 맏딸이었다. 어린 시절에 시작한 물 긷기가 지금은 섬김의 도로 확장되어 지속되고 있다. 온몸과 마음을 바쳐 생명수를 건져 올려 인권을 유린당한 채 죽어가는 영혼들에게 목을 축여주고 있다. 남의 호주머니에서 돈 꺼내는 일이 가장 어렵다는 것을 저자는 왜 모르겠는가. 아무리 좋은 일 위해 사용한다 해도 남에게 끊임없이 손 벌리는 일이 얼마나 구차했겠는가. 궁리 끝에 부족한 부분을 스스로 메우려 여러 권의 책을 발간, 판매에 나섰다. 처음부터 책 판매 수익금 전체를 장학금이나 구제비로 쓰겠다고 밝히고 나섰지만 책 파는 일 또한 쉬운 일이 아니었을 것이다. 책을 안 사고 안 읽는 시대에 책 좀 사달라고 애원하고 심지어 강매하기도 했다고 한다.

"저를 팔아서 고아와 과부들, 가난하고 병든 사람들에게 밥으로 주십시오" 라고 바친 나의 기도가 응답이 되었다고 믿는다.

책 판 이익금으로 장학금도 보내고 모자란 부분을 보충할 때, 못난 어미가 모처럼 자식의 새 옷을 사주는 그런 느낌이 들어 뿌듯하였다. ('보따리장사를 하는 것은')

워낙 평소에 다독, 다사(多思)가 몸에 익은 사람인데다 선교의 현장을 발로 밟고 쓴 글이거나 직접 체험에서 나온 글이라서 한 편 한 편이 진솔하고 생명력이 느껴진다. 책값을 선교비로 쓰겠다는 선한 뜻을 세우고 피와 눈물로 글을 쓰는 저자를 주님이 귀히 보시고 글 쓰는 능력까지 보너스로 얹혀 주신 것 같다. 선교의 발걸음도 늦추지 않으면서 밤잠을 줄여가며 글을 써대는 것은 목마른 곳에 한 바가지의 물이라도 보태고 싶은 간절함과 순수한 사랑, 열정이 아니고는 도무지 할 수 없는 일이다.

저자는 인도에서 한때 인산인해를 이루는 대중 순회 전도사로 다니기도 했다. 그러나 그는 그것보다 오히려 오지를 돌며 몸과 마음이 무너져 절망 중에 있는 사람을 일대 일로 만나 사랑을 전하는 데서 보람을 느끼며 일하는 것이 더 좋다고 하였다.

단 하루만이라도 운명적인 고난과 고통을 겪고 있는 그들 곁에서 가만히 함

께 있어주고 싶다.('다시 동방박사 트립을 떠나고 싶다')

오늘날 자기 이름을 앞세우려는 한국의 대형교회를 지향하는 교회 지도자들과 대비되는 대목이다. 기도와 간구보다는 힘 있는 사람에게 줄을 대려고 로비 활동하는 종교 비즈니스, 예언 방언 신유 등 성령의 은사조차 상품화하는 값싼 기복주의 신앙, 빚을 내서라도 대형교회 건물 짓기에 열중하는 허영과 탐욕으로 가득 찬 교회야말로 하나님을 욕되게 하고 결국은 교인들을 영적 파탄과 죽음으로 몰고 간다고 통탄해마지 않는다. 그나마 작은 시골교회를 묵묵히 지키고 섬김의 도를 다하고 있는 성자다운 목회자들에게 존경을 표하고 있다. ('은자는 작은 숲에 있다')

〈기도는 사라지고〉, 〈아무도 회개하지 않는다〉, 〈빛으로 지은 교회〉 등에서는 특별히 한국교회의 자성을 촉구하고 있다. 교회가 어두운 사회를 밝히는 등불이 되기는커녕 오늘날 사회가 교회를 걱정하는 지경에 이르러 크리스천이라고 밝히는 것조차 눈치가 보이는 게 현실이다. 소망하는 바 세상의 변화는 하나님의 손에 붙들린 하나님의 자녀를 통해 하나님의 뜻대로 이루어져야할 것이다. 그러나 여전히 세상은 강자의 편이고, 부익부 빈익빈의 순환구조를 바꾸려 하지 않는다. 아무도 회개하려 하지 않는다. 세상 권력의 주도권을 강자와 강대국이 갖고 있기 때문이다.

세계 교육, 언론, 종교가 침묵하며 강자들의 행진을 묵인한 까닭에 세계는 500개 다국적 기업의 수중에 떨어졌고, 85명의 재벌들이 인류 35억 명의 부를 독점하는 세계적인 대 재앙에 이르렀다. ('아무도 회개하지 않는다')

본서에서 저자는 새로운 세상의 청신호는 안식년과 희년법에 있다고 단호하게 말하고 있다. 가치가 전도된 현재의 삶의 태도를 버리고 총체적으로 회개운동을 전개하여 한국의 교회와 교우가 하나님 나라를 이루는 데 앞장서 주기를 간절히 바라고 있다. 희년법의 구현이야말로 모든 인류에게 희망이 된다는 확신을 역설하고 있다.

> 희년법은 불평등과 빈부격차로부터 세상을 아름답고 평화로운 세상으로 재창조하시려는 하나님의 의지와 사랑의 표현이다. 하나님은 우리가 거저 받은 생명이며 은혜로 사는 존재임을 깨닫게 하시며 거저 받았으니 거저 주시라고 강조하신다. ('희년법은 기득권 표기의 법이다')

저자의 선교사다움은 세상의 어둠과 절망 중에도 굴하지 않고 다시 일어선다는 데 있다. 고통 중에도 꿈을 꾼다. 그 꿈을 바라보고 꿈을 향해 전진하는 용기가 있다. 비록 실현 가능성이 희박할지라도 포기하지 않는다. 그는 일은 주님이 하시고, 자신은 주께서 시키시는 대로 하는 심부름꾼이라는 낮은 자세로 섬기기 때문에 절망도 포기도 하지 않는 것 같다. 하나님이 책임져 주신다는 배짱이 두둑한 사람이다.

본서는 내가 쓰는 수필처럼 술술 읽혀지는 글 모음이 아니다. 읽다보면 한참씩 쉬어갈 수밖에 없다. 성경 말씀을 묵상할 때처럼, 나와 세상을 돌아보고 하나님을 다시 바라보게 한다. 하나님의 무한한 사랑과 정의를 내 맘대로 축소시킨 죄를 깨닫게 한다. 진정한 이웃인 작은 자들을 얼마나 돌아보고 그들을 위해 기도했는지, 종의 신분임을 망각하고 자고하지 않았는지, 동식물을 포함하여 모든 생명 있는 것들을 사랑하였는지 삶의 소소한 부분들까지 다시 돌아보게 하는 책이다.

주님!
이옥희 선교사를 부르시고 주의 권능 더하셔서 충직한 일꾼으로 쓰임 받게 하시니 감사합니다. 지금까지 함께 하신 것처럼 그의 발길이 닿는 곳마다 주의 영광이 드러나고 성령의 열매가 풍성히 맺히도록 은총 내려 주시기를 간절히 기도드립니다.

꿈속의 꿈과 꿈속의 현실 사이에서

들판 한가운데 신작로가 있었다. 포장이 되지 않아 먼지가 부옇게 이는 인적 없는 도로에서 나는 아침 일찍부터 혼자 카다파행 버스를 하염없이 기다리고 있었다. 카다파는 오지여서 차가 하루에 몇 대 밖에 없는데다 손님이 없어서 차가 자주 결행된다고 하였다. 차를 기다리다가 지치기도 하였고 두렵기도 해서 일단 광야를 벗어나고 싶어 행선지랑 상관없이 먼저 오는 차를 타기로 하였다. 무조건 차에 올라타서 행선지를 물었더니 운전기사가 카다파행이라고 하였다. 너무 기쁜 나머지 눈물과 함께 안도의 한숨을 쉬었다.

차창 밖으로 보이는 풍경이 예전과 많이 달라졌다. 바위와 가시덤불과 관목들이 보이지 않고 용설란과 산세베리아가 마치 논에 모를 심은 것처럼 가지런히 서있는 구릉진 들판이 한없이 펼쳐졌다. 가끔 부겐빌리아가 하양, 빨강, 진홍색으로 불타는 열대의 하늘을 수놓았다.

종점에 도착해서 내렸는데 종점 또한 도시의 터미널이 아니고 신작로의 한 지점이었다. 카다파가 아니었다. 차는 이미 떠나버렸고 나만 혼자 광막한 광야에서 남겨졌다. 어디로 가야 좋을지 몰라서 발걸음을 떼지 못하고 있는데 차가 떠난 방향에서 한 무리의 사람들이 오고 있었다. 모두가 거지처럼 보였는데 그들이 갑자기 내 앞에서 발걸음을 멈추었다. 순간 그들이 강도가 아닌가 싶어 겁이 왈칵났는데 그들이 나를 보고 활짝 웃었다. 그러나 마음이 놓이지 않아서 조심스럽게 말문을 열었다.

"여기가 어디요?"
"얄루로 가는 길입니다."
"얄루요? 나는 카다파로 가야하는데요."
"카다파는 여기서 세 시간 정도 돌아가야 합니다."
"아이고, 큰 일 났네. 어떻게 돌아가지. 근데 여기가 얄루라고요? 여기가 진짜 얄루 맞나요? 길이 너무 달라져서 몰라보겠어요. 제가 얄루에 사는 아무개를 아는데 혹시 그 분이 아직도 사시나요 ?"
"예, 그분 아직도 여기 삽니다."
"아이고, 다행이다. 그분 집에 가서 하루 신세를 져야겠네."
"아이고, 선생님! 진짜로 우리를 몰라보시는 건가요? 우리가 얄루에서 선생님을 모시러 왔어요."

여러 사람들의 말에 깜짝 놀라 비로소 사람들의 얼굴을 찬찬히 들여다 보았다. 모두 다 얄루에서 만난 정겨운 얼굴들이었다. 그들이 환영의 꽃목걸이를 걸어주며 준비해온 뜨거운 "차이"를 작은 잔에 따라주었다. 몇 년만에 마시는 차이에 감격하여 울었다. 차이와 눈물을 함께 마시며 훌쩍거리다가 잠에서 깨어났다.

꿈! 꿈 이었다! 군소재지인 카다파를 가려다 작은 시골마을 얄루로 가는 꿈이었다. 꿈이라 해도 인도로 가는 꿈이어서 좋았다. 새로운 세계로 떠나는 나 자신을 보여주는 꿈이어서 좋았다.

나는 꿈을 좋아한다. 사건과 상황들이 이해되지 않을 때, 사람들의 약속과 행동이 다를 때, 뜻밖의 어려운 일이 발생했을 때, 너무 기가 막히고 억울한 일이 닥쳐왔을 때, 방향감각이 상실 되고 목적이 희미해질 때, 존재의 의미가 실종되었을 때, 폭력의 악순환을 반복하고 있는 세상사에 절망할 때, 자기의 신념을 위해 사람들을 분파적 극단적 사고로 몰아가며 이용하는 사건들을 목도하게 될 때, 나는 일단 정지하고 전후좌우를 골똘히 살펴보고 분석하고 종합을 하며 성찰을 한다. 그러나 성찰 후에 성찰의 결과를 내던지고 머리를 비우고 기도하며 꿈을 기다린다. 꿈은 지금까지 나의 성찰을 통찰로 이끌어 주었으며 늘 나에게 새로운 출구를 열어주었다. 꿈은 끊임없이 나를 낙하시키며 하강과 소통의 세계, 아무것도 아닌 자의 세계로 인도하여 주었다.

코로나19로 온 세계가 폭풍우 몰아치는 바다처럼 요동하고 있다. 몸부림치고 있는 세상을 바라보는 심정이 참으로 아프고 송구하다.
인도에서 나와 아시아와 아프리카 몇 나라를 돌아본 후에 꿈에도 생각해 본적이 없는 아주 특별한 기도를 눈물 흘리며 시작하였다.

수년 동안 서구 제국주의 국가들이 아시아와 아프리카, 남미에서 벌인 식민지 학살과 전쟁, 약탈과 압제의 죄악을 심판해주시라고 하나님 전에 무시로 촉구한 것이다. 하나님의 정의를 보여주시라고. 역사의 주인 되심을 선포하시라고. 조상들이 저지른 죄악으로 풍요를 누리고 있는 나라들과 그 후손들을 심판하시라고.

처음 코로나19 소식을 들었을 때 내 기도가 응답된 것은 아닐 거라고 생각은 하면서도 기분이 아주 묘했다. 그러나 코로나19가 세계적으로 확산되면서 인도와 네팔, 미얀마 등지에서 일어난 가난한 사람들의 비참한 죽음과 기아, 실업과 파탄 등이 마치 나 때문에 일어난 것처럼 느껴져서 가슴이 아리고 쓰릴 뿐만 아니라 죄스러워서 견딜 수가 없었다.

코로나19가 고아와 과부, 가난하고 병든 사람들, 날품팔이와 계절노동자들, 소위 후진국으로 분류되는 가난한 나라의 가난한 국민들을 우선적으로 삼키며 강타하는 것을 지켜보며 나는 장시간에 걸쳐서 나의 영적인 교만과 독선을 회개하였다. 뿐만 아니라 나를 오만하게 만든 의인의식과 편협하고 분파적인 나 자신의 세계관을 깨부수는 사투를 벌여야 했다.

죄의식과 고뇌로 기아에 직면한 형제들을 위해서 사랑의 쌀과 거리배식 후원금 모금에 집중하였다. 비록 우리의 나눔이 너무 작아서 사막에 물 한바가지 붓는 격이었지만 한 바가지 물이라도 부어야 내 죄가 사해질 듯싶어서 물 한 방울 한 방울을 정성을 다하여 모았다.

기아와 절망의 현장으로 물 한 바가지 한 바가지를 보내면서 어리석고 교만한 기도를 바친 나 자신의 죄악을 보았고 소위 의인을 자칭하는 사람들과 집단의 어둠과 악, 위선을 보았다. 나의 기도가 달라지지 않으면 안 되는 순간이었다. 혼란에 빠진 나 자신을 하나님의 침묵에 맡기는 길 외에는 다른 길이 없었다. 아주 단순한 기도를 바치기 시작하였다.

"주님, 저를 불쌍히 여기소서."

"주님, 우리 모두에게 자비를 베풀어 주소서."

"주님, 코로나19로 병든 사람들과 파산하고 굶주리는 모든 사람들에게 자비를 베푸소서."

"주님, 코로나19로 교회와 세상이 회개할 수 있도록 은혜를 베풀어 주옵소서."

그리고 무시로 주기도문을 묵상하며 암송하였다.

선교 현장에 들어가지도 못하며 한 바가지도 안 되는 물을 보내면서 생색만 내는 마음이 슬프다. 그러나 아무것도 아닌 자들이 스스로 물을 구할 수 있을 때까지 더 많은 물을 흘려보내고 싶은 간절함에 사로잡혔다. 더 많은 물, 지하수를 발견해야 한다는 열망에 사로잡혔다. 예수님은 그를 믿는 자에게는 그 배에서 생수의 강이 흘러나오리라 고 하셨는데.

갑자기 오래 전에 꾼 꿈이 떠올랐다.

꿈속에서 60대 초반 정도 되어 보이는 여성이 내게 열두 개의 가마솥 안에 있는 밥을 사람들에게 나누어 주라고 하였다. 나는 그분께 "내가 누군데 그런 일을 해야 하느냐"고 반문을 하였다. 그분의 설명을 들은 후에 나는 그분의 지시대로 밥을 퍼 날랐다. 꿈을 꾼 후 처음에는 그분이 하나님께서 붙여준 선교파트너 일거라는 생각으로 현실에서 그분을 만나기를 소망하였었다. 그러나 차츰 그 분이 한 명의 개인이 아니라 '하나님을 상징하는 존재' 라는 생각이 들어 그분을 세상에서 만날 기대감을 내려놓았다. 그 후로 '나는 밥을 나누는 책임을 지고 있는 사람' 이라는 자부심으로 후원금 모금을 두려워하지 않게 되었다.

그러나 코로나19 상황은 한 바가지의 물이 아니라 '생수의 강'이 필요한 상황이어서 나는 나의 죗값과 아무것도 아닌 자들을 사랑한 죗값으로 그 강물을 만들어 내기로 하였다. 아니 그 강물을 만들어 내고 싶은 열망에 사로잡히게 되었다. 그러나 세상에서 내가 할 수 있는 일이 글을 쓰는 일밖에 없으므로 책을 출판해서 판매하는 길밖에 없다는 결론을 내렸다. 그러나 마음 한 구석에서 책을 출판하지 말자는 생각이 강하게 일어났다.

해마다 모자란 후원금을 벌충하기 위해서 책을 출판해서 강매를 하였지만 지금 같은 코로나 19 상황에서 누가 책을 사볼 것인가? 그리고 모임이 다 금지되어 있는데 어디 가서 팔 것인가? 차도 없는데 책을 어떻게 실어 나를 것인가? 코로나19 상황에서 택배 보내는 일도 만만하지 않을 것이고 책을 강매하면 역효과를 가져올 수도 있고 자칫하면 출판비도 못 건지고 끝날 것이란 등의 우려 때문이었다.

다 일리가 있는 주장이어서 계속 흔들렸다. 그러나 가만히 있으면 아무것도 얻지 못한다는 경험을 따라서 운을 시험하기로 결단하였다. 그리고 가장 먼저 책 출판 비용을 후원하실 분을 찾았다. 많은 생각과 우려, 기도와 고민 끝에 김복임님께 출판비용을 후원해 주시라고 부탁드렸다. 그분은 나의 설명을 듣고 흔쾌히 허락해주셨다. 나의 생각과 열정을 후원하시는 거라고 격려해 주셨다. 그분의 출판비 후원으로 아무것도 아닌 자들을 위한 물 한 바가지 행보, 생수의 강 행보가 급물살을 탔다. 결과가 어떻게 될지 알 수가 없지만 코로나19 상황에서 사랑을 위하여 무모한 도전과 모험을 할 수 있다는 사실만으로도 나는 행복하다.

코로나19가 가져온 깊고 어두운 고통과 많은 변화를 창조적으로, 영적으로 수용하며, 아무것도 아닌 자들을 사랑하며 살 수 있는 길로 인도해 주신 하나님과 아무것도 아닌 나를 친구로 맞이해준 인도, 네팔 등지의 아무것도 아닌 사람들과 나로 하여금 아무것도 아닌 사람들과 함께 춤추며 살 수 있도록 기도와 후원의 손길을 아낌없이 보내준 수많은 벗님들과 목회자들, 교회와 단체, 기관과 기업들에게 깊은 감사를 드린다.

특별히 영적인 부모님이 되어 부족한 나의 건강과 사역을 위해 물심양면으로 도와주신 목회자님들과 권사님들, 오라버니처럼 배려해주신 목사님들과 장로님들, 교우님들 그리고 언제나 큰 언니처럼 따스하게 보살펴

준 친구들과 교우님들께 심심한 감사를 표한다.

그리고 사랑으로 바라봐주신 하늘에 계신 아버님 그리고 어머님, 남편과 순, 홍, 명, 경, 원 아우님들과 추천사를 써주신 육순종님, 신형식님, 최선욱님께 깊은 감사를 드린다.

마지막으로 출판의 길을 열어주신 김복임님과 교정을 보아준 친구 선욱님과 출판을 위해 기도해주신 벗님들과 출판사의 윤사장님과 직원들에게도 깊은 감사를 드린다.

이로서 코로나19 상황에서 아무것도 아닌 자들과 함께 다시 춤을 추게 되리라!

이로서 꿈속의 꿈과 꿈속의 현실사이에서 또 하나의 새 꿈을 꾸게 되리라!

2020년 9월 25일, 숨터에서 저자

1부

아무것도
아닌 자의
죽음

그리고 울었다

　지금 11월의 들판에 서있는 느낌이다. 활기차고 풍요롭고 아름다웠던 모든 것들이 사라진 텅 빈 들판, 나는 다시 원점에 서있다. 낮게 드리워진 잿빛 하늘이 마음을 덮는다. 돌아갈 길은 막혀 있고 앞길은 보일 듯 보이지 않는다. 벼 밑동을 징검다리처럼 밟으며 걷는다. 세상에서 내 할 일이 다 끝났다는 생각과 아버지 일은 다 나의 일이라는 생각 그리고 세상에 내가 머물며 섬길 공간이 없다는 막막함과 세상 모든 곳이 다 나의 일터요, 내 집이라는 믿음이 엎치락뒤치락 거리며 나를 따른다.

　인도를 떠나온 지 만 4년이 지났다. 사역은 닫히지 않고 줄기차게 진행되지만 여전히 문은 굳게 닫혀 있고 어려운 상황들이 연이어 일어나면서 나를 옥죄었다. 지나온 4년은 고통을 지그시 참고 견디면서 기다리고 기다리는 인고의 나날이었다. 은혜로 작은 문이 열리면 고통을 떨치고 나아가고, 문이 닫히면 엎드려서 기다리는 일이 반복되었다. 완전히 막히고 닫히면 아예 포기하련만 구하고 찾고 두드리는 대로 작은 길과 문이 보이고 열리니 포기할 수도 없다. 무엇보다 사랑하는 아이들이 그 곳에 있기 때문에 포기가 되지 않는다.

눈이 시리도록 아이들이 보고 싶고, 발목이 시리도록 거친 광야를 밟고 싶고, 혀가 찡하도록 달디 단 짜이를 먹고 싶은데 그런 시간이 언제 올지 요원하기만 하다.

아! 주인의 마음은 어디에 있는 것인지? 주인의 뜻은 무엇인지? 음성으로 들려주면 덜 애잔하고 덜 괴롭고 덜 서러울 텐데 아직도 말이 없으시니! 기다렸다가 다시 들어가라는 것인지! 아니면 지금처럼 밖에서 섬기며 애달파하며 살라는 것인지! 아니면 차츰 마음을 정리하고 새 일터로 떠나라는 것인지! 속 시원하게 말해주면 오죽이나 좋으련만 말이 없으시니 때로는 버림받은 것 같고, 때로는 일들이 너무 버겁게 느껴지고, 때로는 은혜가 너무 커서 하늘에 취하여 주인이 오죽이나 종을 잘 아시면 강제로 쉬게 배려하셨을까 하면서 뜨거운 눈물을 흘린다.

8월에 첸나이에 있는 희망발전소 건물을 마드라스크리스천 칼리지로 기증하는 날이 잡혀졌다. 법적 권리를 가지고 있는 내가 들어가서 문서에 사인을 해야 되는데 들어갈 수 없어 한 때 동역자로 일했던 이경희님께 전권을 위임하기로 하였다. 한편으로는 가벼운 마음으로, 한편으로는 무거운 마음으로 위임한다는 문서에 사인을 하였다. 마음이 묘하게 슬프기도 하고 기쁘기도 하였다. 감격과 감동으로 눈물이 나기도 하고 이 것으로 나의 일이 끝이 나는 것인지도 모른다는 묘한 불안감이 일어나기도 하였다. 그러나 희망발전소를 세우신 자도 하나님이요, 운영하시는 자도 하나님이요, 장차에 영광을 받으실 분도 하나님이시기에 찬양과 감사의 기도를 바쳤다.

성도들의 귀한 헌금이 헛되지 않도록, 성도들의 눈물의 기도와 헌신이 땅에 묻히지 않도록, 우리 건물이 개점휴업 상태에 이르지 않도록, 기도의 집이 황폐해져서 세상의 조롱거리가 되지 않도록 기도했다. 마드라스크리스천칼리지를 예비해주시고 게다가 그곳을 섬길 일꾼까지 준비해주신 하나님의 안배는 실로 기적이라고 아니 할 수 없다.

문서에 사인을 했을 때 까지만 해도 나 자신과 희망발전소가 분리된다는 현실감을 느끼지 못했다. 그러나 주인 없는 빈 집에서 외롭게 자리를 지켰던 책과 문서 때문에 정신이 났다. 언젠가 돌아갈 것이라고 생각하며 지난 4년 동안 돌보지 못한 채 방치해둔 책과 문서, 애장품들을 새 주인을 위해서 자리를 내주어야 하기 때문이었다. 비로소 희망발전소가 나의 품에서 떠났다는 사실이 실감 났다.

일을 처리하러 떠나는 이사모님께 책과 물건 정리를 시시콜콜 부탁하고 새 주인에게도 해운 운송을 부탁하였다. 나의 눈물과 땀이 밴 책과 문서들을 보관할 장소를 물색하느라 이리저리 뛰어다녔다. 나그네로 살아온 20년 세월의 흔적, 짐들이 돌아오는데 둘 곳이 없다는 서러움에 눈물이 쏟아졌고, 주마등처럼 지나간 일들이 떠올랐다. 눈물 따라서 지나간 일들도 함께 줄줄이 쏟아져 나왔다.

우연치 않은 일로 시작된 5년의 기도 끝에 탐바람의 변두리, 막 개발되고 있는 무디츄르에 작은 땅을 샀다. 땅을 구입하기 위해 자원봉사자였던 전선생님은 100 여 곳의 땅을 알아보고, 그 중에서 30 여 곳을 내게 추천해 주었다. 무려 1년이나 걸려 땅을 구입하였다. 땅을 구입하고 서너 군데 인도 건축 설계사무소를 찾아다니면서 견적을 뺐다. 대략 2억 원에서 5억

원의 견적이 나왔다. 2억 5천만 원 전후의 경비로 건물을 짓기로 하였다. 남인도교단 본부 부지에 직업훈련원을 짓기 위해 기장총회에 모금해놓은 건축비가 그 정도였기 때문에 마음속으로 쾌재를 불렀다. 그러나 총회 관련부서에서 건축비로 모금한 헌금이 남인도교단 소속 부지에 지을 때만 사용이 가능하므로 허락해 줄 수 없다고 하여 눈물을 머금고 포기하였다. 땅 만 사면 건물을 금방 지을 줄 알았으므로 총회 탱크에 있는 돈을 사용할 수 없다는 확인을 했을 때 마음이 너무 허탈하여 쓴 웃음만 나왔다.

하루는 김숙녀님이 건축 건에 대하여 물어 오셨다. 당분간 건축을 할 수가 없다고 말씀을 드리자 그분이 바로 자기 집을 은행에 저당 잡히고 2억5천만 원을 믿음으로 대출해 주셨다. 돈이 준비되고 난 후에도 건축 허가를 받는데 무려 1년이나 걸렸다. 건축 허가를 받기 위해서 그 지역 마을 자치회 회장을 찾아가 허가를 내주지 않으면 사무실 앞에서 금식투쟁을 하겠다고 협박 아닌 협박을 하기도 하였다.

인고의 시간 끝에 무디츄르 촌장 사무실에서 건축 허가서를 받았을 때 하늘 문이 열리고 천군천사들이 축하의 노래를 불러 주었다. 돌아오는 차 안에서 너무 기뻐서 하염없이 울고 또 울었다.

드디어 7년의 기다림과 준비 끝에, 수많은 교우님들의 기도와 사랑, 관심과 희망을 모아서 희망발전소 건물을 완성하였다. 그리고 2010년 8월 말에 한국과 인도의 형제자매들이 함께 모여서 사물놀이도 하며 흥겹고 신나는 봉헌식을 가졌다. 봉헌식 이후로 희망발전소가 배움터, 쉼터, 삶의 터로서 기능을 다할 수 있도록 가구, 가전제품, 직업 훈련 및 교육 장비를 갖추는데도 꼬박 3년이 걸렸다. 그리고 1년 후, 하나님께서 나를 다시 나그네 길로, 원점으로, 11월의 들녘으로 인도하셨다.

11월 들판에서 지나 온 길을 본다.

원없이 사랑했고 고통스러워 울었다. 원없이 부대꼈고 흔들렸고 아팠다. 그럼에도 불구하고 돌아가라고 하면 기뻐 춤추며 돌아갈 것이다.

눈을 들어 앞으로 갈 길을 본다. 보이지 않지만 보인다. 주님께서 뒤 돌아보지 말고 앞으로 가라해도 순종하며 나갈 것이다. 그리고 원 없이 사랑할 것이고 힘에 겹도록 수고하며 울 것이다. 원 없이 부대끼며 아파할 것이다. 그리고 어느 날 낙엽처럼 고요히 하나님 품에 안길 것이다.

MCC 한신 PROK 비전아시아 호프센터의 출범을 기뻐하며
내 영혼이 춤을 춘다.
하늘에는 영광! 땅에는 평화!
천군천사의 노래 소리여!
인도 땅에, 달리트들의 가슴에 울려 퍼져라!

다시 동방박사 트립을 떠나고 싶다

올해는 그 친근한 구세군의 자선냄비 소리, 그 명랑한 캐롤송 한번 듣지 못하고, 보기만 해도 마음이 즐거워지는 거리의 성탄 장식 한번 보지 못한 채 잿빛 성탄절을 보냈다. "메리 크리스마스!"라는 말 한 마디 듣지 못하고 하지 못하는 사회 분위기 속에서 성탄절을 지내는 마음이 아릿아릿 아팠다. 그 동안 타성에 젖어 아무 생각 없이 반복했던 "메리 크리스마스!" 그 자체가 위대한 신앙고백이며 희망의 선포라는 사실을 깨달았다.

내심 어둠에 잠긴 세상과 사람들을 향해 "메리 크리스마스!" 라고 외치며 하나님의 자비와 평화를 간구한다.

성탄 무드를 전혀 느낄 수 없는 중국의 상황 속에서 그리고 인도 희망 공동체에서 계속 들려오는 성탄 준비 소식을 들으면서 옛 시절로 돌아가고 싶은 강한 충동을 받았다. 특별히 성탄절 전 나흘이나 닷새 정도 기간에 데칸고원 오지마을들을 돌면서 만났던 사랑스러운 아이들 얼굴이 주마등처럼 스쳐 지나가면서 나를 울게 만들었다.

남인도에 정착하는 초창기, 데칸고원의 소읍인 잠말라마두구에서 인근

마을들을 돌아볼 때 있는 듯 없는 듯 조용히 다녔다. 통역 한 명과 함께 가까운 마을을 찾아가서 사람들을 만나고 일일이 문안을 하였다. 그리고 사람들이 넓은 마당이나 교회에 모이면 함께 찬송하고 기도하고 약과 사탕을 나누어 먹으면서 놀았다. 특별히 아픈 사람이 있으면 안수기도를 하였고 할 수 있는 최선을 다해서 치료를 도와주었다. 한 사람 한 사람 눈동자를 바라보며 꿈 이야기며 자녀들 이야기, 사는 이야기를 종종 나누었다.

그렇게 순회하면서 2,3년 세월이 지나자 여기저기서 방문을 요청하는 주문이 들어왔고 나는 그들의 요청에 따라 원근 각지를 다니느라 분주하게 되었다. 나의 순회방문이 널리 알려지면서 작은 마을 하나도 미리 스케줄을 잡지 않으면 방문하기 어려운 지경이 되었다. 원하는 바는 아니었지만 방문할 때 마다 그 지역목회자와 어르신들, 평신도 지도자들에게 둘러싸이게 되면서 더 가난하고 힘든 달리트 교우들과 한 자리에서 식사하고 차를 마시며 한담하는 일이 점점 힘들어졌다. 뿐만 아니라 나의 방문을 환영하기 위해서 교회가 준비한 환영모임과 행사에 참여하느라 진이 빠져서 사람들과 이야기를 나누기도 전에 지쳐버렸다. 교회의 정성스런 영접을 뿌리치지 않으면서도 고달픈 교우들의 이야기를 들으려고 머리를 써야했다.

말씀 선포 시간보다는 자유로운 인사 시간을 이용하여 교우 전체를 한 자리에서 만나면서도 개별적으로 만나는 방법을 생각했다. 예전보다 미약하기는 하였지만, 교우 개개인에게 희망과 꿈에 대한 질문을 던지고 그들의 대답에 귀를 기울였다. 그리고 예배나 모임이 끝나기 전에 병든 자를 위해서 안수기도를 하였고 특별한 경우 교우들과 함께 중보기도를 하였다.

이런 나의 원시적인 스타일이 우리 달리트들에게 딱 맞아떨어졌다고 나 할까? 어디를 가든지 사람들이 인산인해를 이루었고 나는 많은 대중을 한 자리에서 만나는 행복에 비명을 질러야 했다. 그리고 나는 나도 모르는 사이에 대중 순회 전도사가 되었다.

한번은 압둘라뿌람이라는 오지에 있는 교회를 소리 소문 없이 찾아갔는데 교회 옆 커다란 님트리 아래에 손발이 거미처럼 긴 가냘픈 소년이 외롭게 앉아 있었다. 소년이 나를 보고 하얗게 웃었다. 소년은 그동안 여러 번 나를 보았으나 자기는 힘이 없어서 늘 멀리서 바라보았다고 하였다. 근 2,3년 동안 계속 순회한 마을이었는데 나 자신이 아픈 소년의 존재를 전혀 눈치 채지 못하고 있었다는 사실에 놀라지 않을 수 없었다. 순간 미안한 마음으로 어디가 아픈지를 물었다. 그때 나의 도착 소식을 듣고 하나, 둘 나오기 시작한 교우들이 "백혈병"이라고 말을 해주었다. 백혈병이라는 말에 눈물이 핑 돌았다. 나는 얼결에 소년을 붙잡고 눈물을 흘리며 기도하였다.

이 소년을 위해서 무엇이라도 하겠다고! 내 생명의 일부를 이 소년에게 나누어 주시라고! 이 소년이 살아 있는 동안 삶은 아름다운 것이고 세상은 살만한 곳이라는 생각을 가지게 해달라고! 이 소년이 자기는 사랑받는 사랑스런 아이라는 믿음을 가지게 해달라고! 이 소년이 살아있는 동안에 누군가를 통해서 필요한 모든 것들을 공급하게 해주시라고! 우리를 불쌍히 여겨주시라고! 기적을 보게 해주시라고!

뜨거운 눈물을 쏟으며 기도를 마친 후에 나는 소년을 품에 안았다. 10세 소년의 무게가 낙엽처럼 가벼웠다. 그 때 머리에 소년이 세상에서 살

날이 길지 않다는 생각이 전광석화처럼 떠올랐다. 소년의 생명이 길어야 2,3개월 정도라는 느낌이 들어서 마음이 아릿아릿 아파왔다. 10세 소년이 혼자 질병의 고통, 굶주림의 고통 그리고 학교에도 가지 못하고 친구와 어울려 지내지도 못하며 혼자 지내는 고독을 감당해왔다는 사실에 억장이 무너졌다. 어린 소년이 겪고 있는 고통, 고난, 고독이 너무 가혹하다는 생각에 하나님께 항의 기도를 많이 드렸다.

자나 깨나 소년을 생각하면서 만나러 갈 준비를 하였다. 살아 있으라고 살아만 있어 달라고 간절히 기도하며 소년을 만나러 갔는데 나무 그늘 아래에 있어야할 소년이 보이지 않았다. 놀란 가슴을 진정시키며 "키쇼르 어디 있니?"라는 나의 물음에 아이들 모두가 손가락으로 하늘을 가리키었다. 나는 아이들이 내 말을 제대로 파악하지 못했다고 생각을 해서 다시 큰 소리로 "키쇼르 어디에 있니?"라고 물었다. 그러나 아이들은 다시 하늘을 가리키면서 "키쇼르 죽었어요."라고 큰 소리로 대답하였다. 나는 그 자리에 서있을 수가 없어서 자리를 떴다.

골목길에서 한참 서성거리다가 좀 구석진 우물가에 서서 하나님께 원망을 터뜨렸다. 너무 가혹하시다고! 너무 잔인하시다고! 키쇼르를 왜 세상에 내려 보내셨냐고? 키쇼르를 왜 그렇게 빨리 데려가셔야 했냐고? 왜 한 번 더 볼 수 있는 기회를 주지 않으셨냐고?

키쇼르를 보여주시라고 말씀 드리면서 고개를 들어 하늘을 바라보았다. 어둠이 짙어진 하늘에 별들이 총총하였다. 그 때 하나님께서 마음에 큰 울림을 주셨다. 세상에는 키쇼르가 많다고. 그들을 보살피라고. 그들을 사랑하라고. 그들을 품으라고.

그 날 저녁 집회를 마치기도 전에 어느 손이 와서 불쑥 나를 잡아끌고 갔다. 가서보니 말기 암 환자네 집이었다. 집안 가득 썩은 냄새가 진동했지만 눈물로 안수하고 아픈 마음을 가까스로 동여매고 나왔다. 또 다른 손이 나를 끌고 어떤 움막으로 들어갔다. 이틀 전에 아들이 중병으로 죽은 집이었다. 망연자실하고 있는 부모들 또한 환자들이었다. 모두가 제 2, 제 3의 키쇼르였다.

키쇼르의 죽음, 짧은 삶의 의미를 묵상할 때, 키쇼르가 내게 했던 말이 귓가에 맴돌았다.

"저는 약하고 힘이 없어서 친구들과 부딪히면서 선생님 앞에 가지 못했어요. 몸이 아파서 오래 앉아 있지도 못해서 멀리서 선생님을 바라 봤어요."

순회할 때, 전체 대중을 보면서도 개개인을 인격적으로 만난다는 나의 생각은 영적 교만이며, 나의 희망사항에 불과하다는 사실을 깨달았다. 키쇼르의 말은 예수님 당시 주님 앞에 나오지 못했던 맹인들, 문둥병자들, 혈루증의 여인처럼, 오늘날에도 하나님 앞에, 교회에, 말씀 앞에, 예배 자리에 나오고 싶어도 나올 수 없는 사람들이 있다는 사실을 상기시켜 주었다. 나오고 싶어도 나오지 못하는 사람을 찾아서 1년에 며칠만이라도 직접 찾아다니는 여행을 하기로 하였다. 눈멀고, 귀먹고, 말 못하는 사람들, 전신마비 아이들 등. 부모님들이 저주받았다고 생각하는 아이들과 부모나 가족들이 빨리 죽기를 바라는 아이들을 찾아다니기로 하였고 그 여행을 성탄 전 주간에 실시하였다. 그리고 그 여행을 아기 예수를 찾아 떠났던 동방박사들의 마음을 생각하며 '동방박사 트립'이라고 불렀다.

성탄송에 나오는 노래처럼 산을 넘고 물을 건너 제 2, 제 3의 키쇼르를 찾아서 다녔다. 하루 종일 데칸고원의 광야 길을 차로 달려서 한 명 또는 두 명을 만났다. 아이들을 예수님인 것처럼 바라보고 동방박사처럼 정성 껏 준비한 선물을 주었다. 그리고 언제 끝날지 모르는 수발을 들면서 눈물과 한숨의 세월을 보내는 부모님들에게 감사의 큰 절을 올렸다. 여행 끝에는 에이즈로 부모를 잃은 고아들의 집인 "샨띠홈"이나 "믿음의 집"에 들러서 우리를 대신하여 병고를 짊어져 주어서 고맙다는 인사를 하고 함께 노래하고 춤추고 퀴즈게임도 하고 매니큐어도 칠해주고 선물 교환도 하고 기도하며 놀았다. 3박 4일이나 4박 5일의 동방박사 여정을 마치고 첸나이로 돌아오면 몸은 노곤하지만 정신은 쇄락하였고 천군천사의 찬미 소리가 들렸다.

지극히 높은 곳에서는 하나님께 영광이요!
땅에서는 하나님이 기뻐하신 사람들 중에 평화로다!

2012년에 여러 명의 자원봉사자들과 함께 기차, 로컬버스, 오토릭샤, 렌트카를 이용하며 데칸고원 오지를 누비고 다녔다. 앞서 사흘 동안, 하반신 불구인 마니, 전신마비인 죠띠, 귀 먹은 페드로, 아무데서나 갑작스럽게 전신마비 증세가 오는 아난, 다리가 불구인 키쇼르의 아버지, 반 미친 어머니와 알콜 중독자인 아버지와 함께 사는 이스라엘, "샨띠홈"의 에이즈 피해 아동들을 돌아보았다.

그리고 맨 마지막으로 아도니에 있는 "믿음의 집" 에이즈 피해아동들을 보기 위해서 1박 2일로 시간을 잡아서 방문하였다. 딱하게도 잠 잘 곳이 부족해서 우리 일행은 남녀를 불문하고 한 방에 모여서 지저분한 바닥에 돗자리를 깔고 잠을 청하였다. 도중에 잠이 깨서 밖으로 나갔는데 아뿔싸! 우리에게 방을 양보한 아이들이 토방에서 자리를 펴고 자고 있었다. 민망한 마음에 누웠던 곳으로 돌아와서 건물 증축에 대한 생각을 하고 있는데 밖에서 소동이 일어났다. 개가 요란하게 짖어대고 아이들이 비명을 질렀다. 코브라가 잠자고 있는 아이들 곁으로 가는 것을 개가 발견하고 컹컹 짖었던 것이다. "코브라"라는 말을 듣는 순간 가슴이 철렁 내려앉았다. 그 때 주님께서 세미한 음성으로 말씀하셨다.

"애야, 아직도 나는 이 아이들과 함께 외양간에 있다. 너는 아이들이 어떻게 지내는지 알면서 왜 가만히 있느냐."

주님의 슬픈 음성에 나도 모르게 "예 주님, 제가 죄인입니다. 교만하고 게으른 종을 용서해 주시옵소서." 라고 대답하며 엎드렸다.

2014년부터 지금까지 본의 아니게 동방박사 트립을 중단하게 되었다. 그 사이에 3명의 아이들이 하늘나라로 떠났다. 그들의 소천은 소식을 전해 들으면서 코끝이 찡해지면서도 한편으로는 안도의 한 숨이 나왔다. 그들이 더 이상 외롭지 않고, 아프지 않고, 멸시 천대를 당하지 않으며 천국에서 거지 나사로처럼 하나님 품에 안겨 있을 것이기에.

올해 인도에 있으면 동방박사 트립을 하고 있을 기간에 난달 희망공동체에서 유난히 아픈 소식들이 많이 들려왔다. 공부방의 초등학생인 따바슘의 아버지 소천, 10살인 산토스의 어머니 소천 그리고 키가 자라지 않는 8세 소녀 기티카 소식 등등이다.

어머니를 잃은 산토쉬는 앞을 보지 못하는 병든 할머니를 봉양해야 하기 때문에 공부방을 더 이상 다닐 수 없다고 하였다. 학업을 중단해야 한다는 것이다. 성탄 나눔 중에 만난 기티카는 할아버지, 할머니와 함께 살고 있지만 두 어르신이 장애 또는 중병에 걸려 있어서 어린 그가 가족의 생계를 책임져야 해서 구걸하고 있다고 하였다. 소식을 듣는 순간, 5,6세 아이보다 키가 작은 난장이 기티카가 거리에서 어정어정 구걸하고 다니는 모습이 눈에 선하였다. 너무 슬프고 외롭고 추워보였다. 나는 표정 없는 기티카의 사진을 보면서 간절한 마음으로 속삭이며 손을 흔들었다. "안녕 기티카! 사랑스러운 아이야. 너 참 힘들구나. 이제 그만하고. 집에 가자?"

부모님의 사랑과 보호를 받으며 크고 아름다운 꿈을 꾸면서 건강하고 행복해야할 어린 나이에 인생의 수고하고 무거운 짐을 지고 있는 기티카와 산토쉬가 무척이나 보고 싶다. 그냥 안아주고 놀아주고 군것질하고 밥도 먹고 예쁜 옷도 사주고 싶다. 노래와 기도도 가르쳐 주며 위로와 격려의 시간을 가지고 싶다. 단 하루 만이라도 운명적인 고난과 고통을 겪고 있는 그들 곁에서 가만히 함께 있어주고 싶다.

인도에서 갑자기 나오게 되는 바람에 아이들에게 "안녕!"이라는 말 한마디 못하고 나왔다. 인사를 하지 못하고 나와서 더욱 잊지 못하는 것인지도 모르지만 나는 가끔 걱정 아닌 걱정을 한다. 아이들이 내가 자기들을 잊었다고 생각하며 슬퍼하지 않을까 하는 쓸데없는 걱정을.

"안녕 기티카!" 하면서 산 넘고 물 건너 그들을 만나러 갈 날을 기다린다.

내려 놓아야할 때

빈민가에 건축 부지를 구하기 위해서 근 1년 동안 찾아 헤맸으나 적합한 땅을 찾지 못하였다. 결국 탐바람 무디츄르 라합하비불라 나가르에 부지를 구했는데 그 지역은 중산층 중층 과 하층정도의 사람들이 모여 사는 비교적 깨끗하고 조용한 주택가였다. 그러나 무디츄르 대로 건너편은 빈민가로서 초라한 초가집들과 작은 벽돌집들이 불규칙하게 엉겨 있었고 아이들이 많아서 늘 부산하였다. 중산층 지역에 센터를 지었으나 나의 마음은 빈민가에 있었다.

새 건물 안에 희망공동체 법인 정관에 명시된 대로 건축을 시작할 때부터 가정 형편이 어려운 아이들을 위한 컴퓨터실과 어린이집을 할 수 있는 공간을 배정하였다.

드디어 3층 210평의 건물이 완공되었고 봉헌예배를 은혜롭게 드렸다. 그리고 건물을 목적대로 사용하기 위하여 컴퓨터실, 어린이 집, 공부방을 위한 집기를 마련하며 그에 맞는 실내 인테리어를 마쳤고 언제 어떻게 개원할 것인가의 문제로 고민을 시작하였다.

그 때 마침 친분이 있는 인도 자매가 마드라스 YWCA 총무가 되어 임직을 축하하기 위하여 그의 사무실을 방문하였다. 그가 이야기 끝에 우리 희망발전소 운영에 도움을 줄 수 있는 무디츄르 지역의 사람을 찾아주겠다면서 가까이에 있는 YWCA 지원을 소개해주었다.

그의 소개대로 YWCA 무디츄르 지원을 찾아갔다.

그 곳은 무디츄르 도로 건너편 빈민가에 위치해 있었으며 우리 센터로부터 서쪽으로 700미터 정도 떨어진 곳에 위치해 있었다. 청년 간사가 친절하게 맞아주었다.

그는 나를 외국인 후원자로 생각하였는지 아주 친절하게 컴퓨터 교육 프로그램을 소개하였다. 빈민 아동들을 위하여 교사를 시간제로 채용하였으며 20여 명의 아동들이 날마다 컴퓨터를 배운다고 하였다. 말이 컴퓨터 교실이지 컴퓨터는 고작 90년대식 4대 정도가 있었고 책상과 의자는 낡아서 삐그덕거리고 있었다. 그는 컴퓨터 프로젝트가 가난한 집 아동을 위해서 기십 루피를 받으며 봉사하는 YWCA 최고의 프로그램이라고 거듭 강조하였다.

그 다음에는 맞벌이 부부의 자녀들을 맡아서 보호해주는 탁아 프로그램을 소개해 주었다. 내 눈에는 보모들이 아이들을 돌보지 않고 방치하는 것처럼 보였다. 어떤 아이들은 마당의 정글짐에서, 어떤 아이들은 방안에서 싸우며 뒹굴었다. 어떤 아이들은 잠자고 있었고 어떤 아이들은 울고 있었다. 아이들이 제 멋 대로 하도록 방치하는 것을 문제라고 느끼고 있는 보모가 있는 것 같지 않았다. 간사는 공간이 좁고 시설이 열악하므로 아이들을 더 많이 받을 수가 없다고 덧붙여 말하였다.

후에 몇몇 프로그램 소개를 받았지만, 우리 센터에서 하고자 계획했던 컴퓨터교육과 어린이집에 대한 고민이 생겨서 건성으로 들었다. 프로그

램 소개가 끝나고 건물을 돌아본 후에 어린이집에 기부금을 내고 돌아오
는 나의 마음이 무거워졌다.

〈컴퓨터교육〉에 대한 고민이 구체적으로 시작되었다.

우리는 최신 사양의 컴퓨터에, 깨끗한 환경과 전공한 교사가 가르칠 것
이고 게다가 무료이니 만약에 우리가 컴퓨터교실을 홍보하고 개원을 하
게 되면 그 지원의 컴퓨터교실은 머지않아 문을 닫는 것이 불 보듯이 훤
하였다.

컴퓨터교실을 포기할 것인가? 계획대로 밀고나갈 것인가? 참으로 고민
하지 않을 수 없었다. 컴퓨터 교육에 대한 전망은 아주 좋았다. 인도 전역
에 분 컴퓨터바람 때문에 모든 부모들이 자녀들에게 컴퓨터를 가르치길
열망하였다. 그러므로 우리가 선교사역의 일환으로 컴퓨터교실을 열어도
외국인이라는 거부감이 없이 많은 아이들이 모일 터였다. 우리는 아이들
에게 컴퓨터를 가르치며 영화도 보여주고 노래를 가르치며 시나브로 조
용히 복음을 전하면 되는 것이었다. 그러나 가까이에 있는 YMCA 지원의
프로그램이 우리로 인하여 닫게 된다는 것은 그리 바람직한 일이 아니었
다. 서로 신뢰하는 좋은 관계를 깨면서까지 우리의 계획을 관철하고 싶진
않았다. 봉사도 좋지만 경쟁하면서 컴퓨터교육을 할 필요가 없다고 판단
하고 아이들을 모으기에 가장 쉽고 좋은 〈컴퓨터교육〉을 내려놓았다. 월
요일에서 금요일까지 날마다 오후 2시부터 저녁 6시까지 3그룹, 30여 명
을 가르치고자 했던 계획을 내려놓으니 컴퓨터교실이 캄캄해지면서 멋지
게 출발하려는 나의 계획이 무너지기 시작하였다.

어린이집에 대한 고민도 마찬가지였다.

우리 건물이 있는 지역은 중산층 지역이라서 우리가 어린이집을 개원하여도 그 지역에는 올 아이들이 별로 없었다. 결국 빈민가의 아이들을 차로 실어서 데리고 와야 하는데 아무리 조용히 조심스럽게 한다고 해도 무디츄르 YWCA와 조우하지 않을 수가 없을 것이었다. 무엇보다도 이방인으로서 먼저 터를 잡고 오랫동안 지역의 아동을 섬겨온 YWCA의 노고와 헌신을 존중하고 싶었다. 보기 추하게 차를 몰고 가서 아이들을 데려오는 그런 프로젝트를 위한 일, 명목적인 일, 갈등을 일으키는 일, 사람들을 시험에 빠지게 하는 일, 갈등구조를 만드는 일을 하고 싶지 않았다. 어린이집 또한 내려놓았다. 결국 아래층의 식당과 2층의 다목적 예배실은 끝까지 아이들의 웃음소리를 듣지 못하였고 귀여운 아이들의 재롱을 보지 못하였다.

내려놓고 나니 곧바로 생색을 내며 보여줄 수 있는 일이 없어 민망한 느낌이 들었다. 그러나 아무리 오랫동안 기도하며 준비한 일이라 할지라도 그 일로 인하여 현지인들과 경쟁관계가 된다거나 그 지역 사람들에게 덕스럽지 못하면 내려놓는 것이 상식이고 십자가의 도이므로 더 이상 미련을 가지지 않기로 다짐하였다.

계획했던 컴퓨터교육과 어린이집을 내려놓았으므로 아이들과 부모들, 청소년과 청년들을 자연스럽고, 자유롭게 만날 기회를 상실하였다. 그러나 그 일을 내려놓았기 때문에 새 일과 새 역사가 일어났다. 달리트 청소년과 지도자들의 직업훈련과 신앙훈련, 한국 청소년과 청년들의 신앙훈련과 인도체험 및 자원봉사의 길이 멋지게, 신명나게 열렸다.

하나님께서는 자기 생각과 계획, 자기 뜻과 주장을 내려놓는 사람을 하나님 나라의 새 일과 새 역사의 도구로 써주신다. 지금도 아무리 백퍼센트 준비된 계획이라 할지라도 경쟁과 불편, 불화와 갈등을 가져올 수 있는 것이라면 언제든지 고스란히 내려놓기로 다짐하며 기도한다.

내려놓음은 아름답고 신비롭다.
내려놓음은 하나님의 현존으로 들어가는 출입구이다.
내려놓을 줄 아는 자는 참으로 행복한 사람이다.
그러나 내려놓을 일조차 없도록 하나님의 마음과 뜻 속에
온전히 거하는 자는 더욱 행복한 사람이다.

나누는 사람이 희망이다

거의 반생을 모금하며 살았다. 그중 사반세기는 일과 모금을 동시에 감당하면서 불가능한 일을 가능한 일로 만들어가며 경이와 감탄 속에서 살았다. 아무리 생각해도 후원금을 모금하며 해외에서 1인 4역, 5역의 일을 하면서 지금까지 쓰러지지 않고 도중에 사역을 포기하지 않고 살아온 것이 은혜 중의 은혜이다. 사람으로는 도무지 감당하기 어려웠던 일을 되는 대로 감당하면서 용하게 잘도 살아왔다. 자나 깨나 후원금이 내 뒤통수를 눌렀는데 긴 세월을 살고 나니 하나님의 일은 하나님께서 책임을 지심이 분명하다. 내가 한국에 있든 한국 밖에 있든 필요한 후원금은 계속 들어왔고, 내가 현장 안에 있든 현장 밖에 있든 필요한 사역들은 중단되지 않고 오늘까지 계속되고 있다.

나눔은 은혜를 받은 분들의 몫이요, 성령의 감동을 받은 사람들의 소명이기에 세상의 계산과 지식으로 알 수가 없다. 세상의 과학이나 수학, 도덕과 윤리로 설명될 수 있는 것이 아니다. 그 동안 나는 나눔의 바다에서 운 좋게 성숙한 사람들을 많이 만났는데 그들에게 몇 가지 분명한 공통점이 있었다.

첫째 공통점은 하나님의 은혜가 너무 크다고 생각하는 것이다.

모두들 하나님으로부터, 예수 그리스도의 십자가로부터 받은 용서와 구원, 사랑과 축복에 힘입어 은혜로 산다고 말하였다.

둘째는 사람의 노력으로 하나님의 은혜를 다 갚을 수 없다고 생각하는 것이다.

셋째는 나눔을 하나님의 것을 하나님께 돌려 드리는 것으로 생각한다.

자기가 수고해서 번 돈이지만 하나님께서 자기에게 맡긴 돈이라고 생각하며 후원금을 개인이나 단체에 보낸 것이 분명한데도 개인이나 단체가 아닌 하나님께 바쳤다고 말한다.

넷째는 특별히 감동적이다. 그들은 나눔을 하나님께서 자신에게 특별히 주시는 사명이라고 믿으며 소명을 감당하기 위해 손해와 불이익, 고난과 불편을 기꺼이 감수한다.

다섯째 그들은 결코 후원하고 있다는 사실을 과시하거나 자랑하지 않는다.

그들은 종처럼 당연히 할 일을 했기 때문에 나눔이 자랑이라고 생각하지 않는다.

나눔은 남녀노소, 빈부귀천, 학력과 지위 고하를 막론하고 은혜를 받은 사람들이 하는 일이기 때문에 사람의 일이지만 하나님의 은혜 없이는 안되는 일이기에 하나님의 일이다. 하늘의 일이기에 겨자씨처럼 작게 시작하여도 창대하여지며 크고 작은 희망을 낳으며 오병이어의 기적이 일으 킨다.

기장교회와 한국 교회, 그리고 고향과 학교 동창들 속에서 만난 분들 의 나눔이 오랫동안 나를 전도자와 섬기는 사람으로 세워주었기에 오늘 의 내가 있다. 깨끗한 마음으로 예수님의 말씀을 받잡고 사는 그분들이야 말로 물질을 성공의 척도로 삼는 맘몬의 세상을 이긴 자들이다. 예수를 살아내는 자들이요, 보물을 하늘에 쌓아두는 사람이며 먼저 그의 나라와 의를 구하는 진정한 의인이요, 충성된 종이요 온유하며 사랑스러운 자들 이다.

그 분들은 나눔으로 많은 고아와 과부들, 가난한 학생들, 병든 아이들 에게 희망이 되어주셨고, 세상을 소리 없이 살만한 곳으로 바꾸었으며, 복 음을 실제적으로 살아서 세상의 소금과 빛이 되었다. 그들은 나누고 섬김 에 있어서 서로의 다양성과 고유성을 인정하며 함께 어우러져 하나님 나 라의 하늘에서 무지개로 빛나고 있다. 무지개가 수많은 빛깔을 포함하고 있듯이 은혜의 바다에서 나누는 분들의 모습은 참으로 다양하다.

어떤 권사님은 암 수술을 하셨고 말기상황에서도 자매결연과 장학결 연을 포기하지 않으셨다. 힘든 상황을 알고 어르신에게 후원을 중지하시 라고 요청을 드리자

"내가 그런 재미가 없으면 무엇으로 살라고 내 즐거움을 빼앗아가려고 해. 내가 살아 있는 동안 통장에서 자동적으로 빠져나갈 거니 신경 쓰지 마소. 내가 아버지

께로 돌아가면 통장이 해지되니 후원금이 안 들어오면 내가 떠난 줄 아소." 라고 대답을 하였다.

세상 사람들은 그 분을 초라한 노인으로 보지만 내 눈에는 그분이야말로 성자이다.

김 집사님은 노점에서 과일 장사를 하신다. 월남전 참전용사로 고엽제 피해자이시고, 암수술을 받으셔서 건강이 그리 좋지 않으시다. 그 분은 고엽제 피해보상금으로 1년에 장학결연 1명에 해당되는 후원금액을 자동이체 해 놓으셨다.

"선생님, 저 그 돈 있어도 살고 없어도 살아요. 고엽제로 고통당하는 제 몸값을 특별히 드리고 싶어요. 그때마다 필요한 곳에 쓰시면 되니까 용도지정도 하지 않겠습니다. 제가 세상을 떠나면 통장도 없어질 것이고, 그러면 후원도 중단될 겁니다. 선생님, 후원금이 중단되면 제가 세상 떠난 줄로 아세요."라고 말해서 나를 울렸다.

노점과일 장사인 그분에게서, 그 분이 만든 여러 나눔과 섬김에서 그리스도의 향기를 맡는다.

어느 권사님은 식당에서 설거지를 하여 번 돈으로 신학교에 장학금을 보내신다. 어르신께서 식당에서 일하신다는 말을 듣고 가슴이 아파서 그동안 해주신 것만으로도 감사하다고 인사를 드렸더니 펄쩍 뛰셨다

"작아도 내 집이 있고, 아직 몸이 건강하니 살만해요. 선생님, 제가 조금 꼼지락

거리면 누군가에게 작은 힘이 될 수 있다는 사실이 기뻐요. 제가 힘이 닿는 데까지 하고 싶으니 말리지 마시고 저를 위해서 기도해주세요. 저는 장학금 때문에 행복하게 살아요." 라고 말씀하시는 권사님은 인도 학생의 밥이며 동시에 희망이다. 식당 아르바이트로 희망을 가꾸시는 권사님은 가난한 신학생들에게 꿈을 주시는 천사가 되었다.

어느 권사님은 일찍 남편을 여의고 딸 하나를 키우셨다. 딸이 결혼해서 따로 살게 되자. 혼자 폐지를 주우며 절약하며 내핍하며 사셨다. 그는 죽음을 앞두고 자신이 모아 놓은 천만 원 가량의 돈을 가장 의미 있게 쓸 곳으로 보내달라고 아는 분에게 맡기셨다. 지인은 그 분의 뜻을 받들어서 여러 곳을 수소문하다가 우리 희망공동체 센터로 보내주셨다. 그 귀한 후원금은 그 분의 뜻을 받들어 동북인도 과부들의 자립 프로젝트인 복돼지 기금과 고아들의 컴퓨터구입비와 훈련비로 사용되었다. 옥합을 깨뜨린 여인처럼 자신의 모든 것을 주고 세상을 떠나신 그 분! 비록 얼굴을 뵙지 못했지만 나눔으로 희망이 되어주신 그 분의 얼굴이 빛 날 것이다.

어느 권사님은 내가 어려울 때 마다 구원투수가 되어 주셨다. 그 분은 언제나 자기가 받은 영감과 감동대로 후원금을 주시곤 하였는데 늘 가장 절묘한 타이밍에 와서 봄비처럼 많은 생명을 살려 주었다. 근 이십 년에 가까운 세월 동안 한 번도 생색을 낸 적이 없고, 일을 빨리 끝내라고 닦달을 한 적도 없으셨다. 교회 건축이나 프로젝트가 늦어져서 미안하다고 사정을 말씀드리면 의심하거나 더 이상 묻지 않고 대답하는 말이 한결 같았다.

"하나님께 바쳤으니 신경 쓰지 마세요. 하나님의 뜻에 맞게, 하나님이 기뻐하시게 잘 쓰여지면 되는 거지요. 끝나면 사진이나 보내주세요."

며칠 전에 실맞신학교 대학원 과정 후원금을 주시며 조용히 말씀하셨다.

"몇 달 전부터 내가 직접 후원금을 마련하고 있어요. 사업이 어려워서 넉넉하게 돈을 받을 수가 없어서 파출부를 쓰지 않고 그 비용을 모아서 후원금으로 드리는 거예요. 자식들이 노인네가 혼자 일하다가 아프면 더 큰 일이라고 난리치는데 벌써 반 년째요. 내 몸이 할 수 있을 때까지 하면 되지요. 조금 힘들지만, 내 수고를 통해서 누군가가 하나님의 사랑을 알게 된다면 그것처럼 큰 복이 어디 있어요."

권사님의 말을 들을 때 머리 끝에서 발끝까지 전기가 자르르 흘렀다. 권사님의 연세와 건강 상태를 알기 때문에 감사와 감동의 물결이 내 영혼을 덮었다. 눈물이 절로 흘렀다. 오랜 시간 동안 한결같이 왼손이 하는 일을 오른손도 모르게 해 오신 권사님의 나눔은 문자 그대로 예수의 영에 사로잡히지 않고서는 할 수 없는 일이었다.

어떤 분은 매번 갑작스런 일들로 필요한 경비들을 미리 알고 있었다는 듯이 앞서서 보내주며 하나님의 손길로 나를 어루만져 준다. 어떤 분은 자기 자녀들과 주변의 친인척과 지인들을 동원하여 후원자로 만들어 주면서도 더 열심히 못해서 미안하다고 한다. 어떤 분은 후원금 모금 소식을 알려주지 않은 것을 자기에게 복 받을 기회를 주지 않은 것으로 생각하며 몹시 서운해 한다. 심지어 어떤 분은 내가 그에게 후원금을 요청하는 것은 나의 일이고 응답하는 것은 자기의 일이니 거부당할까를 미리 염려하지 말라고 권면을 하셨다. 그분의 권면을 들을 때 마치 몽둥이로 뒤통수를 맞는 기분이었다. 그분은 자기가 못하면 기도하며 사역을 축복하고 또한 주변 사람들로 하여금 후원에 동참하도록 안내문을 보낸다고 하였다. 이런 귀한 분들에게 동일한 특징이 또 있다. 나름대로 최선을 다하면서 부족해서 미안하고 많이 돕지 못해서 죄송하다고 말한다. 한 마디로 겸손한 것이다.

긴 세월 동안 하나님의 은혜로 성숙한 사람, 내 영혼에 물을 주는 분들, 아낌없이 주는 분들을 많이 만났기에 이순이 되도록 그 분들의 희망으로 희망하며 희망을 나누고 있는 것이다.

그러나 오늘날은 갈수록 나눔이 상업화되고 혼탁해지고 있다.

적지 않은 사람들이 감동이나 소명 없이 이해타산으로 나눈다. 사람들이 더 큰 야망과 더 큰 탐욕을 성취하기 위한 수단으로 나눈다. 자신의 명예와 체면 때문에 나누는 일도 왕왕 발생한다. 영악한 사람들의 정치 입문, 상업적인 선전, 선한 업적, 신분을 세탁하기 위해서 나누는 나눔은 목적을 벗어나서 본인을 위하는 이기적인 것이기 때문에 사람들에게 나눔 멀미증과 나눔 기피증, 나눔 후유증을 낳는다. 나눔은 처음부터 끝까지 상대방의 삶과 영혼을 위한 것이라야 진정한 나눔이 된다. 사이비 나눔에는 구원과 사랑, 치유와 회복이 뒤따라 일어나지 않는다.

진정으로 나누는 사람은 탐욕을 끊고 경쟁과 소비로부터 자유로워져 자신의 안일한 삶과 풍요로운 미래를 위해 더 큰 창고를 짓지 아니하고,

더 많은 보험에 가입하지 아니 하고, 한탕주의 식의 주식투자에 영혼을 빼앗기지 아니하므로 세상의 희망이 된다.

애증도, 차별도 없이 나눈다. 굶주리는 사람, 아픈 사람, 이름 없는 사람, 못난 사람, 실직한 사람, 실업자, 낙오자, 파탄자 등의 이웃과 조용히 나누며 하나님 나라의 씨알이 되는 것이다.

전혀 모르는 사람, 결코 되돌려 받을 수 없는 사람, 결코 아무것도 줄 수 없는 사람, 머나 먼 외국의 가난한 사람들과 나누는 사람은 그 자체로 세상의 희망이다.

무엇을 입을까? 무엇을 마실까? 무엇을 먹을까? 몇 평집에서 살까? 무슨 차를 몰까? 고민하지 않고 수고하고 무거운 짐을 다 생명의 주인에게 맡기고 하루하루 살며 그 잉여분을 타인에게 아낌없이 주는 사람들이 하나님의 나라와 의를 구하는 자이며 이 시대의 희망이다.

부기

최근 인도 뉴델리 뿌렘담 고아원이 코로나19로 실직당한 거리의 사람들을 위해 무상배식을 시작하였으므로 막중한 부담감을 느끼며 긴급구호금을 보낼 일로 고민하고 있었는데 하나님께서 몇 분의 후원자들을 통해서 천 기백만 원이 넘는 후원금을 며칠 사이에 공급해주셨다. 후원금은 곧 바로 뉴델리와 네팔과 미얀마로 가서 사람들의 밥이 되었다. 후에 알고 보니 후원금을 보내주신 분들의 사업도 코로나 때문에 어려움을 겪고 있었다. 그 분들에게 어려우신 중에 왜 후원금을 송금했느냐고 물었더니 굶주리는 사람들의 고통을 외면할 수 없어서였다고 대답하셨다.

인도, 네팔, 미얀마의 이름도, 얼굴도 모르는 사람들을 자신의 식탁으로 초청하는 후원자님들의 사랑은 이미 코로나를 이겼다. 세상이 불안과 공포에 떨며 마음의 문을 걸어 잠그고 있을 때 배고픈 사람들의 아픔과 슬픔을 생각하는 사람들이야말로 코로나 팬데믹을 극복해낸 세상의 소금이며 빛이다.

오만 원의 의미

몇 년 전 어느 여신도회 모임에 가서 책을 판매하였다. 인상이 선하고 후덕해 보이는 교우님께서 책을 사시며 자기네 교회에 오라고 청하기에 성함을 묻고 전화번호를 받았다. 그리고 한두 달 후에 소도시에 자리 잡고 있는 그분이 출석하고 있는 교회를 찾아 갔다. 그분의 따스한 영접을 받았다. 그날 교회 점심 메뉴가 국수였는데 그분은 식사가 부실하다며 외식을 권하였다. 나는 외식을 사양하고 오랜만에 국수를 맛있게 먹었다. 식사 후에 차를 마시고 인사를 드리고 나오려는데 그분이 봉투를 주시며 약소하지만 차비로 쓰라고 하였다. 두 번째 얼굴을 대하는 나에게 격의 없이 대해주는 것도 고마운데 봉투까지 주시니 코끝이 시큰해졌다.

봉투에 들어 있는 귀한 헌금 오만 원을 개인적으로 사용하고 싶지 않아서 곧 바로 후원금으로 계좌에 입금시켰다. 그 후 1년에 한두 번 정도 전화로 안부 인사를 드렸다.

작년 마지막 주일에 그분이 뵙고 싶어서 오후에 그 교회에 들렀다. 교회는 연말모임으로 분주하였다. 나는 그분이 지도하는 그룹에 참석해서 회원들의 활동 보고를 재미있게 들었다. 끝나고 나올 때, 그 분이 또 하얀 봉투를 손에 쥐어 주면서 액수가 너무 작아서 미안하다고 하였다. 주면서도 미안하다고 하시는 그분의 겸허한 마음가짐이 가슴에 잔잔한 파문을 일으켰다. 이어서 전주 모 교회에서 15일에 신년 하례모임이 있으니 꼭 와서 한 번 더 보자고 하셨다. 그분의 관심과 정성이 너무 고마워서 모임에 참석하기로 하였다.

막상 행사일이 다가오자 오랜만에 가는 연합회 모임에 아는 사람들도 별로 없을 것 같고 구차한 느낌이 들어서 가고 싶지 않았다. 그러나 그분에게 가겠다고 대답을 했으므로 억지로 힘을 내어 모임에 참석하였다.

아는 분이 거의 없을 것이라고 생각했던 것과는 달리 그 여신도회 모임에서 활짝 웃어 주는 많은 분들을 만났다. 그동안 선교보고 차 방문했던 교회에서 뵌 분들과 작은 모임들에서 만난 분들이었다. 옛 교우님들의 하얀 머리칼에서 세월의 깊이를 실감하면서 많은 여신도 회원님들의 따스한 숨결을 오랜만에 느낄 수 있어서 좋았다.

모임이 끝난 후, 그분이 사람들을 피해서 내 손에 또 봉투를 쥐어 주었다. 순간 그분이 나에게 베푸는 관심과 정성이 신비스럽게 느껴졌다.

후덕한 인상 그대로 사람들에게 주기를 좋아하는 것인가?

초라해 보이는 내가 불쌍해 보여서 그런가?

인도의 고아들과 달리트에 대한 관심인가?

아니면 무슨 특별한 이유가 있는 것일까를 곰곰 생각해 보았다.

갑자기 그분이 고해성사를 하듯이 나직한 목소리로 말을 했다.

"실은요, 몇 년 전에 선생님께서 쓰신 《선교사는 거지다》는 책을 사서 읽었어요. 한국에서 거지로 취급당하여도 현장을 섬기기 위해서 거지로 살 수 밖에 없다는 선생님의 고백이 가슴에 절절하게 느껴졌어요. 그 때 까지만 해도 선교사님들에 대해 부정적인 생각이 많았는데 책을 읽으면 서 반성을 많이 했어요. 그리고 그 후로 선교사님들을 만나면 어느 분이 든 간에 무조건 한 끼 식사를 대접하는 마음으로 오만 원을 드리기로 결 심했어요. 그 때 받은 감동으로 저 자신과 한 약속을 지금까지 잘 지키고 있어요."

하나님의 일하심에 가슴이 뛰었다.

"그런데 언젠가 선생님께서 우리 행사에 오셔서 책을 직접 판매하는 것 을 보고 우리 교회에 오시라고 했더니 진짜로 오셨어요. 그 때 감격했고 요, 그 때 선생님의 책을 읽었다는 말과 정말로 감사하다는 인사를 드리 고 싶었는데 못했어요. 지난 번 오셨을 때도 못했고요."

그 분이 오랜 친구처럼, 고향집처럼, 만경강처럼, 마을의 언덕처럼 편한 이유를 깨달았다. 하나님께서 책을 읽으시는 그 분의 마음을 어루만져 주 셨고 부족한 나를 위하여 어머니 마음으로 기도하며 축복하게 역사하신 것이었다

하나님께서 코로나19로 모두들 힘들어하는 시간에 그 분의 순수로 눈 을 열어 하늘을 보게 해주셨다.

기티카를 섬기는 사람은 복이 있다

기티카는 희망공동체가 위치하고 있는 난달 빈민가 와이에스나가르에서 살고 있는 8세의 여자 아이다. 나이는 여덟 살이지만 키가 서너 살 아이처럼 작다. 그는 태어나서 부모의 보살핌을 받은 적이 없었고 현재 할아버지와 할머니와 함께 살고 있지만 그분들의 보살핌을 받는 것이 아니라 오히려 그가 구걸로 어른들을 봉양하고 있는 실정이다.

할아버지는 팔이 기형인 장애인이고 할머니는 허리를 다쳐서 꼼짝 못하신다. 그들은 한 달에 한국 돈으로 10,000원하는 사글세방에 사는데 그 돈 마저 내지 못해서 쫓겨날 상황에 동네 사람들이 십시일반으로 도와주었다고 한다.

기티카가 또한 팔다리가 기형이어서 동냥하여 입에 풀칠은 하지만 밥을 짓거나 차파티를 굽거나 짜이를 만들지 못하므로 날마다 이웃사람들에게 신세를 지고 있다.

우리 희망공동체가 있는 와이에스나가르의 2 단지의 웬만한 아이들은 우리 어린이집, 교회학교, 공부방에 등록하여 프로그램에 참여하므로 우리가 거의 다 파악하고 있었다. 그러나 기티카는 6년이 지나도록 우리의 눈 안에 들어오지 않아서 안타깝게도 오랫동안 우리의 보살핌을 받지 못하였다. 지난 12월 중순에 바자회를 열어 수익금을 만들고, 공부방 아이들이 조금씩 헌금한 돈을 모아 성탄 나눔을 실시하면서 공부방 아동들에게 나눔 대상을 추천하라고 했을 때, 누군가가 기타카를 추천하였다.

우리 공부방 천사들이 그 집을 방문하여 선물을 나누고 기도하며 찬양할 때 찍은 사진이 올라 왔다. 사진 속에 유달리 키가 작고 다리가 코끼리 다리처럼 굵은 무표정한 여자 아이가 있었다. 그 아이의 표정이 너무 고단하고 슬퍼 보여서 희망공동체 자원봉사자로 수고하시는 선생님께 여자아이의 신상명세서와 보다 자세한 사진을 요청하였다.

선생님이 보내온 사진과 신상명세서는 기타카가 너무 어린 나이에 감당할 수 없는 가혹한 운명의 십자가를 지고 있는, 상처받은 영혼임을 말해주었다. 사랑받고 보호받아야 할 나이에, 친구들과 뛰놀며 해맑게 자라야할 나이에, 부모님이 챙겨주는 밥을 먹고 옷을 입으며 어리광을 부려야할 나이에, 꿈을 꾸며 배우고 익혀야할 나이에 그는 가족의 생계를 책임지는 고통, 장애인으로 사는 절망, 언제나 혼자 지내야 하는 고독 속에 방치되어 있었다.

울면서 기도하는 중에 하나님께서 우리에게 맡겨주신 와이에스나가르 아이들 중에, 우리 희망공동체에서 멀지 않은 거리에서 불행과 고통을 운명처럼 지고 사는 한 어린 아이를 일찍 찾아내지 못하고 오랫동안 방치한 실수와 안일에 대한 묵상과 반성을 하였다. 그리고 그의 치유와 회복을 위해서 할 수 있는 일을 생각하였다. 선생님과 기도하며, 이야기를 나누며 우선 먼저 기타카를 생활고와 할아버지와 할머니를 보살피는 일을 그만두도록 도와주기로 하였다. 몇 년을 계속 나누며 섬겨야 할지 모르지만 기티카가 행복한 어린이로 성장하도록 돕고 싶었다. 사람들에게 사랑받고 있다는 행복감, 귀하게 여김 받고 있다는 자존감, 친구들과 함께 어울려 노는 재미를 맛보며 자랄 수 있도록 최선을 다하기로 하였다.

가장 먼저 몸에 밴 영혼을 좀먹는 구걸을 그만두도록 자매결연을 통해 생활비를 공급하기로 하였다. 자매결연 후원자를 찾지 못하였지만 선생님을 통해서 바로 생활비를 보내주면서 몇 가지 전제조건을 제시하였다.

동냥질을 그만 둘 것, 학교에 다닐 것, 우리 공부방에 등록해서 오후 프로그램에 참여할 것, 할아버지와 할머니를 우리 점심급식 명단에 등록해서 식사에 참여시킬 것, 어린이 교회학교에 등록해서 예배와 행사에 참여할 것 등이었다.

할아버지와 할머니는 우리가 제시한 조건을 바로 승낙하셨고 다음 날 교회에 나오셨다. 그러나 거리가 멀어서 매일 점심 식사하러 나오기가 힘들다고 하셔서 '도시락 배달'을 하기로 하였다. 기티카 또한 교회학교와 공부방에 등록하였고 바로 센터에 나왔으나 우리가 예상했던 대로 친구들과 어울리지 못하고 고집스러웠으며 혼자 놀았다. 그러나 할아버지와 할머니는 기티카가 아이들 속에 있는 것을 바라보는 것만으로도 행복해하시며 기티카를 위해서 사글세 집을 우리 희망공동체 부근으로 옮기겠다고 하셨다. 난장이인 손녀딸이 현재 살고 있는 사글세 집에서 희망공동체까지 걸어오기에는 너무 힘들다고 생각하신 것이다.

선생님이 특별한 관심을 가지고 공부방과 교회학교 모든 행사에 기티카가 참여하도록 배려하고 있지만 공동체의 일을 두루 책임져야하는 자리에서 그에게만 집중할 수가 없으므로 나는 특별히 기티카를 섬겨줄 사람을 찾았다. 공부방 1기 졸업생, 자원봉사자인 모제쉬가 그 일을 할 수 있다고 판단을 해서 카톡으로 기티카의 사진을 보내며 그를 도와줄 수 있겠느냐고 물었다. 그는 "Yes, teacher!" 라고 대답을 하면서 어떻게 섬겨야 하는지를 물었다. 만날 때 마다먼저 인사하고 따스한 말로 격려해주고, 혼자 놀고 있을 때 함께 놀아주며, 공부를 정성껏 가르치며 그를 위해서 기도해주라고 하였다. 모제쉬는 그렇게 하겠다고 약속을 하였고 틈나는 대로 기티카의 소식을 전해 준다. 모제쉬가 때로는 오빠처럼, 때로는 선생님처럼, 때로는 목자처럼 기티카를 섬기는 복된 사람이 되길 간절히 기도한다. 그를 통해서 기티카가 행복한 아이로 새롭게 탄생되길 기대하며 고대한다. 하나님의 성령이 모제쉬를 통해서 기티카를 새롭게 빚어줄 것으로 믿으며 기도한다.

뿐만 아니라 기티카를 위해 자매결연으로 생활비를 후원하실 분이 나와서, 하나님을 사랑하는 우리의 섬김이 합력해서 선을 이루는 것을 보고 싶다. 가능하면 종합검진을 통해서 기티카가 자라지 않는 이유, 병을 찾아서 치료가 가능하면 고쳐주고 싶다.

기티카를 우리에게 맡기신 하나님의 마음을 느끼며, 하나님의 눈동자 속에 있는 기티카를 섬기는 사람은 복이 있다고 큰 소리로 외치고 싶다.

아무것도 아닌 자의 죽음

성탄이 다가 온다.

주님께서 아무것도 아닌 자로 세상에 오고 계시다.

아무것도 아닌 자로 세상에 오시는 하나님이 우주의 희망이다. 개혁이다. 혁명이다. 하늘에는 영광이며 땅에는 평화다. 아무것도 아닌 자로 오셔서 아무것도 아닌 자를 섬기고 사랑하시며 아무것도 아닌 자로 죽임을 당하시고 그로서 사람이 사람으로 사는 하나님의 나라를 계시하신 하나님의 놀라운 사랑과 성육신에 전율한다.

글의 제목은 "아무것도 아닌 자의 죽음"이지만, 실제로 하나님 앞에서 아무것도 아닌 자는 없다. 생명을 만드신 분 앞에서 모든 사람이 다 존귀하며 소중하며 의미 있고 아름답다. 오직 세상에서 자신들이 특별하다고 생각하는 사람들이나 집단이 자기보다 못한 사람을 낮추어 보며 그렇게 규정하고 생각할 뿐이다. 그들은 사람을 나라, 민족, 인종, 권력, 소유, 학력, 외모, 지위, 직업, 종교 등으로 점수를 매겨서 계급화 한다. 계급의 틀 안에 사람을 가두고 억압과 소외, 천대와 고립으로 무력화시키며 "너희들은 태어나면서부터 열등한 존재, 무가치한 존재" 라고 세뇌시킨다. 영웅과 지배자, 독재자와 귀족, 특권층이 다스리는 제국에서 그들은 아무것도 아닌 자들로 분류되어 출세한 자들의 선함과 위대함을 드러내는 장식품과 들러리로 숨을 죽이며 산다. 지렁이처럼 꿈틀거리며, 굼벵이처럼 뒹굴며.

　운이 좋은 것일까? 아니면 아무것도 아닌 자라는 나의 열등의식이 통해서였을까? 20여 년 동안 나그네로 살면서 그 나라 또는 그 민족이 아무것도 아니라고 규정하고 천대하는 사람들을 많이 만났다. 가장 먼저 만난 아무것도 아닌 사람은 나를 경악과 충격에 빠트린 인도의 다섯 번째 계급인 달리트와 여섯 번째 계급인 아디바시 이다. 호주에서는 백인에게 압제와 학대를 당하고 있는 에버리진을 만났고, 스리랑카에서는 싱할리에 의해서 학대당하는 타밀족을 만났다, 미얀마에서는 버미족에게 경계의 대상이며 각종 불이익과 제약을 받고 있는 친족을 만났다. 터어키에서는 쿠르드족을 만났고, 이스라엘에서는 팔레스틴 사람들을 만났으며, 중국에서는 소수민족에 속하는 조선족을 만났고 콩고에서는 피그미들을 만났다.

　그들이 다수의 횡포에 눌려서 두려워 떨며 신음하는 것을 도시 광야에서, 난민촌에서, 가난한 거리에서 보았다. 그들은 아무것도 아닌 것으로, 쓰레기처럼 불도저에 밀려서 고향을 떠나 뿌리 뽑힌 나무처럼 힘겹게 살고 있었다. 세상은 그들에게 관심이 없고 그들은 지금도 절망에 구렁텅이에서 서서히 죽어가고 있다. 세상에서 도움을 받을 수 없는 그들, 스스로 희망이 없는 그들에게는 오직 아무것도 아닌 자로 오시는 주님만이 희망이다.

　주 예수여! 아무것도 아닌 자들에게로 오시옵소서!

아무것도 아닌 자'라는 말은 안드라푸라데쉬 데칸고원을 순회하며 달리트를 처음 봤을 때 생각했다. 달리트의 첫 인상은 지렁이였다. 비가 온 뒤에 지상에 나와서 물웅덩이에서 놀다가 햇볕이 내려 쬘 때 바로 땅 속으로 들어가지 못하고 볕 아래서 몸이 말라서 죽어가는 꿈틀거리는 지렁이 말이다. 누구도 그들의 고통에 관심을 가지지 않으며 그들은 살아도 죽어도 그만인 존재들이었다.

달리트들은 인도 수천 년 역사 속에서 재산을 가질 수 없고, 토지를 소유할 수 없고, 교육을 받을 수 없고, 공동 우물을 사용할 수 없고, 군대에 복무할 권리가 없는 천민 계급으로서 상위 계급들의 궂은일을 처리하는 도구에 불과하였다. 21세기가 되어 시대가 달라졌어도 그들은 농업 노동자로서 날품팔이며, 부쳐 먹을 땅이 없으며, 문맹이며, 자녀 또한 문맹이었다. 자기가 사람이라는 의식도, 인권 의식도 없는 그들은 때리면 맞고, 굴종하고, 모욕당하고, 헐벗고 굶주리며 몸마저 병투성이였다. 사람이 사람의 굶주림과 아픔을 방치하고 무시하고 짓밟으며 괴롭히는 것에 흥분하며 분노하며 나는 나도 모르게 달리트들의 고통 속에 깊이 빠져 들어갔다. 나는 마치 하나님 앞에서 그들의 대변인인양 그들의 문제를 낱낱이 고하며 민원을 해결해 주시라고 호소하였다.

굶주리는 달리트에게 밥을 주시라고!

영양실조에 시달리는 달리트에게 고기를 주시라고!

장애와 성인병에 시달리는 달리트를 고쳐 주시라고!

과로에 시달리는 달리트들에게 휴식을 주시라고!

자녀들을 몇 푼의 돈으로 팔아버리는 달리트에게 물질의 축복을 주시라고!

나 자신이 그들에게 줄 수 있는 것이 예수 그리스도 밖에 없어서 복음을 전하며 밥을 주고 싶은 절박한 마음에 자주 울었다. 때로는 배고픈 그들에게 말씀을 전하는 것이 민망하고 공허하게 느껴지기도 하였다. 그래서 어느 날 부턴가 내 몸 팔아서 달리트들에게 밥을 주시라고 기도하며 순회의 일정을 시작하였다.

캠벨병원이 있는 잠말라마두구는 나의 순회 거점 중의 하나였다. 오며 가며 병원에서 쉬어 가는데 아이들 몇 명이 병원 캠퍼스에서 자며 뒹구는 모습이 가끔 눈에 띄었다. 그들은 에이즈에 부모를 잃은 고아들로 고향과 일가친척으로부터 버림받아 오갈 곳이 없었다. 게다가 자신들 또한 부모님에게 수직 감염된 에이즈 환자여서 언제 무슨 병에 걸려 죽을지 모른다고 하였다. 그들은 인도 사회에서 최고 천대를 받는 달리트 보다 더 낮고 더 천한 밑바닥에 자리한 아무것도 아닌 자들이었다. 아무것도 아닌 달리트에게서 조차 차별과 천대를 받는 아이들, 그 어디에서도 존중과 예의, 친절과 사랑을 받을 수 없는 존재들이었다.

그럼에도 불구하고 나는 그 아이들에게 세상은 살만한 곳이고, 인생은 축복이고, 삶은 아름다운 것이라고 말하고 싶었다. 그러나 부모를 잃고 버림받은 아이들의 삶은 이미 지옥의 입구에 있었다. 그들은 지옥의 불에 그슬렸고 추위에 얼었고, 외로움에 떨고 있었다.

달리트 마을 순회 속도를 조금 늦추고 에이즈 고아들에게 관심을 집중하였다. 하나님의 은혜로 20여 명의 보금자리를 만들었다. 나는 그들이 살아 있는 동안 행복하게 살 수 있는 환경과 여건을 최선을 다해 만들면서 그들과 함께 울고 웃었다. 그러나 그들이 성장하면서 겪게 되는 세상으로부터 오는 차별과 천대, 소외와 고독은 나로서 해결해 줄 방법이 없었다. 병든 몸을 원망하며 잠 못 이루는 그들의 고뇌와 고통에는 손잡고 울며 기도해 주는 것 밖에 없었다. 그러나 그 일도 계속할 수가 없었다. 첸나이에 있는 우리 건물이 선교센터로 알려져서 조사를 받게 되었으며 결과적으로 인도에서 더 이상 머무를 수가 없어 나와야 했기 때문이다.

몸은 한국에 있어도 나의 마음은 둥둥 인도를 떠다녔다. 내 마음이 아무것도 아닌 자들이 살고 있는 데칸고원 달리트마을과 에이즈고아원에 머물렀다. 시간이 지날수록 달리트마을은 희미해졌지만 샨띠홈의 에이즈고아들에 대한 그리움은 깊어졌다. 아무도 쳐다봐 주지 않는, 아무도 다정하게 불러 주지 않는, 아무도 품어주지 않는, 아무것도 아닌 작은 자들에 대한 연민과 사랑에 시달려야 했다. 아이들 이름을 부르며 눈물짓기도 많이 하고 이름 없는 풀꽃을 볼 때도 아이들을 떠올리며 울고 웃었다. 아이들이 보고 싶어서 밀입국에 대한 생각도 해보았다. 인도에 있을 때 보다 용돈과 절기 선물들을 더 챙겨 보내면서 만날 날을 고대하였다. 만나서 함께 얼싸안고 뒹굴 날을 기다리며 모두의 건강과 행복을 빌었다.

지난 9월 추석 명절 전에 샨띠홈에서 한 아이가 죽었다는 소식이 왔다.
그는 에이즈로 세상을 떠난 부모로부터 에이즈에 수직 감염되었고, 할머니나 삼촌 등 친인척의 얼굴을 한 번도 본 적이 없다고 하였다, 그는 5,6세에 에이즈 환자 병동에 버려진 아이였는데 유달리 외로움을 탔다. 어린 그의 고독과 침묵 속에 이미 죽음이 예고되어 있었는데 나는 아무리 세상이 냉혹해도 우리의 사랑이 아이의 울타리가 되면 결코 그런 일이 일어나지 않을 것이라고 참으로 안이하게 생각하고 있었다.

눈이 크고 사랑스러운 그 아이는 원체 말이 없고 수줍었다. 우리 샨띠홈의 연장자 중의 한 명이었기 때문에 맏형 노릇하며 무게를 잡을 법도 한데 그는 무슨 일에나 양보하고 욕심을 부리지 않는 순둥이었다. 그러던 어느 날 학교로 부터 그 아이가 10여 일 동안 학교에 나오지 않았다는 결석 통보를 받았다. 그가 그 주간에도 샨띠홈 친구들과 함께 평소와 다름없이 학교에 갔기 때문에 우리는 그의 결석 사실을 믿을 수가 없었다. 그러나 자신의 결석에 대하여 변명하는 아이의 눈에 눈물이 파도쳤다.

"아무도 저를 사람으로 취급하지 않아요. 아침부터 오후 수업이 끝날 때 까지 아무도 말을 걸어 주지 않아요. 모두들 제가 없는 것처럼 저를 빼놓고 자기들끼리만 이야기해요. 그리고 선생님조차도 제가 고아라는 사실을 알면서도 부모님의 직업을 물으면서 창피하게 만들어요. 교실이 무섭고 끔찍해요."

그의 말을 듣는 순간 소름이 돋고 머리끝에서 발끝까지 자르르 전기가 흘렀다. 개구쟁이로 친구들과 함께 뛰놀며 행복해야할 아이가, 날마다 교실에서 친구들에게 침묵의 고문을 당하며 홀로 고독과 공포와 싸우고 있었다는 다는 사실과 우리의 보살핌이 아이에게 위로와 힘이 되지 못한다는 사실에 억장이 무너져 내렸다.

그 아이는 자신을 아무것도 아닌 자로 취급하며 잔인하게 무시하는 냉혹하고 살벌한 교실에서 죽어가고 있었다. 수줍고 내성적인 그는 자신의 내면의 상처를 아무에게 말하지 않고 말없이 저항하는 결석을 택하였다. 그러나 교사와 우리 어른들은 그의 고통을 전혀 눈치 채지 못하고 있었다.

그의 절규는 '외롭고 힘들어서 못 살겠으니 제발 나를 고통에서 구해 주세요.' '저도 사람답게 살고 싶어요. 저를 지옥에서 건져 주세요.' 라는 아무것도 아닌 자의 처절한 비명이었다.

부모님의 얼굴도 이름도 기억하지 못하는 그는 일찍부터 세상의 차별과 소외를 느끼며 외로움과 두려움에 신음하였다. 나는 그의 말을 들은 순간, 어미의 심정으로 냉혹한 세상으로부터 아이들을 보호하며 아이들에게 세상을 이길 힘을 키워주어야 한다는 절박한 부담감과 깊은 고뇌를 느꼈다. 세상은 존 바부 뿐 만 아니라 에이즈 고아들 모두에게 냉혹하고 잔인하며, 무례하고 폭력적일 것이었다. 하루바삐 아이들에게 세상 이길 믿음과 그럼에도 불구하고 세상을 사랑할 믿음을 심어주어야 한다는 생각에 다양한 노력과 시도들을 계속하였다. 그러나 안타깝게도 나는 불시에 인도에서 나오게 되었고 아이들에 대한 관심과 애정은 마음뿐이게 되었다. 그런데 참으로 놀라운 것은 인도에서 나온 후, 세상을 떠돌며 유배살이 하는 나에게 지속적으로 큰 힘과 위로를 준 것은 아무것도 아닌 아이들이었다. 그들의 사랑과 기도가 나에게 고난을 견딜힘이 되리라고는 꿈에도 생각해 본 적이 없었는데 말이다.

그런데 참으로 놀라운 것은 인도에서 나온 후, 세상을 떠돌며 유배살이 하는 나에게 지속적으로 큰 힘과 위로를 준 것은 아무것도 아닌 아이들이었다. 그들의 사랑과 기도가 나에게 고난을 견딜힘이 되리라고는 꿈에도 생각해 본 적이 없었는데 말이다.

내년이면 귀양살이가 풀리고 서로 기쁜 얼굴을 마주대할 것인데, 존 바부가 가혹한 세상과 운명을 견디지 못해서 스스로 세상을 떠났다는 충격적인 소식이 왔다. 20세 꽃다운 아이가 피기도 전에 죽었다. 그가 죽기 전에 샨띠홈 동년배들에게 했다는 말이 가슴을 팍팍 찔렀다.

"아무리 착하게 열심히 살아도 아무도 친구 삼아 주지 않고, 사랑도 결혼도 할 수 없고, 가정을 이룰 수 없는데 왜 살아야 하는지 모르겠다. 내가 무엇을 잘못했는데 세상이 나에게 이토록 잔인한가? 이토록 무정한가? 이제 더 이상 살아야할 이유도, 힘도 없다."

아무것도 아닌 그가 세상을 떠났지만, 그는 내 가슴에 묻혔다. 나는 아무것도 아닌 그를 그냥 떠나보낼 수 없어서 가슴에 묻었다. 아! 산 자가 죽은 자를 어떻게 사랑할 것인가!

아무것도 아닌 자로 세상에 오시는 주님을 기다린다.
아무것도 아닌 자가 복음 안에서 아무것도 아닌 자들을 만남이
우주적인 축복이다.
하늘엔 영광! 땅에는 평화!
성탄은 희망이다. 개혁이다. 혁명이다.

보따리 장사를 하는 것은

한국에서 만 원이면 커피가 두 잔이다. 그 돈이 인도에 가면 빈민지역 어린이집 아동의 한 달 점심 식사가 된다. 한국에서는 작은 것이 아시아와 아프리카의 가난한 사람들에게는 큰 것이 된다. 그런 사실을 너무 잘 알고 있고 현장에서 그렇게 사는 것이 몸에 뱄기 때문에 처음에 한국에 돌아와서 살자니 한국의 소비문화에 대한 저항감이 아주 컸다. 그러나 세월이 흐르면서 선교현장을 차츰 잊으며, 한국 현실에 적응하다 보니 나의 절제와 절약 의식도 따라서 희미해졌다.

빈주먹이다 보니 더 많이 나누고자 해도 생각으로 그칠 때가 많다. 어떻게 하면 한 명의 학생에게라도 배움의 기회를 더 주고, 보다 더 많은 아이들과 식탁을 나눌 수 있을까 고민하며 시작한 것이 책을 출판하는 일이었다. 책 판매 수익금 전액으로 장학금과 고아들의 부족한 생활비를 마음껏 지급하고 싶었던 것이다. 책 출판 아이디어는 참으로 좋았다. 그러나 문제는 판매하는 일이었다. 유명작가도, 유명 인사도 아니고, 특별한 능력이나 경력이 있는 사람도 아닌 자의 책이 베스트셀러가 된다는 것은 하늘의 별따기보다 어려운 일이었다. 별을 딸 수가 없으니 무거운 책을 들고 모임이 있는 곳마다 찾아가서 직접 판매를 하여야 했다.

처음에는 동생이 차를 빌려 주어서 책을 차에 싣고 다녔다. 그러나 차를 몰고 갔어도 기름 값도 못 건지고 올 때도 있었다. 어쨌든 발을 동동 구르며 동서남북으로 다니며 책을 팔아서 많던지 적던지 수익금 전액을 장학금과 기타 구제비로 사용하였다.

때로는 하루 종일 건물 입구에서 오가는 분들에게 책을 권하며 인터넷 시대에 책을 판매하는 것이 구차한 일이라는 생각에 눌리기도 하였다. 때로는 애원하며 강매를 하게 되어서 죄인의 심정과 걸인의 마음이 되어 기분이 꿀꿀해지기도 하였다. 그러나 나 자신이 수고와 마음의 불편을 조금 감수하며 노력하면 누군가에게 장학금을 주어 꿈을 꿀 수 있도록 도울 수 있다는 생각에 용기와 힘을 내곤 하였다.

처음에 동생 차에 책을 싣고 다닐 때는 힘들어도 좋았으나 동생이 차를 폐기해서 더 이상 빌려 쓸 수가 없게 되자 책을 판매하러 다니는 일이 막노동이 되었다. 차를 교섭해야 하고, 시간의 제약을 받아야 하고, 책을 팔면서도 차주인의 일정을 고려해야 하고, 책 판매 후에 남은 책을 다시 가져오는 일 등 모든 것이 성가셨다. 그러나 여고 친구들과 조용히 잘 섬겨주시는 권사님께서 책을 운반해주신 덕분에 책도 쉽게 팔고 남은 책들도 가져오지 않게 되어 힘든 중에도 즐거웠다. 차 없이 보따리 장사를 하는 것이 어렵긴 해도 함께 해주시는 분들의 시너지효과로 차를 가지고 혼자 돌아다니는 것보다 결과가 더 좋았다. 책 판매를 다 끝내고 결산하여 이익금으로 장학금과 용돈을 보내고 모자란 부분을 보충하게 될 때, 가난한 어미가 모처럼 자식에게 새 옷을 사주는 그런 느낌이 들어 혼자 뿌듯해하였다.

2년 전 네팔에 가서 직업훈련원에서 훈련생들이 만든 수공예품을 접하였다. 청소년들의 직업훈련 겸 생활비 마련을 위하여 만든 소품들이었다. 원장님께서 제품을 많이 만들었는데 판매를 하지 못 해서 학생들에게 도움이 되지 못 한다고 하였다. 안타까워하시는 선생님을 돕는 심정으로 제품들을 가지고 올 수 있는 만큼 몽땅 가지고 왔다. 조금만 수고하면 선생님에게 힘이 되고, 학생들에게 자립의 길을 열어줄 수 있다는 사실을 알기 때문이었다. 그리고 힘이 닿는 대로 팔겠으니 신제품을 틈틈이 보내라고 부탁까지 하고 왔다.

 책을 판매할 때는 책보다도 사람들의 일상에 필요한 생필품을 파는 것이 더 낫겠다는 생각을 하곤 했는데 막상 생활소품도 들고 나가서 팔자니 그것도 쉬운 일이 아니었다. 어쨌든 용기를 내서 외출할 때 마다 들고 나가서 보따리 장사를 하였다. 동생들에게 강매를 하고, 친구들 만나서 팔고, 행사나 모임에 가지고 가서 하루 종일 판매를 하곤 하였다. 그리고 수익금 전부를 네팔로 보내주면서 선생님이나 훈련생들에게 큰 도움은 되지 못하지만 작은 것으로 나마 함께 할 수 있음에 감사드렸다.

 마음이 약하다 보니 네팔제품뿐만 아니라 또 다른 나라 제품도 함께 팔게 되었는데 열심히 판매를 해도 앞에서는 남고 뒤에서는 푼돈이 되어 날아갔다. 친구들이나 교우들을 커피숍에서 만날 때 팔려고 가지고 갔다가 분위기를 깨지 않으려고 내놓지도 못하고 도로 들고 오곤 하였다. 그러다 보니 제품이 구겨지고 흠집이 생겨서 결국에는 팔 수 없는 제품도 나오게 되어 할 수 없이 내가 사거나 마이너스 처리를 하는 일이 빈번해졌다.

 보따리 장사를 하는 것은 작은 이익이라도 남겨서 1년에 한두 명 정도 아이들에게 장학금을 주고 성탄절에 고아원 아이들에게 용돈을 좀 더 많이 보내려함이었는데 그게 그렇게 될 것 같은 싹수가 보이지 않으니 헛수고라는 생각이 들었다. 그리고 물건을 챙겨들고 나갔다가 꺼내지도 못하고 그냥 돌아올 때 마다 등신 같은 느낌이 들어 보따리 장사를 그만 두는 것이 정신 건강상 더 좋겠다는 생각이 들었다.

그 때 마침 네팔에서 카톡 편지가 왔다.

　　선생님, 감사합니다.
　　저희들을 대신해서 수고해주시니 늘 감사합니다.
　　네팔은 3월 25일부터 셧다운이 되어서 온 나라가 정지된 상태여서 사람들이 일을 못하고 있어요. 일을 못하니 가난한 사람들은 살기가 무척 힘들어요. 어제 우리 센터에서 일하고 있는 줄리의 남동생이 다녀갔어요.
　　시골에서 일이 없으니 먹을 것이 다 떨어져서 가족들이 굶주리게 되어서 누나가 그 동안 마스크 작업으로 모아 놓은 돈을 가지러온 것이었어요.
　　줄리는 꼬박 한 달 동안 11시간씩 일해서 모은 돈을 동생에게 주었고, 동생은 그 돈을 가지고 마을로 돌아갔어요. 4시간이나 걸어서 누나에게 왔고 다시 4시간을 걸어서 집으로 돌아가야 하는 동생을 바라보는 줄리의 눈에 눈물이 고였고 저 또한 안타까워서 눈물이 났습니다.
　　이번 주까지 하면 마스크를 구입할 수 없는 가난한 사람들과 4,000개 정도 나누게 됩니다. 훈련생들이 너무 기쁘게 일하니 저희도 참 좋습니다. 어려운 시절에 우리의 작은 일이 줄리네 가족을 살리는 일이 되어서 더욱 기쁩니다.

카톡을 읽으면서 수공예품 보따리 장사를 접고 싶어 하는 나의 마음이 녹아졌고 눈가에 이슬이 조롱조롱 맺혔다.

굶주리고 있는 가족들을 대신하여 산 넘고 또 산을 넘어 누나를 찾아서 카트만두로 온 남동생과 가족들의 굶주림을 아파하며 돈을 주는 누나의 모습 그리고 그 돈으로 한 달을 이겨낼 가족들의 안심하는 얼굴이 주마등처럼 스쳐 지나갔다. 그리고 곁에서 그들을 섬겨주고 계신 두 분 선생님의 행복한 얼굴도 보였다.

이렇게 어려운 시기에 두 선생님의 지도하에 쥴리를 비롯한 훈련생들이 수공예품을 만들어서 가족들이 굶주림을 면할 수 있게 되었으니 얼마나 즐거운가! 나 또한 미미하지만 작은 수고로 일조할 수 있으니 얼마나 감사한가!

아무리 구차해도 작은 수공예품 보따리 장사를 계속하기로 하였다. 그리고 가을에는 새 책을 출판하여 판매하는 보따리 장사를 하면서 스트레스를 왕창 받기로 하였다. 코로나19 때문에 어디에 가서 어떻게 책을 팔아야 할지 아무런 생각이 떠오르지 않지만 "저를 팔아서 고아와 과부들, 가난하고 병든 사람들에게 밥으로 주십시오" 라고 바친 나의 기도가 이미 응답이 되었다고 믿는다.

실맛신학교와 함께 춤을

    우연한 기회에 방문한 동북인도의 마니푸르주에 있는 실맛신학교와 함께 춤을 추기 시작한지 햇수로는 어언 27년째가 된다.

    1994년 처음 장학금으로 춤을 추기 시작하여 본관건물과 기숙사를 짓고, 지하수를 개발하고, 도서관의 책을 1만권 가까이 확장하였다. 지금은 신학교 목회학 석사 과정 개설에 필요한 교수 요원 채용과 졸업생 중에 북한 선교 소명자들을 위한 춤을 추는 중이다. 하나님께서 그 동안 기장 여신도회 전국연합회, 한신교회(이중표 목사), 야베스비전교회(이범선 목사), 익산노회 그리고 많은 교우님들과 함께 춤을 추도록 축복해 주셨다. 감히 나로서는 출 수 없는 춤을 은혜와 선물로 주신 하나님을 찬양하며 눈동자처럼 작은 신학교를 섬길 수 있도록 인도해주신 그 분의 경륜에 압도당하지 않을 수 없다.

    실맛신학교는 인도독립교단의 신학교로 1980년에 동북인도 마니푸르주의 두 번째 도시인 추르찬드푸르에 세워졌다. 1994년 8월 우리 일행이 신학교를 방문했을 때 학생은 총 3명이었고 교수요원은 2명이었다. 건물은 작은 마당에 직사각형 형태의 초가집 한 채와 'ㄱ'자형태의 양철지붕

집 한 채가 나란히 누워있었다. 내 기억에 의하면 'ㄱ'자 형태의 건물에는 사무실과 도서실 그리고 작은 강의실 2개가 있었고, 직사각형 형태의 건물에는 학생들의 기숙사 방과 주방과 창고 같은 것이 있었다.

교수요원으로 섬기고 계신 분이 학교 안내를 해주어서 학생들을 보러 갔는데 그들이 방 입구에서 어슬렁거리고 있었고 낡은 가방과 이불 보따리들이 길에 놓여 있었다. 우리 일행이 가까이 가자 학생들이 흉년에 돈을 보낼 수 없는 부모님들이 공부 그만두고 집으로 돌아와서 농사를 지으라고 한다며 강사님께 인사드리고 떠나려고 기다렸다고 하였다. 그 말을 듣는 순간 마음이 아프고 슬펐다. 나는 초면임에도 불구하고 학생들에게 감히 단호하게 말하였다. "아무리 흉년이라고 해도 주의 종으로 소명이 있으면 가지 말고 계속 공부하고, 소명이 없으면 돌아가라." 그리고 이어서 "경제적으로 어려워서 그만두려고 하면 하나님의 책임 져주심을 믿고 걱정하지 말고 남아서 열심히 공부하라." 격려하였다.

실맛신학교와 나의 만남은 이렇게 시작되었다. 그 후 실맛을 사랑하는 마음으로 자나 깨나 하나님께 실맛신학교를 본토 인도를 비롯하여 주변의 나라들과 서남아시아 선교를 책임지는 일꾼을 배출하는 위대한 학교로 써주시라고 계속 아뢰었다. 방문할 때 마다 눈부시게 발전하는 학교를 보면서 나의 영혼이 기쁨으로 비명을 질렀다. 몇 년 전에 쓴 선교에세이에서 신학교를 보며 감탄하는 이유를 이렇게 적었다.

아무도 동북인도 오지에 위치한 이 신학교를 주목하지 않지만, 나는 하나님의 숨겨진 보배로서 감탄과 경이의 눈으로 바라본다. 그 이유인즉슨 해마다 졸업생의 30퍼센트 정도가 선교사로서 험악하고 불편한 오지로 서슴지 않고 내려가기 때문이다. 둘째는 하루에 세 번 드리는 예배 때 마다 캠퍼스에 울려 퍼지는 찬양이 심금을 울리며 영혼을 전율하게 하기 때문이다. 셋째는 영어의 '영'자도 모르는 학생들이 영어로 강의를 받고 있는데, 졸업 때가 되면 그들의 입이 열린다는 사실 때문이다. 넷째는 열악한 재정에도 불구하고 미얀마, 네팔, 부탄의 학생들을 비롯해 등록금 지불이 어려운 현지 학생들을 아무 조건 없이 장학생으로 받아준다는 사실 때문이다. 다섯째, 교수 요원들의 묵묵한 헌신과 학생들 개개인을 배려하는 정성어린 지도 때문이다. 〈선교사는 거지다. 105쪽〉

지난 몇 년 동안 실맛은 목회학 석사 과정을 신설하기 위해서 많은 노력을 하였고 한국교회들이 이에 부응하여 기숙사와 도서관의 책을 갖추어 주었다. 그럼에도 불구하고 개설의 소식이 없어서 답답한 마음에 뉴델리에 계신 이선생님 편에 문의를 하였다. 학장님에게서 교수 요원을 채용할 경비가 없어서 계속 기도 중이라는 답변이 왔다. 가슴이 찡하게 아팠다. 여전히 군색한 마니푸르지역경제와 교회들 속에서 은혜로 존재하는 학교의 모습이 훤하게 보였다. 아무 대책 없지만 실맛과 함께 추어야 하는 마지막 춤이 목회학 석사 과정 개설에 필요한 교수 요원 채용이라는 생각이 들어서 이선생님 편에 학장님께 교수요원을 채용하고 목회학 석사과정을 개설하자는 내 의견을 전달해주기를 부탁드렸다.

작년 봄부터 재미교포인 어느 선생님과 자주 이야기를 나누면서 그분의 북쪽 사역에 많은 흥미를 느꼈다. 북한에 자유롭게 왕래하는 그분의 활동이 참으로 부럽고 경이롭게 보였는데 하루는 그분이 전 세계 사람들이 다 들어갈 수 있는 북한을 지척에 있는 한국 사람들만 못 들어간다고 탄식을 하였다. 나는 그 동안 북한사회가 중국과 러시아를 비롯한 사회주의 국가들과 서구 강대국 몇 나라에게만 문호를 개방하고 있다고 알고 있었으므로 엄청난 충격을 받았다. 그는 인도인들과 아프리카 사람들이 북한에 들어가서 관광과 비즈니스를 한다는 이야기를 해주었다. 그의 말을 듣는 내 눈에서 시퍼런 불이 나왔고 심장이 쿵쿵 뛰었다. '아, 하나님 우리 민족이 너무 불쌍해요.' 라는 신음과 함께 뜨거운 눈물이 쏟아졌다.

며칠 후에 재미교포 선생님이 나에게 예언적인 권면을 해주었다. 인도 실맛신학교에도 북한선교 소명을 받은 사람이 분명히 있을 것이니 그들을 데려다가 훈련시켜서 북한선교를 시작하라는 것이었다. 그 때 까지 한번도 실맛 신학생이나 인도인이 북한 선교 소명을 받을 수 있다 는 생각을 해본 적이 없어서 그 순간 강한 부정을 하였다. 인도본토 뿐만 아니라 인도와 국경을 접한 가까운 나라만해도 일할 곳이 많은데 굳이 그들을 먼 동아시아로 오게 할 일이 없다며 강하게 도리질하였다.

그럴 수밖에 없는 것이 20여 년 동안 실맛신학생들을 인도, 파키스탄, 아프카니스탄, 네팔, 시킴, 부탄, 미얀마를 위한 선교사로 써주시라고 기도하였고 현재 하나님께서 우리의 기도대로 그들을 그 땅으로 불러서 쓰고 계시므로 실맛 졸업생이 다른 나라나 지역으로 부름 받을 수 있다는 것을 감히 생각해 본적이 없기 때문이었다.

그러나 그분의 말이 계속 울림이 되어서 나를 흔들었다. 나는 시나브로 흔들리면서 나 자신의 영적 교만과 무지를 보았다. 내 생각과 기도를 하나님께서 다 받으시고 반드시 그렇게 역사하신다고 믿는 나의 맹신과 무지가 때로는 하나님의 선교에 엄청난 장애물이 될 수 있다는 사실을 깨달았다. 인간의 생각과 다른 하나님의 생각과 계획을 묵상하면서 실맛과 인도 크리스천에 대하여 가지고 있는 나의 선입주견과 생각을 내려놓았다. 그리고 하나님께 "보내주시면 받아서 함께 합력해서 선을 이루도록 하겠습니다."라고 아뢰었다.

실맛과 함께 출 마지막 춤, 목회학 석사 과정 개설에 필요한 교수 요원 채용과 졸업생 중에 중국과 북한 선교 소명자들을 위한 하나님의 춤이 어디서 어떻게 시작될지 기대가 된다. 지금도 오지에서 묵묵히 하나님의 일꾼을 배출하는 실맛은 나로 하여금 계속 춤을 추도록 흥을 돋워준다. 올해도 하나님의 장단에 신명나게 춤추며 그분의 무대에서 많은 형제자매들을 만나게 될 것이다. 아! 하나님의 손길에 사로잡혀 춤을 추는 것이 얼마나 아름다운가!

부기

하나님께서 작년 1월에 어느 복된 분을 통하여 실맛신학교 교수요원 월급을 책정해 주셨다. 교수요원의 월급이 확정된 후 바로 학교로 연락하여 교수채용을 독려하였다. 학교에서는 올해 교수요원이 내정되어 있으므로 목회학 석사과정을 곧 출범한다고 하였다. 현재 코로나19 팬데믹으로 말미암아 학교가 정상적인 운영을 하지 못하고 있으나 인터넷으로 강의가 진행되고 있다는 소식을 들었다.

코로나19 팬데믹이 아니었으면 나도 지금쯤 실맛신학교에서 머물며 강의를 하고 있을 것이고 북한선교를 위해서 학생들과 함께 기도를 시작하였을 것이었다.

현재는 신학생 중에 북한선교 소명자가 한 명도 없지만 장차에 나올 것으로 기대되어진다.

땅에서는 고아들이 웃고

코로나19로 인하여 우리 사회의 일상적인 흐름이 정지되어 가고 사람들의 마음이 불안과 두려움으로 닫히고 있을 때 인도에서 카톡이 들어 왔다. 나를 대신해서 뉴델리고아원을 돌봐주시는 이 선생님께서 원장에게 받은 문자메시지를 그대로 보내준 것이었다.

> 이 선생님,
>
> 부디 저를 위해 기도해주십시오. 매월 전기세가 건물 한 개당, 17,000루피 정도 나오는데 우리 고아원의 건물이 6개입니다. 전기세를 감당하기 어려운 실정입니다. 또한 아이들의 학년 진급 시험이 곧 다가오는데 시험응시료가 없습니다. 제발, 제발, 제발 고통 중에 있는 저를 위해 기도해주십시오.

카톡을 읽는 순간, 지난 5년 동안 매씨원장과 나 사이에서 미디어로 충실하게 일하면서 많은 스트레스를 받았을 이 선생님의 애로와 고뇌가 깊이 느껴졌다. 나는 한국에 있으면서 매씨목사의 쪽지 글을 읽으며 심한 스트레스를 받는데 이 선생님은 같은 뉴델리에 있으니 나보다 심한 스트레스를 받을 터였다.

심사가 편할 때는 아무 연락이 없다가 다급해지면 불쑥 고통을 하소연하는 편지를 보내서 마음 약하고 여린 나를 힘들게 만드는, 나를 호구로 여기는 그의 행동과 심사가 괘씸해서 금번에는 그냥 지나가기로 독하게 마음먹었다. 해마다 반복되는 시험 응시료와 아이들의 새 학기 준비물로 육, 칠 백 만 원 정도가 필요한데 그 돈을 하루아침에 몇 마디의 말로 해결하려는 소행에 무응답으로 대응하기로 하였다.

이 선생님께는 "제가 지금 당장에 도움도 줄 수가 없어서 죄송한 마음입니다. 저 때문에 매씨 원장님의 편지를 받을 때 마다 선생님이 얼마나 힘드시는지 압니다. 죄송합니다." 라고 답변을 보냈다.

이 선생님께서 바로 나의 카톡에 답변을 보내 주셨다.

> 월요일에 만나기로 했는데, 한국시간으로 오후 7시 반쯤이어요. 그 때 제가 아이들 시험응시료 후원이 힘들다고 이야기드릴 건데요. 가능하면 선생님께서 매씨원장님께 직접 말씀을 드리는 것이 더 좋을 것 같아서요.

나는 그날 그 시간에 전화 받기 어려운 사정임을 설명하였고 기도하겠다는 답신을 보냈다.

그러나 코로나19로 한국 상황이 좋지 않지만 그곳 아이들의 상황을 누구보다도 잘 알면서도 원장의 필요할 때만 급하게 찾으며 하소연하는 식으로 일하는 태도와 방법이 못마땅하여 일체 대꾸하지 않은 나의 좁은 마음이 몹시 불편하게 느껴졌다. 결국 며칠 동안 후원 방법과 범위를 고민한 끝에 학생 40명의 새 학기 준비물과 11명의 아이들의 시험응시료를 장학금 명목으로 후원하기로 마음을 고쳐먹었다. 그러나 때가 때인지라 코로나19로 사람들이 불안에 떨고 있어서 입을 열수가 없으므로 모금을 포기하고 소식지에 후원 광고를 내기로 하였다.

생각을 바꾼 후에 이 선생님께 카톡을 보냈다. 10명 정도 아이들의 명단과 사진을 보내주시면 모금해서 후원하겠노라고.
내 카톡을 받은 후, 이 선생님께서 답신을 보내왔다.

어제 매씨원장님이 저를 만난다고 하니 아이들이 저녁에 치킨 먹고 싶다고 했대요. 아이들이 몇 달 동안 고기를 못 먹었다고 해요. 선생님을 대신해서 현재 한국 상황이 모금이 힘들어서 후원이 어렵다고 말을 전했고요. 선생님의 비자를 위해서 기도하라고 부탁했어요.

그 동안 전기세 못 낸 것은 제가 개인적으로 후원을 했습니다. 제가 지금까지 그 분을 뵌 중에 오늘이 가장 얼굴이 안 좋으셨어요. ㅠㅠㅠ. 이러다가 쓰러지시지 않을까 걱정이 되네요.

인도 정부가 대대적인 이슬람 탄압에 들어갔고 그전부터 모든 인도 후원도 끊어지고 힘드실거예요. 아이들은 새 학기가 시작되고요.

이 선생님의 카톡을 읽고 울컥해진 나는 고민 끝에 다른 용도의 후원금 3백여만 원을 차입하여 서둘러 송금을 하였다. 송금을 하고 나니 아이들로 인한 아픔은 가셨는데 모금을 하지 않고 통장 속에 있는 돈을 쉽게 인출하여 보낸 사실 때문에 마음이 편치 않았다. 여러 날 동안 모금을 해서 채워 넣어야 한다는 마음의 소리를 애써 외면하면서 코로나19로 사람들의 마음이 뒤숭숭하니 모금을 하지 않는 것이 서로에게 은혜로우며 모두의 정신건강에 좋다고 나 자신을 설득하였다. 상황이 상황인지라 설득당한 듯싶었는데 그게 아니었다.

'시도조차 하지 않다니 비겁하다. 아무런 노력도 하지 않고 포기하다니 너무 안이하다. 아무런 희생도, 고통도 없이 편하게 일하는 사무실 프로젝트 수행자가 되려고 하느냐!'는 자아비판이 터져 나왔다.

며칠 동안 뭉그적거리다가 비판을 받아들이기로 했다. 모금을 하면 어쩔 수 없이 사람들에게 스트레스를 주게 되는 거고, 거부당할 때 나 자신이 초라해지겠지만 용기를 내기로 하였다. 먼저 나의 마음을 드린다는 의미로 아이들 4명의 새 학기 준비물 비용을 송금하였다. 그리고 두 분이 소식지를 보고 자진해서 헌금해 주셨다는 사실에 크게 고무되었다. 용기를 내서 전화를 걸어 두 분의 후원을 받았다. 며칠 후에 어느 분께서 주신 교통비를 새 학기 준비물 후원금으로 사무실에 송금하였다.

일일이 전화를 해서 설명하고 후원 협조를 구하는 것이 너무 구차하다는 생각이 들어서 안내문을 작성해서 먼저 보내고 난 뒤에 전화를 해서 후원을 청하기로 하였다. 2주에 걸쳐서 100여 명의 사람들에게 고아들의 새 학기 준비물에 대한 안내문을 보내고 전화를 걸었다.

최소한 200만원을 목표로 하고 모금하기로 작정하였다.

세상에서 가장 힘든 일이 남의 주머니에 있는 돈을 꺼내는 일이기 때문에 목표액이 달성되지 않는다 해도 괴로워하지 않기로 하고, 사랑하는 아이들만 생각하며 최선을 다하기로 하였다. 안내 글을 먼저 보낸 후 오전 9시부터 오후 6시까지 계속 카톡을 보내면서 전화를 걸었다. 집요하고 치열하게, 진지하게 체면을 생각하지 않고 아이들만 생각하면서 작업을 하였다.

5일째 되는 날, 입이 아파서 전화를 걸어 말하기 힘들었지만, 답지한 후원금이 200만원을 훌쩍 넘었다. 예상보다 빠른 시일에 목표한 후원금을 채워주신 하나님께 감사를 드리면서 내 영혼이 춤을 추었다.

코로나19로 사람들의 마음이 닫힌 상황에서 하는 모금이라서 힘들 것을 예상했지만 오히려 많은 분들이 기다리고 있었던 것처럼 응답해 주셨고, 몇몇 분은 어려움으로 마음이 인색해졌는데 마음을 열어 나눌 수 있도록 권면해주어서 고맙다는 인사로 용기를 주었다.

목표한 후원금액이 달성되자 목도 아프고, 시간에 맞추어 전화걸기도 힘들어서 모금을 그만두기로 했는데 이왕 시작한 일이니 80명 전원에게 새 학기 준비물을 선물하자는 생각이 들었다. 멈추고 싶어 하는 나 자신을 독려하며 며칠 동안 전화기와 씨름을 하여 가슴을 열어 고아들을 따스하게 품어주실 분들, 가족들, 교회들의 문을 두드렸다.

과정은 쉽지 않았지만 하나님의 은혜로 마음이 따스하고 자비로운 분들, 따스한 분들을 만나서 80명 전원의 새 학기 준비물을 보낼 수 있는 후원금이 넘치도록 채워졌다.

추가로 송금을 끝내고 나니 새 학년으로 진급한 우리 아이들이 새 신을 신고, 새 가방을 매고, 새 옷을 입고 학교에 가는 모습이 보였다. 아이들이 밝게 웃으며 세상이 밝아졌다. 땅에서 고아들이 웃으니 하늘 하나님께서도 활짝 웃으셨다.

새 신을 신고 우리 아이들이 아직도 세상은 살만한 곳이라고 느낄 것이다. 새 옷을 입고 하나님께서 자기들의 기도에 응답하신 것을 알 것이다. 새 가방을 매고 세상 어딘가에 자신들의 아픔과 슬픔에 반응하는 사람이 있다는 사실을 깨달을 것이다.

아이들의 해맑은 웃음소리가 들린다!

사랑은 사랑을 낳고

엊그제 마음이 여리고 애틋하며 나누기를 좋아하는 지인으로부터 카톡이 왔다.

30만원 보냅니다. 네팔과 인도에 사랑의 쌀로 보내주세요.

이 헌금에는 사연이 있습니다. 작년에 저를 신앙의 길로 인도해주시고 격려해주신 어르신이 소천해서 존경하는 마음을 담아 30만원을 조의금으로 드렸습니다. 그런데 저의 어려운 사정을 아는 고인의 따님 되시는 분이 조의금에 담긴 제 마음을 읽고 마음에 두었다고 합니다. 그리고 요즈음 코로나19로 저의 형편이 어려울 것이라고 생각한 따님이 부모님께서 살아계시면 저를 위로하셨을 것이라고 생각하며 30만원을 위로금으로 보내준 것입니다.

코로나로 하루하루가 팍팍하지만 그 돈이 주는 사랑의 위로가 너무 커서 저를 위해 쓸 수가 없네요. 기쁜 마음으로 사랑의 쌀로 보냅니다. 저를 대신해서 코로나로 인하여 굶주리는 인도와 네팔 가족들에게 보내주십시오.

그 분의 귀한 헌금은 사랑의 쌀이 되어 네팔에 있는 파키스탄 난민들에게로 날아갔다.

며칠 전에 무엇이든지 성령의 감동이라고 확신하시면 바로 반응하시며 나누고 섬기는 것을 사명으로 알고 계시는 최 장로님께서 40만원을 사랑의 쌀로 보내주시며 특별히 10만원을 보내주신 분의 이야기를 들려주셨다. 교회에서 고령의 시부모님을 모시고 사는 며느리에게 효부상을 주면서 부상으로 10만원을 주었는데 그 며느님이 10만원을 바로 사랑의 쌀로 기부하셨다는 것이다.

가슴이 뭉클해져서 효부상을 받은 며느님께 전화를 걸었다.

"그렇게 귀한 돈을 헌금해주셔서 감사합니다."

"효부상을 받을 자격이 없는 사람입니다. 그런데 주위 어른들이 저를 예쁘게 봐주시며 격려하는 의미로 주신거지요."

"참 겸손하십니다. 그 마음을 주변 어르신들이 보신거지요."

"아이고 아닙니다. 부끄러워요. 그런 말씀 마십시오."

"제가 오랫동안 모금하며 살아왔지만 효부상으로 받은 부상을 헌금으로 받기는 처음입니다. 선생님의 효행과 귀한 헌금이 저를 울립니다. 참으로 자랑스럽습니다. 고맙습니다."

"아이고, 그런 말씀 마세요. 하나님께서 헌금할 수 있도록 귀한 돈을 주셨습니다. 더 많이 못해서 죄송한 마음입니다."

귀한 헌금을 바치면서도 작은 돈이라고 부끄럽게 생각하는 그 마음이 옥합을 깨뜨리는 여인의 마음이요! 두 렙돈을 바치는 과부의 마음이 아닌가! 주님께서 그 며느님에게 "내가 너의 마음을 안다. 창세전부터 너를 위해 예비한 하나님 나라를 상속 받아라"라고 하실 것이 분명하다.

그 귀한 헌금은 네팔로 가서 세 가정의 한 달 양식이 되었다.

며칠 전에 들어온 백만 원이 나를 울렸다. 혼자 사시는 어르신이 노인 일자리 찾기에서 취직이 되어서 월급도 받지 않은 상태에서 감사헌금으로 백만 원을 보내주신 것이다. 헌금을 해주신 어르신의 마음을 헤아려보면서 전화를 드렸다.

"권사님, 어려우신 형편에 참으로 큰 돈을 헌금하셨어요."
"지금까지 받은 은혜에 비하면 아무것도 아녀요."
"받은 은혜요?"
"가난한 과부를 하나님께서 선대해주셨고 사람으로 살 수 있도록 시마다 때마다 도와주셨어요. 지금까지하나님의 은혜로 건강하고 행복하고 편하게 살았어요."
"산전수전 많이 겪으셨지요."
"가난한 설움을 많이 당했는데 은혜로 자녀들 잘 키웠고요. 이제는 제가 건강한 몸으로 일해서 가난한 사람들을 도와주고 싶어요. 그러려고 노인 일자리 신청을 한 거예요."

어르신은 젊었을 때 진 사랑의 빚을 다 갚을 수 없지만 가능하면 갚으며 살고 싶다고 하셨다. 한국은 사정이 어려워도 밥을 굶는 사람이 없기 때문에 가난한 나라의 사람들과 나누고 싶었는데 마침 최 장로님에게 사랑의 쌀을 소개받아 기쁘게 참여를 한다고 하셨다.

어르신의 가슴에 강물처럼 흐르는 하나님의 은혜가 넘쳐 인도와 네팔로 흘러갔다. 어르신이 준 신선한 감동으로 지난 일주일 내내 기쁨이 샘솟았다. 고아와 과부들을 위한 도움이 어디서 올꼬? 천지를 지으신 하나님께로부터 온다!

꼬리에 꼬리를 물고 카톡 편지와 함께 헌금이 날아 왔다.

> "할렐루야! 선생님, 어려운 시기에 얼마나 고충이 많으신가요? 선생님 생각이 나서 기도하고 말씀을 묵상하다가 성령의 감동으로 움직였습니다. 감사드리며 선생님의 건투를 빕니다."

김 장로님의 섬김과 따스한 마음은 알고 있었지만 뜻밖의 헌금에 놀랐다. 코로나19로 고난 받고 있는 사람들을 위해 기도하는 중에 내 얼굴이 떠올랐고 성령님의 감동대로 헌금을 하셨다니 장로님 가슴의 뜨거운 온도가 절로 느껴졌다. 하나님께서 그 분의 사랑을 받으시고 네팔자녀들의 식탁을 수발하도록 초청해주셔서 그 분의 사랑과 기도는 날개를 달고 카트만두 거리로 가서 수백 명의 밥이 되었다.

다음 날 임 사모님으로부터 전화가 왔다. 네팔의 고아들과 교회를 돕고 싶은 마음의 감동이 있다며 어떻게 도움을 드려야하는지를 문의하는 전화였다. 사랑의 쌀에 관해 말씀을 드렸더니 재난 지원금으로 받은 60만원과 조금씩 모아놓은 선교비를 더해서 바로 백만 원을 입금해 주셨다. 그리고 카톡 편지를 보내주셨다.

"더 많은 사람들에게 더 많은 나눔이 이루어지면 좋겠습니다. 빨리 코로나19 사태가 종식이 되어 모두가 속히 어려움에서 벗어나길 기도하겠습니다."

사랑이 사랑을 낳는다. 사랑을 낳으며 스스로 행복한 사랑이야말로 코로나19가 주는 불안과 혼란, 공포와 고통을 함께 극복하게 해준다.

자기를 비우고 내려놓은 사랑은 돈으로 살 수도 없고 지식으로 구할 수도 없고 권력으로 만들 수도 없는 하늘의 사랑이다. 주머니를 열어서 이웃의 가난을 덮어주며 배고픔의 고통을 덜어주는 큰 어머니와 큰 아버지들이 계셔서 세상은 아직도 살만하다.

카드리 그 부자 아주머니

　　카드리는 어슴푸레한 새벽처럼 신비스러운 곳으로 기억에 남아 있다. 작은 읍이기는 하지만 기기묘묘한 돌산들과 씨가마니 교장 선생님, 떰맘 마라고 불리는 여신을 모시는 보리수나무 정글, 황토 벽돌로 둘러친 담장과 그 담장에 하얀 백묵으로 그려진 원시인들의 그림이라고 하면 딱 맞을 머리와 손발만 그려진 춤추는 사람들이 자동적으로 연상된다.

　　어느 날 미전도지역을 순회하라는 남인도교단의 요청으로 카드리를 방문하였다. 고개 너머 또 고개를 넘는데 눈에 보이는 풍경이 참으로 낯설었다. 나무나 풀 한포기 없는 높고 낮은 구릉으로 이어지는 돌산 모양이 기묘하였다. 보이는 모든 것들이 생소하고 신비스러워서 어느 골짜기에든지 무협지에 나오는 무림의 고수들과 도사들이 살 것 같다는 생각이 들었다.

　　카드리 산골마을 방문 일정을 마치고 어느 분이 오지학교를 보여주겠다고 해서 따라갔다. 산비탈을 한 시간 정도 올라가니 네 개의 기둥 위에 코코넛 잎 새를 가로세로로 덮은 원두막 같은 것이 나타났다. 안내하시는 분이 그 곳에서 쉬면서 아디바시 마을과 원주민들, 학생들에 대하여 한참 설명을 해주셨다. 그 분의 영어를 반쯤 흘리며 듣고 있었던 나는 설명이 끝날 즈음에 그만 쉬고 학교에 가자고 하였다. 그러자 그 분이 눈을 둥그렇게 뜨고 나에게 되물었다.

"어느 학교를 가요?"
"아까 선생님이 제게 보여주시겠다고 했던 아디바시 학교요."
"아, 선생님, 여기가 바로 그 학교입니다."
"엉! 이게 무슨 학교요!"

기둥 네 개 위에 선반을 지르고 코코넛 잎 새로 덮은 작은 공간이 학교라니 기가 막혔다. 그가 다시 열변을 토하였다. 중요한 것은 이곳이 교육청이 인정한 학교이고 정식 교사가 와서 아이들을 가르치는 것이라고 하였다. 정식 교사들이 와서 교육을 시키는 곳에 교회가 건물을 지어서 제공하면 교회 산하의 학교가 될 수 있으며 교사 인건비는 교육청에서 지불한다고 하였다.

열악한 교육 환경에 놀라며 마을 안으로 들어가서 돌아보기로 하였다.
마을의 집들이 달릿들의 집과는 조금 달랐다. 우선 외관상으로 다른 것은 담장을 쌓은 것이었다. 황토벽돌로 정성스럽게 쌓아 올린 담장을 다시 황토 흙으로 미장하여 평평하게 만들었다. 그리고 그 위에 하얀 회로 사람들이 춤추는 그림, 소를 몰고 가는 그림 등이 그려져 있었다. 그림 하나하나를 관찰하면서 안내를 해주시는 분에게 그림의 의미를 물었더니 "데코레이션"과 "프로텍션"이 목적이라고 하였다. 장식과 축사의 의미가 있다는 것이었다.

그림을 구경하면서 나는 수만 년 전 원시사회의 문턱에 서있는 기분이
들었다.

그때 마침 아디바시 복장을 한 아주머니가 우리 곁을 지나가다 발걸음
을 멈추었다. 그가 명랑한 음성으로 우리를 자기 집에 초대하고 싶다고
하였다. 우리는 그분의 초대를 흔쾌히 받아들여 마을 끝자락에 위치한 그
집으로 올라갔다. 오솔길을 앞장서서 걸으며 그가 자기를 "부자"라고 소
개하였다. 그의 얼굴은 부자답게 여유가 있어 보였고 발걸음은 경쾌하였
고 옷차림도 단아하였다. 나는 그가 얼마나 부자이기에 자신을 부자라고
소개하는가를 생각하면서 짧은 시간에 많은 생각을 하였다. 오솔길 끝에
아름다운 정원에 둘러싸인 엄청난 대저택이 나타날 것 같았다. 그의 집이
나타났다. 오솔길 끝에 생각보다 넓은 공터가 있었고 그 공터 한쪽에 기
다란 일자집이 단정하게 자리를 잡고 있었다. 그런데 그 일자집에 문 하
나와 창문 한 개가 예닐곱 개나 붙어 있었다. 일자로 지어진 다세대주택
이었다. 그 여성은 집의 맨 좌측에 있는 첫 번째 문을 열고 큰 소리로 우
리에게 인사를 하였다.

"우리 집에 온 것을 환영합니다. 와주셔 감사합니다."

그의 인사를 듣고 집 안으로 들어선 순간 그가 진짜로 숨은 부자일거
라는 나의 기대가 무너졌다. 그 집 안에는 내가 기대했던 것과는 달리 아
무것도 없었다. 방 안에 딱 세 가지 물건이 있었다. 작은 돌절구, 남포등과

작은 탁자였다. 물론 벽에는 옷을 걸어 놓을 수 있는 횃대가 있었다. 그가 활짝 웃으면서 짜이를 대접해주었다. 어안이 벙벙해진 나는 그에게 왜 부자냐고 물었다. 그러자 그가 아주 당당하게 대답하였다.

"사람들은 이 집에서 여러 명이 함께 사는데 저는 혼자 삽니다!"
"사람들은 마을의 공동 절구를 사용하는데 저는 개인 절구를 가지고 있어요."
"사람들은 접시에 기름을 담아서 불을 밝히는데 저는 남포등을 가지고 있고요."
"사람들은 밥을 바닥에 놓고 먹는데 저는 식탁을 가지고 있어요."
"무엇보다 이웃을 돌볼 여유가 있고 나그네에게 차를 대접하며 재워줄 수 있으니 부자지요. 저는 날마다 받은 축복을 감사하며 삽니다."

그는 몸뚱이 하나를 돌보기 위해서 그렇게 많은 것들이 필요하지 않다고 하였다. 가진 것을 감사하면 없는 것이 보이지 않는다고 하였다. 그는 물질에 속박당하지 않은 자유로운 영혼이었다. 자족하며 감사하며 사는 그의 부자의식에 눈이 부셨다. 내적인 평화와 확신 속에서 오는 진정한 부자의 여유가 그에게서 뿜어져 나왔다. 짜이로 목을 축이면서 돈에 찌든 나의 초라한 모습에 눈물이 났다. 참으로 부끄러웠다.
돈에 쪼들리고 쫓길 때 마다, 카드리의 부자를 생각하며 내 마음을 낮추며 조정하며 살았다. 오랜 세월이 지난 지금, 나도 카드리의 그 부자처럼 부자라고 확신하며 산다. 그런데 나 자신 이 부자라고 믿으면서도 늘 달라는 기도를 바치고 있으니 문제다. 이 대목 때문에 나는 그처럼 부자라고 큰 소리를 치지 못한다. 그러나 나의 필요를 위한 기도가 아니기에 위로를 삼으며 오늘도 부자의 마음으로 여유를 가진다.

장남식씨와 맺은 약속은
아직도 유효하다

맥박이 뻘떡뻘떡 뛰고 땀이 줄줄 쏟아지며 눈물콧물이 마를 날이 없었던 현장에 대한 그리움으로 한동안 많이도 울었다. 운명적인 가난과 병고속에서 희로애락과 오욕칠정에 부대끼며 땅벌레처럼 사는 달리트들과 기묘한 바위와 작은 가시덤불만 노랗게 불타고 있는 광야가 잊히어질 만도한데 가슴 한 편에 가만히 숨어 있다가 뜬금없이 나타나서 나를 울리곤한다. 이제는 그 땅과 그 사람들이 전설과 동화가 되어 영화를 보는 것처럼 기억의 테이프가 돌아간다. 하루 빨리 돌아가서 그 땅에 입 맞추고 그들과 손에 손을 잡고 춤추며 노래하고 싶다. 그런데 그 하늘에 먹장구름이 둥둥 떠돌고 있다.

며칠 전에 다녀간 닥터 어거스틴의 말에 의하면 그 곳의 투표가 5월 말에 끝이 나지만 지금까지 진행된 상황으로는 현재 집권 정당인 극우파 힌두정당이 재집권을 할 것 같다는 것이다. 그들의 고발과 조사로 그 땅을 떠나와야 했던 나로서는 그들의 재집권이 거의 확실하다는 소식에 가슴이 철렁 무너졌다. 돌아갈 길이 영 막히고 난파선을 타고 표류하는 느낌

105

이 강하게 들었다.

산띠홈의 아이들, 땅에 붙어살고 있는 달리트 형제자매들, 광야 주변에 있는 크고 작은 마을과 교회들, 실맛신학교 학생들과 교수들, 믿음의 집과 뿌렘담의 아이들 그리고 함께 희망과 절망을 나누며 일했던 사랑하는 동료와 벗들에게 작별 인사 한 마디 하지 못하고 떠나온 가슴앓이를 언제까지 계속해야 한단 말인가! 나를 향하신 하나님의 뜻은 어디에 있는 것인가? 돌아갈 길을 열어주지 않는 것은 하나님께서 나를 일꾼으로 쓰지 않겠다는 뜻이 아닌가? 등 분분한 생각에 잠기니 한숨과 불평이 절로 나왔다.

5년만 버티면 된다는 신념으로 현장에서 쫓겨난 유배의 삶을 잘 견뎌왔는데 앞으로 5년을 더 견뎌야 한다니 그런 인도 정치 현실이 나에게는 너무 가혹하게 느껴지지 않을 수 없었다.

앞으로 어디서 무엇을 하며 인도 현장을 지속적으로 공급하며 선교사로서 인생을 마감할 것인가를 생각하니 눈앞이 아득하다. 그 순간 하나님께서 환상을 보여주었다.

신학교를 갓 졸업하고 작은 도시에서 전도사로 섬기고 있을 때 모습이 보였다. 장남식 씨는 신장투석을 하고 있는 환자였다. 아내는 만홧가게를 하고 있었고 그는 틈틈이 시장 귀퉁이에서 목판을 삼각대에 받쳐놓고 엿을 팔았다. 나는 그 집에 자주 심방을 다녔는데 하루는 기도하는 중에 음성이 들렸다.

"네 생명을 이 사람에게 줄 수 있겠느냐?" 나는 반사적으로 "아니요"라고 대답을 하였다. 그리고 설명을 하였다.

"저보다 더 귀하고 가치 있는 일을 할 수 있는 분께라면 드릴 수 있지만 이분은 그렇지 않아요. 엿장수거든요." 하나님께서 내게 물었다.

"네가 그보다 더 가치가 있는 사람이냐?"

나는 당혹감으로 한참 망설이다가 "아니요." 라고 대답을 하였다. 그 때 세미한 음성이 귓전을 울렸다.

"내가 그를 위해서 죽었다." 그 대답을 듣는 순간 부끄러움과 뜨거움이 내 영혼 안에서 강렬하게 소용돌이 쳤다. 그 자리에 엎드려서 통곡을 하며 울었다. 흐느끼다가 하나님께 아뢰었다.

"제가 죄인입니다. 제가 잘못 알았습니다. 제가 교만합니다. 저를 불쌍히 여겨주십시오. 아버지, 어리석은 종을 버리지 마시고 써주시옵소서."

그 때 하나님은 어리고 우둔한 종의 간구를 들으시고 가슴에 눈물과 불을 심어주셨다. 그리고 그 후부터 줄곧 세상의 수많은 장남식 씨를 있는 그대로 귀히 여기며 사랑하며 섬길 수 있는 은총을 베풀어 주셨다.

하나님께서 요즈음 들어 부쩍 5년의 유배생활이 풀릴 것을 기대하며 희망과 절망의 부침을 계속하는 나를 불쌍히 여기시고 인도정치 지형이 주는 스트레스, 절망과 상심, 염려와 걱정, 분노를 가라앉혀 주셨다. 그리고 나에게 "내가 너의 주인이며 내가 너를 가야할 곳으로 인도한다." 고 말씀해 주셨다. 뜨거운 눈물이 솟고 가슴이 벅차올라 내 영혼이 비명을 질렀다.

"하나님 아직도 그 약속은 유효합니다. 주께서 사랑하는 장남식 씨가 있는 곳으로 저를 인도해주십시오."

2부

토기장이와
진흙덩이

타자를 위해 성숙한 사람

 성숙한 사람 하면 대부분의 사람들이 화를 잘 내지 않는 외유내강의 사람을 떠올린다.

 그들은 흔히들 흥분할 수밖에 없는 상황에서도, 모욕을 당해도, 멸시를 받아도, 반대하는 의견에 강하게 직면해도 언성을 높이거나 화를 내지 않고 감정적으로 대응하지 않는다. 그들은 늘 몸가짐에 조신하며 침착과 냉정을 잃지 않는다. 그들이야 말로 유교 성리학이 추구하는 군자의 모습에 부합된다.

 성숙은 심신의 무르익음을 의미하는 바, 자연의 성숙에 비추어 볼 때 익는다는 것은 자신을 포기할 준비요, 비움이요, 자기를 다른 존재에게 먹이로 줌이다. 그러므로 희로애락의 감정을 잘 추스르는 것만이 성숙의 기준이 될 수 없다. 성숙은 자신을 위한 것이 아니라 타자를 위한 것이기 때문에 타자에게 주지 않는 성숙은 성숙이 아니다. 대자연 만물은 성숙하여 타자를 위해 아낌없이 주고 사라지지만 결코 사라지지 않는다. 성숙의 도가 생명의 도이기 때문이다.

 대자연의 도와 그리스도의 십자가의 도에서 성숙은 포기, 비움, 줌이다. 그러므로 성숙한 사람은 자기를 비우는 사람, 주머니를 열어 놓은 사람이다.

정당하게 땀 흘려 번 돈을 자기 것이라고 주장하지 않고 자기 주머니를 기꺼이 비우는 사람이다. 주머니를 연다는 것은 배고픈 자에게 밥을 주는 것이다. 목마른 자에게 물을 주는 것이다. 헐벗은 자에게 옷을 주는 것이다. 병든 자에게 약을 주는 것이다. 집이 없는 자에게 쉴 곳을 주는 것이다. 공부하고 싶은 자에게 학비를 주는 것이다. 그러므로 주머니를 여는 것은 땅의 일이면서 하늘의 일이 된다.

주머니를 열어서 헐벗고 배고픈 사람에게, 병든 사람에게, 장애인과 실업자와 떠돌이 뿐 만아니라, 정의를 위해서 고난당하는 사람에게, 생명과 평화, 진리를 위해서 헌신하는 사람에게 주는 것이다. 주면서 큰 소리 치거나 거들먹거리지 않고, 오른손이 하는 것을 왼손이 모르게 하는 사람이다. 주면서 더 많이 주지 못해서 송구한 마음을 가진 사람이다.

주머니를 열지 않고 욕심으로 가득 찬 사람은 천의무봉으로 메시지를 선포하며, 천사의 말을 할지라도, 예언하며 모든 비밀과 모든 지식을 알고, 산을 옮길 만한 믿음이 있다 해도 결코 성숙한 사람이 아니다. 흔히들 재능 기부, 지식 기부를 성숙한 전문가들의 선행이라고 보며 칭찬을 하는데 내가 보기에는 아직도 하나가 부족하다. 재능, 지식, 기술은 제 아무리 기부를 해도 사라지지 않으며 오히려 기부를 통해서 영광과 명예, 인기를 덤으로 얻을 수 있다. 그러므로 진정한 재능, 지식, 기술의 기부는 겸손히 작은 주머니를 열면서 시작할 때 비로소 선행이 될 수 있다.

주머니를 연다는 것은 자기의 수고로 돈을 번 것이 아니라 은혜로 받았다는 고백이다. 하나님의 은혜로, 하늘과 땅이 있음으로 그리고 사람들과 사회와 나라와 민족이 있어서 은혜로 받았으니 얻게 된 것이지 결코 자기의 노력과 수고의 산물만이 아니라는 표현이며 감사다.

주머니를 연다는 것은 함께 살겠다는 고백이다.
주머니를 연다는 것은 고난에 동참한다는 표현이다.
주머니를 연다는 것은 같은 자리에 서있다는 지지 선언이다.
주머니를 연다는 것은 공감한다는 뜻이다.
주머니를 연다는 것은 누군가의 식탁에서 기꺼이 빵이 되겠다는
사랑의 고백이다.
주머니를 연다는 것은 하나님께서 주신 것을 하나님께 드리는 감사다.

주머니를 여는 일에는 큰 주머니와 작은 주머니가 다 함께 귀하다. 크게 받은 자는 크게 여는 것이고 작게 받은 자는 작게 여는 것일 뿐 하나님을 경외하고 생명을 사랑하는 마음은 동일하기 때문이다. 성서는 가난한 사람들의 열린 주머니를 통해서 기적이 일어나는 것을 많이 보여준다. 오병이어의 기적, 사렙다 과부의 기적, 과부의 두 렙돈 등등. 하나님은 열린 주머니의 마음, 그 중심을 받으신다. 그러므로 주머니를 열지 않는 자는 아무리 성인군자로 칭송을 받아도 하나님의 나라에서는 성숙한 사람이 아니다.

대자연의 도는 누구에게나 공평하다. 부자와 가난한 자, 귀한 자와 천한 자, 높은 자와 낮은 자를 차별하지 않고 동일하게 햇빛을 주시며 비를 주신다. 하나님은 종의 몸을 입고 세상에 오셔서 높은 자와 의인보다 계

급차별로 비인간화된 사람들, 낮은 자, 죄인을 섬기시며 그들을 높이 올려 주셨다. 그러므로 성숙한 사람은 사회적 약자를 사람으로 이웃으로 대하는 사람이다. 낮은 자를 높은 자처럼, 천한 사람을 귀한 사람처럼 대하는 사람이다. 세상이 무시하는 사람들을 하나님의 자녀로 예우하는 사람이다.

성숙한 사람은 고의로 부자, 권력자, 유명인사, 능력자, 뛰어난 전문가를 무시하거나 외면하는 사람이 아니다. 그렇다고 가난한 자, 문맹자, 실패자, 실업자, 고아와 과부를 무조건 선대하고 우대하는 것도 아니다. 성숙한 사람은 힘이 있는 자들을 높이 추켜세워서 우상이나 영웅으로 떠받들지 않으며 그들의 기득권을 인정하지 않으며, 실패자, 낙오자를 무시하고 짓밟으며 모욕하며 인권을 유린하지 않는다.

사회적 강자를 대하는 그 사람의 자세와 태도가 그 사람의 성숙도다. 사회적 약자를 대하는 그 사람의 자세와 태도가 진실로 그 사람의 성숙도다. 외모적으로 온유한 사람, 공손한 사람, 겸손한 사람이 성숙한 사람이 아니고 진실로 사람을 그대로 사람의 자리, 생명의 자리, 타고난 자리에서 사랑하며 존귀하게 여기는 사람이 성숙한 사람이다.

청년시절의 꿈이 성 프랜시스 같은 성자가 되는 것이었는데 사노라니 그 생각이 저절로 사라졌다. 길다면 길고 짧다면 짧은 세월 동안 대자연과 그리스도를 묵상하며 살다보니 주머니를 여는 것과 사회적 약자에 대한 자세와 태도가 바로 성숙의 바로미터라는 사실을 깨달았기 때문이다.

남은 생애에 주님의 은혜로 주머니를 여는 사람, 사회적 약자에게 한없이 약하고 여린 사람으로 사는 축복을 누리며 살기를 기도한다.

너희가 먹을 것을 주었고

주기도문을 암송할 때 가끔 눈가에 이슬이 맺힌다.

"오늘 우리에게 일용할 양식을 주시옵고"를 읊을 때,

끼니를 위해서 간절히 기도하는 십대 청소년 가장 예수의 눈물 젖은 얼굴이 보인다.

일찍이 아버지를 여읜 그는 맏이로서 어머님을 모시고 야고보, 요셉, 시몬, 유다를 비롯한 남동생들과 최소한 두 명 이상의 누이동생의 생계를 책임져야했다. 어머니 마리아가 있었지만 예수님 당시 여성은 사람의 숫자 계수에 들어가지 않는 존재였으므로 가족 부양의 실제적인 책임은 장남인 예수가 져야했다. 그러나 그는 스스로 사업을 주관할 수 있는 숙련공도 아니었고 나이도 어린 까닭에 '목수 보조'의 잡무로 날품팔이를 하였을 것이다. 때로는 일을 찾아 나사렛을 떠나 "가나", "시쁘리", "막달라", "나인", "가버나움" 등지에도 갔을 것이다. 그럼에도 불구하고 그는 고된 노동과 수고에 비해 열악한 보수로 늘 배고픔에 시달리며, 식구들의 굶주림에 대해 괴로워했을 것이다. 그는 자신이 종처럼 밤낮없이 일하여도 어머니와 동생들이 굶주리는 아픔을 하나님께 아뢰었다.

"아바 아버지! 오늘 밥을 한 끼 먹었습니다.

배고픕니다. 너무 힘듭니다. 양식을 주십시오.

밥을 주십시오. 밥을 주십시오. 밥을……"

"아버지여, 제가 배고픈 것은 견딜 수 있지만

어머니와 동생들이 굶주리는 것은 너무 아프고 슬픕니다.

우리 가족이 먹고 마실 수 있도록 충분한 양식을 주십시오."

"아버지의 뜻이 하늘에서 이루어진 것처럼 땅에서도 이루어져서

굶주림이 없는 세상, 서로 사랑으로 나누며 근심 없이 밥을 먹는 세상,

하늘나라가 속히 오길 빕니다."

"아바 아버지여! 굶주림으로 고통당하는 우리들을 위해서,

이방인에게 학대와 모욕을 당하며 살아야 하는

당신의 자녀들을 불쌍히 여기셔서 속히 메시아를 보내주십시오."

나는 "주기도문"에서 청소년 가장 예수의 절박한 기도 소리를 듣는다. 주기도문을 묵상하며 그의 배고픔, 상심, 분노, 절망을 가슴 깊이 느끼며 자주 운다. 뿐만 아니라, 굶주림에도 불구하고 밥을 독점하는 악의 세력에 짓눌리거나 좌절하지 않고 하나님을 희망하며 사모하는 그의 믿음과 "하나님 나라"에 대한 선포에 전율한다. 환희한다. 감사하며 찬양한다.

예수님의 일상의 삶에서 나온 주기도문은 "오병이어의 기적", "양과 염소의 비유", "최후의 만찬"에서 심화되고 있다.

양과 염소의 비유는 오른편의 무리들에게 "내 아버지께 복 받을 자들이여 나아와 창세로부터 너희를 위하여 예비 된 나라를 상속 받으라"고 한다. 여기에 놀라운 반전이 있다. 예비 된 하나님 나라를 상속받을 오른편

의 무리들이 세상의 눈으로 볼 때 별 볼일이 없는 사람들이다.

그들은 분명 세상이 선망하고 선호하는 사람이 아니다. 혼란한 시대를 구하고 나라를 세우거나 적의 침략으로부터 나라를 구해낸 영웅이 아니다. 뛰어난 지식과 능력이 있는 탁월한 학자도 아니다. 예술적인 재능과 감각으로 위대한 드라마를 연출하는 연기인도 감독도 아니다. 천사의 말을 하며 위대한 기적으로 사람들의 숭앙을 받는 성인도 아니다. 엄청난 재산을 기증하여 웅장한 건물을 짓거나 사회봉사에 이바지하는 헌신적인 사람도 아니다. 막강한 권력으로 한 시대를 이끌며 시대정신을 창출하는 사람도 아니다.

그들은 단지 작은 자들의 굶주림과 목마름, 헐벗음과 고달픔, 외로움, 불우함과 억울함의 고통을 자신의 것으로 이해한다. 그들의 가난과 아픔에 공감하며 진심으로 그들의 건강과 회복, 평화와 행복을 생각한다. 그들은 굶주리는 사람들을 프로젝트나, 연구 대상, 사업 대상으로 만나는 것이 아니라 사람으로, 하나님의 자녀로, 생명으로, 사랑으로, 가슴으로, 아픔으로, 친구로, 이웃으로 만난다. 그들은 고통당하는 한 사람의 영혼, 생명에 주목하였기에 뜻이 하늘에서 이루어진 것처럼 땅에서도 이루어지는 일에 도구로 쓰임 받는 것이다.

일찍부터 가난의 고통을 겪은 예수 그리스도는 세상과 다르게 한 영혼의 고통에 주목하셨으며 지금도 고통의 현장에서 우는 자, 아픈 자, 병든 자, 배고픈 자와 함께 하시며 우리를 그 현장으로 부르신다.

주기도문의 은혜와 영향으로 나는 언제 어디서나 가난한 이웃에 대해 관심을 가졌고 급기야는 미션을 받아서 인도로 떠나게 되었다.

내가 만난 라열라시마 지역의 인도 달릿들은 하루 한 끼 또는 두 끼만 먹는 굶주림이 일상화된 삶을 살고 있었다. 전쟁 상황도 아닌데 난민처럼 살고 있는 그들의 삶이 내게 큰 충격이었다. 무엇보다 굶주림이 임신부들과 유아들에게 미치는 악영향이 너무 크다는 사실에 경악하지 않을 수 없었다. 임신부들의 굶주림과 영양부족, 영양실조로 태어나는 아기들은 병약하고, 학습 지진아가 되기 쉽고, 발육이 부진한 것을 눈으로 목격하였다. 뿐만 아니라 각종 장애와 기형이 동반됨을 보았다. 가슴 아픈 것은 굶주림의 고통이 어느 일정기간에 끝나는 것이 아니라 산모와 아기의 경우에는 평생을 가지고 살아야할 심각한 신체적, 정신적 질병과 장애를 유발한다는 사실이었다. 아이들을 내 자녀처럼 생각하며 가슴이 저리도록 일용할 양식을 위해서 기도하기 시작하였다. 그러나 나중에는 긴 말을 싹둑 잘라내고 "저를 팔아서 저들에게 밥을 주십시오. 저를 팔아서 저들에게 밥을 주십시오."라고 기도하곤 하였다. 그러나 달릿과의 일상적인 나눔은 나로서 감당할 수 없을 뿐더러 끝이 보이지 않는 일이었으므로 그 자리에서 도망치고 싶었다. 그러나 그럴 때 마다 하나님께서 그 일이 내가 책임지고 완성할 나의 일이 아니라 하나님의 일이며 나는 단지 현장에서 그 일에 쓰임 받고 있는 종임을 보여주셨다. 종으로서 주인의 일을 충실하게 수행하는 것으로 감사드리며 굶주리는 자, 특히 고아와 과부들을 위해서 많은 기도를 바쳤다.

인도에서의 일상 나눔과 긴급구호의 경험을 하면서 나는 자주 꿈을 꾸었다. 거대한 우주 공간에 우주적인 식탁이 배설되고 세상의 모든 고아와 과부, 장애우와 실업자들, 자연재해와 종교 갈등과 전쟁 등으로 집과 고향을 잃은 사람들이 배고픈 새들과 산 짐승들과 함께 앉아서 밥을 먹는 그런 환상 말이다.

주님께서 식탁에서 일어나 친히 밥 시중을 드시고 나 또한 그 곁에서 심부름하며 행복한 그러나 실현 가능성이 없는 꿈 말이다.

그럼에도 불구하고 날마다 하나님의 은혜로 굶주리는 자가 있는 곳에 우주적인 식탁이 배설되기를 희망하였다. 내가 인도에 부재한 5년 동안에 희망공동체에서 열어놓은 작은 식탁, 고아와 무의탁노인과 가난한 이웃이 함께 먹고 마시는 몇 개의 식탁들이 기적적으로 중단되지 않음을 감사하면서 인도에 들어갈 수 없는 아픔과 향수에 빠져 지내면서 또 다른 식탁에 대한 하나님의 계획이 있을지도 모른다는 생각을 하였다.

봄부터 심심찮게 북한이 지속적인 대북제재와 흉년, 농업의 구조적인 문제로 올해 전체 인구의 절반가량이 식량난을 겪고 있으며, 올 여름이 큰 위기라는 소문을 들었다. 가슴이 뭉클해지면서 뭔가 액션을 취해야한다는 생각은 했지만 북한의 식량문제는 민족의 문제이기 때문에 정부를 비롯하여 세계적인 단체들이 움직일 것이므로 우선 가만히 서서 지켜보기로 하였다. 그러나 북한 식량난의 진위가 사회 문제로 이슈화되자 북한 동포와의 나눔이 불안하고 의심스러운 일이 되어 버렸고 나는 일개인으로서 가슴앓이를 할 뿐 별 도리가 없었다.

마침 그 때에 전주 YMCA와 '평화와 통일을 위한 YMCA 만인회'가 용감하게 앞장서서 "밀가루와 콩기름 보내기 운동"을 시작하였다. 그런 사실을 전혀 몰랐던 나는 어느 날 밀린 카톡 글을 몰아서 읽던 중에 "북한 식량난 2019년 64만 톤 부족 2010년 이후 최악, 7월~9월이 고비 북한 정부 UN 긴급 지원 요청함"이라는 문구와 아이들의 우울한 얼굴로 만들어진 포스터를 보았다. 쉽지 않은 상황 속에서 북한 동포와의 나눔을 선언하고 모금을 시작한 Y가 참으로 고마웠다.

찬찬히 포스터에 실린 사진을 살폈다. 사진에 나오는 탁아소 아이들의 무표정한 얼굴이 가슴을 찔렀다. 순간 인도에서 본 임신부들과 유아들이 떠올랐다. 3개월의 굶주림으로도 태아들과 임신부들은 평생을 지니고 살아야 할 정신적인, 육체적인 질병과 장애를 얻을 수 있다는 사실에 가슴이 철렁해졌다.

나는 아이들에게 빨리 밥상을 차려주고 싶었다. 윤기 자르르 흐르는 맛있는 쌀밥에 소고기 국을 끓이고 된장찌개와 계란말이, 콩장과 생선구이가 있는 군침이 도는 밥상으로 아이들을 부르고 싶었다. 기도를 하면서 방법을 모색하였다.

삼십여 명의 지인들에게 Y에서 받은 포스터를 퍼 날랐다. 그리고 몇 자를 적어서 보냈다.

"벗님, 잘 지내시지요? 벗님의 사랑의 빚에 늘 감사드립니다. 금번 여름에 저에게 1만 원 정도의 식사 한 끼를 대접해주십시오. 만약에 저를 대접하기로 하셨으면 그 비용을 북한 어린이들의 기아 문제로 고민하는 Y로 보내주시면 됩니다. 귀한 대접 감사합니다. 맛있게 잘 먹었습니다. 감사합니다."

그리고 내가 속해 있는 단체에도 모금에 참여하도록 권하였다.

안타깝게도 개인적으로 모금을 독려하는 동안 식량난이 사실이 아닐 수 있다는 것과 식량난이 사실이라 해도 남한을 공격하는 군사비용으로 쓰여 질 수 있다는 어느 후원자의 이의 제기가 있어서 잠시 멈추어 서서,

긴장과 불안, 갈등의 파고를 느끼면서 기도하며 숨 고르기를 하는 시간을 가져야 했다.

그러나 힘겹게 줄다리기하는 시간이 지나가고 모금 운동을 전개해 오신 분들의 숨은 노고와 협의 끝에 광명, 부천, 여수, 전주 YMCA와 남북평화재단의 연합 평화순례단이 북한으로 보내는 밀가루와 대면하기 위해 3일 첫 새벽에 블라디보스토크의 땅을 밟는 감격을 맛보았다. 그리고 드디어 우리는 7월 5일, 오전 11시 30분경에 우수리스크 물류쎈타에서 북쪽으로 가는 기차에 적재되어 있는 25kg으로 포장된 2,700개의 밀가루 부대를 만났다. 우리는 이미 날씨와 화물차 배차의 차질로 기차가 예상보다 하루 늦게 도착할 것이라는 소식을 들었으므로 북으로 가는 밀가루를 볼 수 없을 것이라고 생각하고 있는 참에 밀가루를 실은 기차를 보게 되어 너나할 것 없이 감동의 도가니에 빠졌다. 우리는 화물차량 앞에서 밀가루를 두 눈으로 볼 수 있도록 기적을 베풀어 주신 하나님께 뜨겁게 감사기도를 드렸다.

나는 밀가루에게 말을 걸었다.

"고맙다. 밀가루야, 가서 맛있는 음식이 되어다오. 그리고 우리 형제자매들에게 인사해다오. 사랑한다고! 보고 싶다고! 살아서 건강한 모습으로 만나자고! 함께 평화롭게 사는 좋은 세상을 만들자고! 잘 가라. 기회가 주어지면 다시 만나자."

북의 형제자매들을 보고 싶은 간절한 마음에 북으로 가는 밀가루가 부러웠다.

돌아 나오면서 북으로 가는 차량을 매일 환송하는 일에 써주시라고 기도를 바쳤다. 기도 끝에 우주적인 식탁의 환상이 보였고 "내가 주릴 때에 너희가 먹을 것을 주었고," 라는 주님의 세미한 음성이 들려왔다.

양식 나눔에 대한 생각을 정리하며 묵상하고 있을 때, Y 사무실에서 문자 메시지가 왔다.

북한 밀가루 보내기운동에 참여해주신 선생님들께!

지난 7월 5일에 북녘 땅에 밀가루 70톤을 전달하고 왔습니다. 러시아 우수리스크에서 국제대북지원단체를 통해 ~ 중략~ 열차 편으로 북한 함경북도 지역 2,800가정, 11,000여명의 북한 주민들에게 보내는 전달식을 가졌습니다.

이 밀가루는 국제대북지원단체가 직접 북한 함경북도 가정에 전달할 것입니다. 북한의 식량난에 남측에서 미온적인 태도로 일관하고 있기에, 우리 YMCA라도 굶주림에 시달리고 있는 북한 주민을 위해 앞서 모금하자 하는 마음으로 진행하였습니다. ~ 중략 ~ 함께 해주셔서 정말로 감사합니다.

자연의 섭리, 희년법 그리고 복음

만물은 생성, 성장, 버림을 반복하면서 우주를 이어왔다. 창조 때 "보시기에 좋았다"는 하나님의 말씀대로 자연은 섭리대로 오늘까지 아름답게 존재하고 있다.

계절은 생성, 성장, 버림이 생명유지의 비결임을 계시하고 있다.

자연의 품에서 생성, 성장, 버림의 과정으로 존재하는 생명체에는 독점이 없다.

자연에는 강대국, 재벌, 영웅, 독재자, 조폭, 지폭(지식인 폭력집단)도 없다. 서로 어울려 힘자라는 대로 살다가 가을이 되면 큰 것이나 작은 것이나 할 것 없이 모두 다 떨치고 버리면서 처음 자리로 돌아간다. 해 마다 처음 자리에서 새롭게 출발하는 자연의 위대한 섭리와 관용 그대로가 매사를 경쟁하는 경제적인 동물로 사는 인류에게 창조주 하나님의 메시지다.

하나님은 자연을 통해서 버림이, 하향조정이 인류의 살길임을 분명하게 보여준다. 그러나 인간은 창조주인 하나님의 음성을 듣지 않고 과학지식으로 무소불위의 힘을 발휘하며 영원을 살 것처럼 바벨탑을 쌓는다.

나라와 기업들은 각종 전문분야의 인재들. 학자들의 지식과 연구 성과를 토대로 경제발전을 기획하며 예산을 높이 책정한다. 그러나 결과적으로 혜택은 몇 몇의 기업이 독점하고 나머지 국민들은 과도한 인플레이션과 세금으로 삶은 벼랑으로 내몰리고 상대적 빈곤에 허덕인다.

지구상의 모든 나라들은 지난 200년 동안 서구제국들의 과열된 경쟁이 20세기 양차 세계대전으로 치달은 것을 목전에서 보았음에도 불구하고 해마다 자국의 국방 예산을 경쟁적으로 상향조정 한다. 또한 세계 각국에서 일어나는 경제공항이 각 나라와 기업의 탐욕과 거품의 결과라는 것과 강대국들이 자국의 경제 불황 타개와 무기 판매를 위해 제삼국에서 전쟁을 일으킨다는 사실을 알면서도 지속적인 성장과 번영이라는 허상에서 자유롭지 못하다.

산업혁명 이후, 서구 강대국들은 군대를 동원한 식민지 희생. 인플레이션과 저렴한 노동력을 제공하는 자국민 희생, 전쟁과 파괴를 통한 제삼세계인들 희생, 이민자들의 재산과 값싼 노동력을 기반으로 하여 놀라운 경제 발전의 수치를 만들었다.

오늘날도 그들은 자신들 중심의 국제 경제 네트워크와 게임의 룰로 세계 경제를 통제하며 자신들의 번영을 구가하고 있다. 군사력을 바탕으로 하는 그들의 경제 폭력은 세계경제를 파산의 위기로 이끌고 있다.

무한 생산과 무한 경쟁으로 치닫고 있는 세상은 지구 자원의 한계, 소비시장의 한계, 예측할 수 없는 기술의 발전과 혁명, 오염으로 인한 지구환경과 기후의 변화, 아시아, 아프리카 나라들의 경제적인 용약으로 인한 대량생산 등등으로 경제 전쟁 뿐 만아니라 지구를 파멸의 길로 내몰고 있다.

각 나라들과 기업들은 무한생산과 무한 경쟁으로 소비를 부추기지만 현실적으로 무한 소비는 한계가 있으므로 무한 생산과 경쟁은 궁극적으로 인류를 파멸로 이끌 수밖에 없다. 경제 활동은 생명의 활동이고 인간 생존과 번영을 위한 위대한 작업이지만 무한 생산과 경쟁은 이미 자연의 섭리, 창조의 도를 넘어서 자신들의 존재의 집인 지구를 심각하게 파괴하고 있다. 그러나 어느 나라도 기업도 자신들의 고공행진을 멈추려고 하지 않는다. 아이러니컬하게도 자신들은 멈추지 않으면서 국제협약 등을 만들어서 아시아와 아프리카 약소국들의 활동을 제약하며 힘없는 기업을 합병하며 골리앗의 행진을 계속하고 있다. 인류를 파멸로 몰아가는 강대국들의 폭력이 참으로 독선적이고 교만하다. 더 잘 살려고 생명의 모체인 자연을 허무는 인간의 욕망, 개발, 성공이 참으로 어리석다.

인류가 무한 탐욕과 경쟁의 사회에서 파멸에 이르지 않고 회생할 길이 있는가?

노엄 촘스키는 《파멸전야》에서 민주주의 쇠퇴, 신자유주의의 불의한 무한 경쟁과 착취, 지구에 탑재된 핵무기, 기후의 변화와 환경 파괴로 말미암아 지구는 파멸 직전에 놓였다고 말하면서 대안을 "직접 행동에 나서려는 대중을 제대로 조직하고 잘 이끈다면 큰 차이를 만들 수 있다."고 제시했지만 그것은 실현 가능한 대안이 아니다. 그의 말대로 인간은 파멸전야에서조차도 머리로 알고 가슴이 느낀 것을 실천할 수 없는 온갖 탐욕과 이기심, 어리석음의 동굴에 빠져 허우적거리기 때문에 파멸의 위기를 감지한 선각자의 경고를 심각하게 듣고 문제를 해결할 나라도, 집단도, 개인도 없기 때문이다.

자연은 태초부터 지금까지 인류에게 생몰의 자연스런 순환을 통해서 평화롭게 살 길을 보여 주며 교육하였다. 그러나 선악과를 따먹은 인류는 자신들이 자연의 일부이며 피조 된 자연이라는 사실을 잊었다. 인간은 자연을 먹고 입고 마시며 자연 속에서 살다가 자연으로 돌아가는 자연의 일부로 창조되었음에도 불구하고 도시와 문명을 창출하며 도취하여 자신을 자연을 넘어선 존재로 착각하였다. 과연 인간은 이동할 수 있는 동물, 도구를 쓰는 동물, 자기 존재를 인식하여 생각하는 동물, 자연을 통찰하는 존재, 하나님의 형상으로 지음 받은 존재로서 여타의 피조물과 다른 점이 있는 것은 사실이지만 결코 인간의 생명은 자연 법을 넘어서지 못한다.

그 어떤 인간의 성공과 고공행진도 개인적, 국가적, 지구적 차원에서든 영원할 수 없다. 자연처럼 때가 되면 버려야 한다. 하향조정을 해야 한다. 나누어야 한다. 돌려주어야 한다.

모세는 율법에서 50년 마다 가옥과 토지를 원주인에게 돌려주고 노비를 해방시키는 희년을 선포하였다.

50년이라는 세월이 지나면 어느 사회든지 간에 공동체가 부익부, 빈익빈으로 나뉘며 단절되고 헐벗고 굶주리게 되는 모순과 불평등, 비인간화현상이 보편화되게 된다. 그러므로 모세는 이스라엘 출애굽 공동체에게 매 50년마다 병든 사회, 파괴된 인간성의 회복을 위하여 대대적으로 포기하고, 비우고 나누며 처음 자리로 돌아가라고 하였다. 경제적인 원상복구를 공동체 삶의 기본으로 규정하는 희년법은 특별한 인간의 법처럼 보이지만 결국은 자연법의 연장으로 함께 생육하고 번성하라는 창조의 섭리를 담고 있다.

예수님은 공생애 초기에 누가복음 4장 19절에서 " 주의 성령이 내게 임하셨으니 이는 가난한 자에게 복음을 전하게 하시려고 내게 기름을 부으시고 나를 보내사 포로 된 자에게 자유를, 눈먼 자에게 다시 보게 함을 전파하며 눌린 자를 자유롭게 하고 주의 은혜의 해를 전파하게 하려 하심이더라" 라는 말씀을 통해서 자신의 사역의 핵심을 은혜의 해, 곧 희년의 선포라고 하였다.

희년의 핵심은 무한 탐욕과 무한 축적을 하나님의 말씀을 받잡아 포기하고 나눔과 버림이다.

무한 탐욕과 축적의 과정에서 우상에 빠져 병들고 지친 인간에 대한 치유와 해방의 작업이다. 또한 무한 탐욕과 축적이 진행되는 과정에서 희생당한 고아와 과부, 힘없는 사람들에 대한 회복과 해방의 작업이다. 무한 탐욕과 축적은 주도하는 자도, 희생을 당하는 자도 부자유하고 불행하며 비인간화시킨다. 인간뿐만 아니라 자연, 모든 피조물까지도 절망에 빠트려 신음하게 만든다. 그러기에 희년법의 구현은 복음이며 하나님 나라를 땅에서 사는 창조의 섭리이며 다. 모든 인류에게 희망이 된다.

자연의 섭리, 희년법 그리고 복음은 21세기 경제 난국을 총체적으로 해결할 수 있는 이상적인 법이요, 희망이요, 진리다. 그러나 이성을 의지하고 문명을 자랑하는 두뇌들은 계속된 실패와 절망적인 상황에도 불구하고 여전히 자신들의 쓸모없는 이론과 해석으로 언론을 도배하며 인류를 미혹하며 허세를 부리고 있다. 하나님을 조소하는 세상은 그렇다 치더라도 복음으로 출발한 교회와 크리스천조차도 관심이 없다. 자연의 섭리, 희년법 그리고 복음이 자본주의 물결에 휩쓸려 물화된 교회와 크리스천에게 걸림돌이 되기 때문이다. 그러나 들을 귀 있는 자들이 듣고 남은 자로서 인류의 새 역사를 쓸 것이다.

예수께서 이기신 사망 권세

예수께서 십자가를 지신 수난주간, 성금요일에 찬송도 제대로 부르지 못하고 부활주일을 맞이하였다. 코로나19가 준 선물로 사회적 거리를 두기 위해서 숨죽이며 조용히 부활찬송을 부르노라니 눈물이 앞을 가렸다. 찬송이 밀물처럼 들어와 나를 덮었다.

"예수 내주 원수를 이기고 무덤에서 살아나셨네. 어두움을 이기시고 나와서 성도 함께 길이 다스리시네. 사셨네. 사셨네. 예수 다시 사셨네."

"구주 예수 부활하사 사망 권세 이겼네. 구주 예수 부활하사 사망 권세 이겼네."

"대속하신 주 예수 할렐루야 선한 싸움 이겼네. 할렐루야 사망권세 이기고 할렐루야 하늘문을 여셨네."

"주님께 영광 다시 사신 주 사망 권세 모두 이기시었네. 흰 옷 입은 천사 돌을 옮겼고 누우셨던 곳은 비어 있었네. 주님께 영광 다시 사신 주 사망 권세 모두 이기시었네."

반 울음으로 찬송을 하노라니 가사가 저절로 음미되었다. 거의 모든 부활절 찬송가 가사에 나오는 "사망 권세"라는 말이 클로즈업 되어 눈앞에 확 다가왔다. 순간 보수적이고 전통적인 신학과 신앙이 우리에게 심어준 "사망 권세"가 너무 협소하며 하나님의 성육신의 뜻을 거의 담아내지 못한다는 생각이 들었다. 신학과 신앙의 전통이 부활의 의미를 개인의 죄, 개인의 심판, 개인의 사망과 영생에 고착시켜서 우리가 이 시대의 바리새인과 서기관이 되어 하나님을 가리는 자가 되었다는 탄식이 심연에서 올라왔다.

아, 인간의 시각이 얼마나 협소한가! 6일 동안 창조의 대역사를 이루신 하나님의 성육신과 십자가 수난과 부활을 마지막 날에 창조된 인간에게만 국한시켜버린 무지와 영적 빈곤, 교만과 탐욕이 얼마나 무서운가!

예수의 성육신과 공생애, 십자가의 수난과 부활은 우주적인 속량과 해방, 치유와 회복에의 메시지였으며 하나님의 자기 비우심, 자기 부정이었다. 모든 피조물에게 길과 진리와 생명을 주신 하나님의 무한한 사랑과 정의였는데 인간은 하나님을 자신들만의 하나님으로 왜곡, 변질시켜버렸다.

예수께서 이기신 사망 권세는 그 분의 가출과 그 분이 광야에서 받은 시험에서 분명하게 선포된다.

실로 그 분의 공생애에 일어난 치병, 축귀, 만남, 대화, 가르침에 고스란히 담겨 있다. 자신과의 관계에서 인격적인 신앙 고백으로 나의 죄 때문에 죽으셨고 나의 구원을 위해 다시 사셨다는 고백을 넘어서는 창조와 하나님 나라의 차원에서 사망 권세를 이해해야 한다.

우리가 가장 먼저 생각하는 인간의 죄악과 죽음의 권세를 이기셨음은 물론이지만 우리가 이해하지 못하거나 잊고 있는 여러 사망 권세를 주님께서 이기셨다.

예수께서 이기신 사망 권세는 제국의 권세이다.

전쟁과 약탈, 무기로 세워진 로마제국은 유럽과 아시아, 아프리카로 번어 나가면서 수많은 사람들을 전쟁터로 몰아넣었고, 수많은 가정들을 불행과 고통에 빠트렸다. 끊임없는 파괴와 수탈로 제국이 확장되는 곳은 그대로 지옥이 되어 버렸다. 제국의 식민지 엘리트들은 제국에 봉사하면서 권력의 부스러기를 맛보며 자기 백성들을 수탈하였다. 또 다른 엘리트들은 제국의 타도를 외치며 젤롯당을 만들어서 다윗의 나라를 세우기 위한 투쟁을 벌였다.

제국과 반 제국의 세력 싸움 사이에서 신음하는 사람들에게 삶은 고통이었고 죽음이었으며 저주였다. 예수님은 제국의 폭력, 반 제국의 의로운 폭력에 신음하는 생명들을 보았고 창조의 섭리가 사라진 세상, 생명이 폭력의 도구가 되어버린 세상에서 생명이 생명으로 평화롭게 살 수 있는 "하나님의 나라"를 선포하셨다.

예수님의 "하나님 나라"는 생명을 짓밟는 제국의 사망 권세에 대한 도전이었고 제국은 그것을 빌미 삼아 예수님을 죽였다. 그러나 예수님은 부활하심으로 제국의 사망권세를 깨뜨렸다.

예수님의 부활은 21세기의 신자유주의 경제가 휩쓸고 있는 후기 식민지제국주의에도 그대로 적용된다.

예수께서 이기신 사망 권세는 맘몬의 권세이다.

맘몬은 "부", "재물", "돈"이라는 뜻을 가지고 있다. 맘몬은 필요한 물건을 사고파는 "돈"의 개념을 넘어서 인간의 삶을 굶주림과 질병, 비참과 고통에 빠트리는 구조적, 조직적으로 우주를 장악하려는 반생명적이고 반하나님적인 "물신"의 개념이다.

아버지의 이른 죽음으로 일찍이 청소년 가장이 되어 가족의 생계를 짊어진 예수님은 사람을 굴복시키고 반생명적, 비인간적인 삶을 살게 만드는 맘몬의 정체를 알았다. 맘몬은 탐욕으로 사람의 눈을 어둡게 만들 뿐만 아니라 맹목적인 무한 축적을 위대한 것으로 알게 만든다, 축적을 위한 전쟁, 살인, 마약, 방화, 약탈마저도 합리화, 정당화시킨다. 지구차원으로 축적된 자원은 살아 있는 신, 우주적인 권력이 되어서 애국애족, 개발과 발전, 인류의 식량문제 해결, 평화를 위한 전쟁 등을 명분삼아 고아와 과부, 가난하고 병든 사람, 가난한 나라들을 끊임없이 수탈하고 괴롭히며 학대한다.

살아있는 모든 생명체의 에너지인 밥은 창조 시에 이미 생명이 있는 것들에게 은혜로 주어졌다. 그러나 하나님께서 만드신 아름답고 선한 생명 사이클이 영리하고 탐욕스런 인간에 의하여 파괴되었다. 그로 말미암아 생명체들의 신음소리가 우주에 가득하게 되었다.

예수님은 창고를 더 짓는 어리석은 부자, 포도원 품꾼의 비유, 부자 청년의 영생에 대한 질문, 부에 대한 교훈 등에서 밥을 독점한 재벌, 부자의 회개를 촉구하셨다. 물질에 의해서 신이 되거나, 짐승이 되거나, 물건으로 전락해버린 인간을 회복시키고자 예수님은 맘몬이라는 권세의 실체를 우리에게 보여주셨다. 그리고 맘몬의 사망 권세를 깨뜨렸다.

예수님의 부활은 21세기 신자유주의 자본주의 맘몬세력에게도 그대로 적용된다.

예수께서 이기신 사망 권세는 거짓 종교의 권세이다.

참된 종교는 세상을 향해서는 하나님, 신의 뜻을 선포하며 가르치며 함께 사는 생명의 공동체를 지향한다. 또한 하늘을 향해서는 생로병사의 속에서 불의와 죄악에 시달리는 사람들의 아픔과 슬픔에 공감하며 하나님의 자비와 용서를 간구해야 할 사명이 있다.

예수님 당시 예루살렘성전의 제사장들은 성전을 하나님과 백성 사이의 소통을 가로막는 강도의 소굴로 만들었다. 예나 지금이나 강도는 폭력으로 타인의 재산과 자리, 생명을 빼앗는 존재다. 그들은 백성이 하나님을 만나지 못하도록 종교라는 제도로 하나님 자리에 앉았다. 하나님의 사랑과 말씀이 백성을 위로하고 치유하지 못하도록 방해하는 자로서 군림하였다.

회당을 중심으로 활동하는 바리새인들과 서기관은 백성들을 수많은 계급으로 나누어서 자신들의 입지를 강화시켰다. 그들은 긴 옷을 입고 다녔으며 거리와 시장에서 기도하기를 좋아하였으며, 금식하는 것을 자랑하였고 잔치와 회당에서 상석에 앉는 것을 명예로 여겼다. 예수님은 그들을 위선자라고 불렀으며 과부의 가산을 삼키는 자라고 하였다. 그들은 고난 받는 생명에 아무런 관심이 없었고 오직 종교를 이용한 자기 명예와 부귀에만 관심을 가졌다.

당시 로마제국의 압제와 세금, 헤롯왕가의 수탈과 횡포로 팔레스틴 인구의 30% 이상이 유랑민이 되어서 떠돌아 다녔다. "오병이어"의 기적에 여자와 아이를 제하고 남자만 5천명이 함께 하였다고 보도했다. "떡 일곱 개와 몇 마리의 고기"의 기적에는 남자가 4천명으로 나오는데 이는 당시 많은 사람들이 고향과 집을 떠나 떠돌이로 살아가고 있음을 보여주는 실례다. 사람들이 일터, 집, 고향을 떠났다는 것은 당시 사회가 백성을 수탈하고 학대하는 부패하고 병든 폭력사회였다는 반증이다.

하나님을 경외하고 생명을 사랑하는 종교, 종교인은 사람의 생명 값과 삶이 무너진 사회에 정의를 선포하고 회개를 촉구하며 함께 살기를 호소해야 한다. 그러나 예수님 당시 유대교인들은 자기들의 권력 강화와 명예, 영광 추구에 눈이 멀어서 고통당하는 백성들을 종교라는 올가미로 이중 삼중의 수탈을 하였다.

예수님은 그런 세상에서 하나님 나라를 선포하였고 사람을 괴롭히는 반생명적인 종교의 사망 권세를 깨뜨렸다.

예수님의 부활은 예수의 이름으로 행하는 종교비즈니스의 교회, 신학교, 언론매체. 선교단체 등등에 그대로 적용된다. 지극히 작은 자를 외면하는 모든 종교 비즈니스, 작은 자를 도구로 삼아서 생존하는 종교 비즈니스에도 그대로 적용된다.

예수께서 이기신 사망 권세는 거짓 언론, 사이비 언론의 권세이다.

예수님은 세례를 받으신 후, 광야에서 사탄의 거짓말과 유혹에 직면하셨다. 세상은 돌을 떡으로 만드는 구세주를 기다린 다는 것, 세상은 사람들을 즐겁게 해주는 대중적인 스타를 구세주로 받들 거라는 것, 권력을 가진 자가 세상의 구세주라는 등의 말로 예수님의 심사를 흔들었다. 그러나 예수님은 하나님의 말씀으로 거짓에 대항하셨다.

예수님은 공생애 기간 내내 유언비어에 시달렸다. 미쳤다는 유언비어, 술과 고기를 탐하는 자, 세리와 창기의 친구, 사탄의 힘으로 귀신을 쫓아내는 이상한 놈, 신성 모독자, 나사렛에서 선한 것이 나오겠냐는 비아냥거림, 하나님의 아들이라는 표적과 물증을 보이라는 등의 온갖 야유와 독설이 늘 예수님을 따라 다녔다. 그러나 예수님은 그런 거짓 소문에 일일이 대꾸하며 부침하지 아니 하셨고 겸손히 섬김으로 자기의 길이 진리의 길이며 자기의 삶이 하나님 나라의 삶인 것을 보여 주셨다.

대제사장의 심문, 빌라도총독의 재판, 군중들의 고함, 비아돌로로사 길에서 예수님은 참, 진실, 진리로 말없이 수난과 모욕, 학대와 경멸, 매도와 거짓 고발을 견디셨다. 결국 예수님은 십자가와 부활로 거짓된 메시아 상을 폭로하셨고, 손수 채찍에 맞고 창에 찔리며 종교, 정치, 제국의 위선과 폭력과 악을 만천하에 드러내셨다.

예수님은 사이비 언론, 조작된 거짓 언론이 난무하는 세상에서 반생명적인 거짓 악한 언론의 사망 권세를 깨뜨렸다.

예수님의 부활은 21세기 반생명적인 언론과 표현의 자유에도 그대로 적용된다.

예수께서 이기신 사망 권세는 대중의 인기라는 권세이다.

로마제국에는 투우사와 가수, 연극배우, 무희 그룹의 인기 스타들이 있었다. 마술을 부리든, 투우사로 이기는 자가 되 든, 전차경주에서 이기든 간에 스타들의 인기는 선풍적이었다. 당시 왕족이나 귀족이 아닌 평민이나 노예가 꿈 꿀 수 있는 길은 대중의 인기를 얻는 직업을 가지는 길이었다. 예수님 또한 스타가 되어 쉽게 하나님 나라를 선포하며 복음을 전하고자 하는 열망이 있었다. 사탄은 예수님 안에 있는 스타 심리를 이용해서 성전에서 뛰어내려서 하루아침에 스타가 되라고 부추긴다. 그러나 예수님은 하나님을 시험하지 말라는 말로 사탄의 제안을 일축하였다.

예수님은 하루아침에 스타가 되어서 인기를 한 몸에 누리며 부와 명예를 축적할 수 있는 기회를 항상 가지고 있었다. "오병이어의 기적", "중풍병자를 고친 기적", "죽은 자를 살리신 기적", "귀신을 몰아 낸 기적" "물 위를 걸으신 기적" 등은 하나하나가 예수님이 세상에 화려하게 데뷔할 수 있는 엄청난 사건들이었다. 그러나 예수님은 단 한번도 그런 기회를 상업적으로, 경제적 기회로 이용하지 않으셨다. 단 한번도 크게 광고, 홍보하지 않으셨다. 단 한 번도 자기 능력이라고 자랑하지 아니 하셨다. 단 한번도 기적에 대한 대가, 돈을 요구한 적이 없었다. 단 한번도 자기가 거주할 어마어마한 빌딩, 성전 건물을 지어달라고 하지 않았다. 단 한 번도 영광의 자리에 서지 않았다. 단 한번도 그것을 빌미로 정치계에 진출하려는 야망을 가진 적이 없었다.

제자들과 대중들은 예수님께서 대중의 인기를 몰아서 무언가를 하기를 원했지만 예수님은 한사코 그런 자리를 피하셨고 만들지 않았다. 예수님은 사람들이 만들어내는 인간의 찬양, 인간의 열기, 인간의 영웅, 인간의 스타가 허상이요, 반 진리, 반생명적으로 변질되기 쉽다는 사실을 잘 알고 계셨다. 대중 인기 안에 사탄의 농간이 있음도 알고 계셨다.

영웅과 스타를 원하는 대중들은 십자가 앞에서까지 "지금 십자가에서 내려올지어다 그리하면 우리가 믿겠노라"고 예수님을 조롱하였지만 예수님은 모욕과 핍박, 조롱에도 불구하고 대중의 인기라는 권세에 아랑곳 하지 않으셨다. 예수님은 대중을 재미와 안일, 향락의 바다에 빠트려서 진리, 참, 정의와 사랑에서 멀어지게 만드는 대중의 인기, 대중 스타라는 사망 권세를 깨뜨렸다.

예수님의 부활은 21세기에도 세계적인 스타가 되어 명예와 부를 장악하려고 하는 오늘날 우리들에게도 그대로 적용된다.

실로 예수님은 사망 권세를 이기시었다.

우리 죄악과 심판과 영생을 위해서 사망 권세를 이기셨을 뿐만 아니라, 이 땅의 병든 생명을 치유하고 회복하고 살리기 위해서 사망권세를 이기시었다. 단지 인간의 생명뿐이 아니고 창조의 첫째 날부터 만들어진 우주 너머의 우주를 포함하는 모든 피조물의 회복과 치유를 위해서다. 예수님은 생명의 질서가 회복되고 생명이 조화롭게 생육하며 번성하는 아름다운 세계를 "하나님 나라"라고 불렀다. 그리고 그 나라를 위해서 자기 생명을 우리에게 아낌없이 주셨고 우리에게 그 나라를 살라고 축복하셨다.

오고 있는 "하나님 나라"를 대망하며 육신을 가지고 땅에서 사는 동안, "하나님 나라"가 우리가 원하는 로드맵과 기도대로 이루어지지 않고 비록 그 나라가 사람들의 심연에 보이지 않는 섬처럼 존재한다할지라도 나는 "하나님 나라"의 백성으로 이긴 자의 삶, 자유자의 삶을 살련다. 부활의 주님, 사망 권세를 이기신 주님이 인류의 희망임을 선포하며 갈릴리의 삶을 축복으로 살련다.

은자(隱者)는 작은 숲에 있다

매주일 마다 시골지역에 있는 교회들을 돌아본다.

시골로 가는 교통편이 불편해서 교회를 찾아가는 일이 쉽지 않지만 코로나가 준 휴가기간에 농촌교회를 돌아보기로 결심한 초심을 유지하며 은혜를 맛보고 있다.

인공이 가미되지 않은 자연스런 시골의 풍경과 흙처럼 소박한 어르신들, 풀꽃과 자연스럽게 자리 잡은 집들이 여간 정겹지 않다. 예배 끝내고 천천히 마을을 돌아보려 하지만 차편 때문에 주마간산으로 훑고 지나오면서 다시 방문하리라 생각하지만 뜻대로 되지 않는다.

아무런 예고 없이 나그네로 불쑥 들어가서 예배에 참석하고 예배 후에 인사드리고 이야기를 나누다가 오는 식으로 방문을 계속하고 있다. 그래도 코로나19로 예배가 부정되는 상황에서 그냥 이렇게 예배에 참석하는 것이 참으로 행복하다. 인공조미료가 전혀 가미되지 않은 뼈대만 있는 단순하고 소박하고 따스한 예배가 좋다. 십여 년 또는 이십여 년 동안 시골지기로 목회를 하시는 모든 분들에게 기립 박수를 보낸다. 마음의 꽃다발을 바친다.

얼마 전 어느 교회에서 과분하게 환대를 받았다. 목사님과 사모님의 깊은 품위와 따스함에 고향에 온 기분으로 예배에 참여하였다. 얼마나 평화롭고 좋던지 하루 이틀 머물고 싶었다. 그런 마음으로 사진을 찍고 돌아나오려니 목사님께서 점심식사에 초대해주셨다. 내가 대접하리라 마음먹고 따라 갔지만 결국은 목사님의 대접을 받게 되었다.

나는 이미 목사님의 메시지에서 깨달음과 위로를 받아서 어떤 말에도 긍정적일 수밖에 없는 마음의 자세였는데 귀를 기울이면 기울일수록 숨어있는 현자를 만난 듯한 느낌이 들었다.

교회공동체에 대한 애정과 성도에 대한 정성어린 돌봄을 주보와 말씀에서 느꼈고 성도들의 건강 상황을 세세하게 알리고 기도하시는 목사님의 음성에 양떼들을 향한 애틋한 사랑이 진하게 배어 있어서 가슴이 뭉클하였다.

예배실 뒤, 탁자 위에 물과 차가 어르신들이 예배 중에도 따스한 물과 차를 마실 수 있도록 놓여있었고 식사를 거르신 분들을 위해서 간식도 준비되어 있었다. 예배 도중에 화장실을 가시는 연로하신 분들에 대한 부축도 예배에 방해가 되지 않도록 훈련되어 있었다. 성도들의 건강과 나이를 배려하시는 목사님과 사모님의 마음이 교회당 안에 가득하였다.

예배가 끝나고 서성거리며 장로님과 대화를 나누었다. 교회 건물이 작고 예쁘다고 했더니 모든 것이 지금 계신 목사님께서 수고하신 덕분이라고 하셨다. 교회 건물 옆 마당에 아주 큰 집이 있어서 그 집이 목사님의 사택이냐고 물었더니 장로님께서 아니라고 하시면서 교회 입구에 있는 교회사무실이나 창고 정도로 보이는 작은 건물을 가리켰다. 순간 마음이 짜하게 아팠다. 두 분이 사실 정도는 되지만 자녀가 두어 명 이면 쉽지 않을 것이라는 생각이 절로 들었다.

목사님 내외분은 굳이 도시로 떠나고 싶지 않다고 하셨다. 자기가 떠나면 누군가 와서 시골교회 목회를 하면서 자기가 겪은 고생을 그대로 답습할 수밖에 없기 때문에 자신이 남는 것이 유익할 뿐만 아니라 자신이 시골에 맞고 시골을 사랑하기 때문에 계속 섬기기로 했다고 하셨다.

문제는 시골 목회로 감당할 수 없는 자녀들의 교육비였다. 두 아이가 중·고등학교는 그럭저럭 마쳤지만 대학교 교육비는 감당할 수가 없어서 그 분들이 결단을 내린 것이 주중에 다른 일을 하는 것이었다.

목사님께서 주중에 교회에 머무시는 것으로 자녀 교육이 불가능하였고 외부 교회의 도움도 지속적으로 받을 수 있는 것이 아니어서 일거리를 찾으셨다. 자격증도 없고, 젊지 않기 때문에 면접을 하여도 떨어지는 일이 다반사였으나 운 좋게 면접에 통과하여 몇 가지 일을 하였다고 하셨다. 가가호호를 방문하며 정수기 고장수리와 판매하는 기사, 떡 공장에서 포장과 청소, 배달 업무를 담당하는 직원, 공단의 공장 건물 청소하는 청소부를 거쳐서 현재는 사설 공원묘원에서 묘지기를 하고 있다고 하셨다.

자존감에 대한 나의 질문에 이렇게 대답하셨다.

"자존감요? 중요하지요. 내 자존감은 교우들에게 부담을 주지 않고 교회 목회를 계속 할 수 있는 것과 땀 흘려 번 돈으로 자녀들을 공부시킬 수 있는 현실에서 옵니다."

"그래도 목사로서 그곳에서 일하시면서 사람들의 눈치가 보일텐데요."

"사람들이 은퇴를 앞두고 있는 노인네가 궂은일에 자원한 사실로 무시할 때는 슬펐지만 그렇다고 내가 이런 사람이요라고 말하지는 않아요."

"묘지기 일에 만족하십니까?"

"만족하지요. 우선 일터가 집에서 가까워서 좋고, 사대보험에 들어 있어서 좋고, 무덤 자리 파면서 죽음이 가까이 있음을 알게 되어서 좋고, 유골함 자리를 파면서 우상처럼 소중히 여긴 육신이 한 줌의 먼지로 돌아간다는 사실을 깨닫게 되어서 좋고, 직장에서 일하며 신앙 생활하는 분들의 심정을 이해할 수 있어서 좋고, 자녀들의 교육비를 댈 수 있어서 좋고, 목회를 계속할 수 있어서 좋으니 감사하지요."

묘지기가 되어 교회를 섬기며 자녀 교육을 시킬 수 있음에 행복해 하시는 목사님의 우측 무명지의 손톱이 새까맣게 죽어 있었고 손가락이 우둘투둘해 보였다.

"손가락을 망치로 때렸나요? 왜 손톱이 죽었어요?"

"무덤 작업 중에 덮개 돌판이 떨어져서요."

"엄청 크게 다치셨네요."

목사님은 꿰맨 자국이 선명한 손가락을 보여주면서 살이 찢어져서 너덜거렸는데 수술이 잘 되어서 회복되는 중이라며 아직도 통증이 심해서 작업이 어렵다고 하셨다.

사람이나, 인간관계나, 시대나, 열악한 환경을 탓하지 않고 자기에게 주어진 모든 것들을 기쁨으로 받아들이는 목사님의 마음은 돌을 떡덩이로 만들라는 사탄의 까불림을 벗어나 계셨다. 성전에서 뛰어 내리라는 유혹, 사탄에게 엎드려 절하라는 미혹도 넘어서 계셨다. 생명도, 목회도, 자녀도 다 은혜요, 은혜로 받은 것을 은혜로 섬길 뿐이라고 말씀하셨다.

만족하며 감사드리다가도 다시 불평하며 원망하는 광야의 이스라엘 백성처럼 사는 나에게 목사님은 불쏘시개가 되어 나를 사르셨다.

목사님은 공동체 생활을 염원하여 목회를 접고 온 가족이 영국의 수도 공동체에 가서 몇 개월 동안 생활하셨고 2년여 동안 영국에서 몸으로 하는 모든 바닥 일을 다 경험하셨다고 하셨다.

그럼 그렇지! 그냥 쉽게 저절로 행복한 막일꾼이 될 수 있는 것은 아니지! 결코 아니지!

목사님은 예수 그리스도를 삶으로 살아내고 싶은 열망으로 수도공동체를 열망하셨고 2년 여 준비 끝에 목회를 내려놓고 수도공동체를 향해 떠나셨다. 그러나 공동체의 일원이 되는 수행의 과정에서 탈락하여서 영국이라는 광야의 고난을 처절하게 맛 보셨다. 하루하루 사는 것이 숨이 가쁜 상황과 밑바닥에서 하늘을 보았고, 쓰레기 더미를 치우는 바닥에서 성육신하신 하나님을 만났고, 그 바닥에서 애굽 노예들의 신음 소리를 들었고, 해방시키시는 하나님의 은총을 체험하였다고 하셨다. 그리고 살아 있음의 감격으로 오늘까지 권력과 물질이 요동치며 부글거리는 세상 한 복판에서 은혜로 감사와 기쁨으로 살고 계신다고 하셨다.

예수님께서 몸으로 복음을 선포하시고 몸으로 완성하셨듯이, 온몸으로 목회하시는 목사님 앞에서 옷깃이 여며졌다. 아주 작은 시골교회 목회를 계속하기 위해서 세상이 비천하게 여기는 노동을 택하시고 그 노동으로 신앙을 고백하며 양떼들을 사랑하며 꽃처럼 웃으시는 목사님이 성자가 아니면 누가 성자란 말인가!

그 곳에 다녀 온 후, 틈만 나면 나의 마음이 그곳으로 달려간다.
조요한 숲에서 평화의 바람이 불어온다.
묘지기 목자가 있는 숲에서 흐릿한 머릿속이 맑아진다.

기후재앙, 요셉 그리고 제국

개성공단에 있는 '남북연락사무소'가 폭파되었다는 소식을 들으며 글을 쓰고 있다.

코로나19로 지구촌이 발칵 뒤집혔다. 대부분의 나라들이 "셧다운"으로 경제가 무너지며 실업자가 된 빈민들의 신음소리가 하늘에 사무치고 있다. 나라들마다 천문학적인 재난 지원금을 풀고 있으며 한국 또한 그 대열에서 예외가 아니었다.

공돈을 싫어하지 않지만, 국민생활 안정과 침체된 경제 회복을 지원하기 위한 방편으로 정부가 전 국민에게 지급하는 재난 지원금을 받은 기분이 별로 유쾌하지 않다. 경기 부양의 일환으로 소비를 진작시키기 위한 것이라고 하지만 깊은 고뇌와 통찰 없이 우선 민심을 진작시키기 위한 정치인들의 선심성 지원이라는 느낌을 지울 수가 없다. 정치인들이 마치 밑바닥 사람들의 생계불안과 고통에 공감하며 자신들의 주머니에서 돈을 꺼내어 주듯이 서둘러 추경안을 통과시켰지만 그 돈은 그들의 개인적인 돈이 아니고 미래 세대가 짊어져야할 빚이며, 세금이라는 사실과 그 돈을 받아야할 사람이 국민 모두가 아니라는 사실 때문이다.

누구보다 긴급하게 재난 지원금을 수혈 받아야 하는 대상은 기초생활 수급자나 차상위계층보다 코로나19 방역을 위하여 "사회적 거리두기" 결과로 직업을 잃은 사람들과 그로 말미암아 개점휴업 상태에 들어가서 머지않아 폐업에 이르게 되는 영세 자영업자들과 소상공인들과 관련업자들 그리고 각종 시설농업으로 생계를 도모하는 농부들로 보인다. 가장 크게 피해를 본 업계와 업자들부터 집중적으로 지원내지는 대출 완화로 새로운 활로를 모색하도록 돕는 것이 경기 침체를 막는 기초 작업이 아닌가 싶다.

코로나19가 가져온 경제 붕괴와 위기 극복을 위한 시험성 프로젝트가 여러 나라에서 동시에 진행되고 있다. 과연 몇 나라가 시험대를 잘 통과해서 건강한 경제를 회복할 것인지 흥미진진하다. 빠르면 1년, 늦어도 4년이면 그 결과가 나올 것이다.

모든 나라가 생태 정의, 복지 정의, 평화 정의를 이루는 면제년의 경제, 희년의 경제를 이루어 내길 바라마지 않는다.

코로나19 때문에 성서에 언급된 기후와 전염병 재앙에 대한 묵상을 하지 않을 수가 없었다. 창세기와 신명기의 질병과 기후 재난에 대한 말씀을 따라 묵상의 시간을 가졌다.

"여호와께서 네 몸에 염병이 들게 하사 네가 들어가 차지할 땅에서 마침내 너를 멸하실 것이며 여호와께서 폐병과 열병과 염증과 학질과 한재와 풍재와 썩는 재앙으로 너를 치시리니 이 재앙들이 너를 따라서 너를 진멸하게 할 것이라 네 머리 위의 하늘은 놋이 되고 네 아래의 땅은 철이 될 것이며 여호와께서 비 대신에 티끌과 모래를 네 땅에 내리시리니 그것들이 하늘에서 네 위에 내려 마침내 너를 멸하리라"(신명기 28 : 21～24)

모세는 신명기에서 창조주 하나님께 불순종하면 그 결과가 각종 질병과 염병의 재앙 그리고 기후 재앙으로 나타날 것이라고 천명한다. 그는 불순종이 사람 뿐 만아니라 피조물인 자연, 기후까지 병들게 하며 온 세상을 함께 고통과 멸망에 이르게 한다고 가르치고 있다.

전염병에 관하여, 신명기 사가는 다윗왕이 불순한 마음으로 인구조사를 한 일로 인하여 단에서부터 브엘세바에 이르기 까지 칠만 명의 사람들이 하루아침에 전염병으로 떼죽음을 당하였다고 보도한다.

기후와 자연 재앙에 대한 기록은 창세기에 단연 많다. 소돔과 고모라 사건, 대홍수 사건, 애굽의 칠년 흉년의 사건 등등, 창세기는 불순종의 죄악으로 일어나는 자연과 기후 재앙에 대한 흥미로운 기록을 담고 있다. 대부분의 재난은 사람들이 흥청거리는 상황에서 정신을 차릴 겨를도 없이 일어났으며 소수의 사람만이 구원을 받았다. 그러나 애굽의 7년 흉년은 예고된 재앙으로서 대책이 미리 마련되었으며 결과적으로 많은 생명이 구원을 받았다는 점에서 여타의 재앙과 다르다. 그런 의미에서 신학자들이 요셉을 예수의 그림자로 보는 것이고 크리스천들은 하나님의 구원 스토리인 요셉이야기에 열광하는 것이다.

요셉이 시대를 불문하고 모든 크리스천들에게 어필하는 것은 청소년기에 고난으로 점철된 역경을 이겨내고 애굽의 제2의 권력자가 되어 만인 구원과 동시에 자신의 꿈을 이루어냈기 때문이다. 그러므로 세상의 크리스천치고 하나님에게도 인정받고 세상에도 인정받은 요셉처럼 쓰임 받는 위대한 신앙인이 되는 것을 원하지 않는 사람은 한 명도 없을 것이다. 대부분의 크리스천들이 너나할 것 없이 창세기 50장에 나오는 요셉의 신앙고백에 감동을 받으며 하나님께서 요셉을 통하여 큰 영광을 받으셨다고 믿어 의심치 않는다.

"요셉이 그들에게 이르되 두려워하지 마소서 내가 하나님을 대신하리이까 당신들은 나를 해하려 하였으나 하나님은 그것을 선으로 바꾸사 오늘과 같이 많은 백성의 생명을 구원하게 하시려 하셨나니 당신들은 두려워하지 마소서 내가 당신들과 당신들의 자녀를 기르리이다 하고 간곡한 말로 위로 하였더라"(창세기 50:19~21)

자신을 구덩이에 던져 넣고 후에 미디안 상인에게 팔아버린 형들이, 자신 앞에 와서 엎드려 "우리는 당신의 종들이니이다"라고 말하며 생명을 구걸하는 형들에게 요셉은 하나님이 아니면 할 수 없는 자비와 관용을 보여주었다. 그로써 형들은 40여 년 동안 짊어진 죄의 고통과 불안에서 벗어났으며 요셉의 꿈은 형제들 앞에서 숨 막힐 정도로 완벽하고 감동스럽게 완성되었다. 우리는 형제들을 용서하는 요셉에게서 성숙한 인간을 만나는 환희와 감동으로 가슴이 벅차게 된다. 그리고 우리 자신도 그처럼 성숙한 신앙인이 되길 간절히 염원하게 된다. 참으로 크리스천은 기후 재앙을 극복한 신앙의 영웅, 요셉에 사로잡히지 않을 수 없다.

그러나 금번 묵상에서 만난 요셉은 이전의 요셉과 다른 모습으로 다가왔다.

코로나19를 세계보건기구가 세계적인 팬데믹(pandemic)으로 규정하고 이를 극복하기 위한 각국 정부의 노력과 국제적인 연대, 의학계의 필사적인 연구와 실험 등이 진행되는 상황을 직시하면서, 정치인들이 코로나19를 이용해서 자기들에게 유익하도록 언론플레이를 하는 것을 보면서, 병으로 죽는 사람보다 실업으로 인한 자살이나 굶주림으로 죽는 사람이 더 많은 소식을 들으면서, 코로나19로 무역전쟁을 일으키는 나라들을 보면서, 주식시장의 붕괴와 주가상승 소식을 들으면서, 특별한 정치인들을 코로나19 극복의 주인공으로 만드는 언론들의 선별적이고 과장된 보도를 보면서, 코로나19 위기 속에서도 여전히 살아온 자기 삶의 관성대로 움직이는 사람들과 사회 문화의 행태를 보면서 묵상한 요셉의 이야기는 예전과 전혀 다른 요셉의 면모를 보게 해주었다.

요셉에 대한 백팔십도 다른 인식은 "하나님은 그것을 선으로 바꾸사 오늘과 같이 많은 백성의 생명을 구원하게 하시려 하셨나니"라는 고백을 의심하게 만들었다. 전에는 요셉의 고백이 하나님의 마음과 뜻을 그대로 드러낸다고 생각하였는데 금번 묵상에서는 요셉의 발언이 하나님의 생각이 아니고 요셉 자신의 과대망상적인 착각에 불과하다는 생각이 들었다.

그가 합리적인 정책을 입안해서 풍년에 곡식을 비축하여 흉년에 곡식을 팔아서 기근에 시달리는 백성들의 생명을 부지시킨 공이 있는 것은 부인할 수 없는 사실이다. 그러나 풍년에 요셉에게 곡식을 팔았던 애굽 백성들이 흉년에 곡식을 사기 위해서 그에게 애원해야 하였고 마지막에는 양식을 사기 위하여 자신들의 몸과 토지마저 팔아야 했다는 점에서 요셉의 기후재앙 준비 프로젝트에는 하나님의 정의와 공의, 인자와 성실, 긍휼이 전혀 나타나지 않는다. 요셉에게는 고난당하는 애굽의 백성들에 대한 일말의 자비심이나 동정심이 없었고 끝까지 사무적이고 기계적으로 독점 판매를 통해서 집요하게 최대 이익을 추구하는 악덕 관리의 바로를 향한 충성만이 나타날 뿐이다. 십여 년 사이에 요셉의 두 얼굴을 본 애굽인들이 탐욕스런 바로의 앞잡이 요셉을 진실로 자신들의 생명을 구해준 구세주라고 고백했을 리가 만무하다. 마찬가지로 정의와 인자, 고아와 과부의 하나님, 가난한 자와 나그네의 하나님께서 자기 지위와 성공을 위하여 바로에게 우직하게 충성을 바치는 불의한 요셉의 행위를 기뻐하셨을 리가 없다.

요셉을 기후재앙과 구원 스토리의 핵심 인물로 볼 때, 바로가 꿈에 본 살진 일곱 암소와 비쩍 마른 일곱 암소, 충실한 이삭 일곱 개와 마른 이삭 일곱 개에 대한 그의 해석은 풍년 칠년과 흉년 칠년에 대한 상징으로 하나님께로부터 온 지혜, 통찰, 영감이요, 뛰어난 전문 지식이었음이 분명하다. 그가 만약에 하나님의 은혜로 받은 영감과 지식을 하나님 뜻에 맞게 사용하고자 하였으면 모든 백성으로 하여금 풍년 기간에 곡식을 저장하여 흉년을 대비하도록 하는 최선의 정책을 제안하였을 것이다. 그러나 그는 바로와 자기는 흉년 프로젝트의 최대 수혜자이자 영웅이 되고 백성들은 겨우 목숨만 건사하게 되는 차선과 차악의 정책을 제안하였다. 그는 풍년과 흉년에 대한 통찰과 지식을 주신 하나님의 정의와 인자, 성실과 긍휼 등 고아와 과부, 나그네와 가난한 자를 사랑하시는 하나님의 속성을 완전히 무시하였다. 요셉이 바로에게 제시한 정책은 하나님으로부터 받은 미래의 문제를 선방할 수 있는 신의 한 수가 아니었고, 태양제국의 권

147

력자 바로가 원하는 독점과 독재를 위한 우상화작업이었다.

요셉의 해석과 통찰은 실로 탁월하였다. 바로와 신하들은 그의 통찰과 지식에 경악하였고 그 통찰이 하나님으로부터 왔다고 확신하며 그를 전격 기용하였다. 그의 흉년 준비 프로젝트는 바로와 그의 제국을 위한 것으로 감독관을 둘 것, 일곱 해 풍년에 오분의 일을 거둘 것, 모든 곡물은 바로의 것으로 할 것, 밭의 곡물을 각 성읍에 쌓아 둘 것이었다. 이러한 요셉의 정책은 하나님의 자비로 사람들을 불쌍히 여기며 구원하는 일에 초점이 맞추어지지 않았고 세금 거두는 일, 매점매석과 독점을 통한 바로의 절대 권력 강화에 목적을 두었다.

요셉은 흉년 구제 1단계에서 기아에 시달리는 백성들에게 곡식을 팔아 애굽 땅과 가나안 땅에 있는 돈을 모두 거두어 바로의 무한 탐욕적인 축재를 실현시켰다.

2단계에서 요셉은 백성들의 말, 양떼, 소떼와 나귀 등 모든 가축을 받고 양식을 팔았다. 사람들의 자립의 밑천인 짐승을 전부 몰아서 바로에게 귀속시켰다.

3단계에서 요셉은 "우리 몸과 우리 토지를 먹을 것을 주고 사소서 우리가 토지와 함께 바로의 종이 되리니"라는 백성의 절규를 듣고도 고통이나 아픔을 전혀 느끼지 아니하였으며 목석처럼 사무적으로 토지를 다 사서 바로에게 바치는 충성을 발휘하였다.

4단계에서 요셉은 애굽 땅의 백성을 땅 끝에서 땅 끝으로 대량 이주시켜 바로의 농장에 배치하였으며 모든 사람들을 노예상태로 전락시켰다.

5단계에서 요셉은 노예가 된 백성에게 바로의 토지를 경작하여 오분의 일을 바로에게 토지세로 바치게 만들었다. 그는 7년 흉년 구호책으로 완벽하게 정치와 경제, 문화와 종교, 언론을 통제하는 거대한 제국을 만들어 바로 앞에 바쳤다. 제국은 바로 1인과 그를 떠받드는 엘리트관리 계급 그리고 우상을 예배하는 제사장 계급이 휘두르는 거대한 폭력과 독점으로 인한 불평등과 비인간화, 억압과 학대, 빈곤이 일상화된 곳이다.

칠 년 흉년이 끝났지만 백성들은 제국의 노예로 전락한 자신들의 비참한 처지를 한탄할 겨를도 없이 바로의 영지에 농사를 지을 수 있도록 인가 받은 사실에 감지덕지하며 요셉 앞에 무릎을 꿇는다. 백성들은 요셉 앞에서 "주께서 우리를 살리셨사오니 우리가 주께 은혜를 입고 바로의 종이 되겠나이다."(창세기 47장 25절) 라고 피를 토한다. 한국어 개역개정판은 "주"라고 번역하였지만 NIV는 "주"가 아닌 "당신"으로 번역하고 있다. 백성들은 바로보다 자신들의 눈앞에서 바로의 권력의 대행하는 요셉을 더 두려워하고 있다. 실로 백성들에게 요셉은 기후재난 준비 프로젝트를 통하여 자신들의 토지를 강탈하고 자신들을 노예로 만든 거대한 음모를 진행시킨 전형적인 악의 집행자이다. 불행의 앞잡이며 절망의 구렁텅이로 몰아넣은 원수라고 할 수 있다. 그런데도 요셉은 그런 애굽 백성들의 마음을 곡해하여 자신이 "하나님의 뜻을 받들어서 많은 백성의 생명을 구원" 하는 일에 쓰임 받았다고 형제들에게 자랑스럽게 고백한다.

그러나 성서는 요셉의 기후재난 프로젝트를 통하여 하나님께서 영광을 받으셨다는 기록을 남기지 않았으며 그가 바로의 총리가 된 이후부터 "여호와께서 요셉과 함께 하신다"는 임마누엘의 기록은 더 이상 나오지 않는다. 이는 그가 총리가 된 후부터 하나님을 의지하기 보다는 자신의 지식, 지혜, 경험, 점술, 처세술을 의지했기 때문이며 바로의 권력에 편승하였기 때문이다. 흉년 준비 프로젝트 실시 이후부터 그는 하나님의 이름을 직접 부르지 않고 하나님의 이름을 불렀던 것을 기억하며 회상하는 방식이나 상대방의 하나님의 이름을 부르는 방식으로 부르고 있다. 그럼에도 불구하고 하나님께서 그를 버리지 아니 하신 것은 하나님의 인자요, 신비요, 무한한 섭리의 역사라고 하지 않을 수 없다.

그가 형들에게 권위와 존엄을 인정받고, 부모님마저도 그 앞에 무릎을 꿇게 된 사실로서 그의 꿈은 성취되었지만 그의 주장대로 "많은 백성의 생명을 구원" 하는 일에 쓰임 받았다는 그의 고백은 인정하기 어렵다. 그가 하나님의 영광을 위하려고 했다면, 진실로 많은 백성을 기근의 도탄에서 구하려고 했다면 풍년 7년과 흉년 7년 동안에 하나님의 정의와 공의, 자비와 긍휼을 드러냈어야 한다. 그러나 그는 하나님을 기억하지 않았으며 오직 바로의 무한 탐욕과 권력을 위하여 하나님의 구원의 경륜과 뜻을 은폐하기 위해서 언론을 통제하고 조작하는 일을 했으며 백성들을 우민화시켰다. 요셉은 하나님의 자비로 흉년 준비 프로젝트를 출발했지만 바로의 권력에 기생하여 하나님의 뜻을 거스르는 큰 과오를 범하였다.

첫 번째 그의 가장 큰 과오와 실책은 "7년의 풍년과 7년의 흉년"이

라는 하나님께로부터 온 지식, 영감, 통찰을 독점하고 소수의 권력자들에게만 공개한 것이다.

그런 그의 행위는 바로의 강제와 협박으로 인한 것이 아니었고 자의적이었으며 그의 권력에의 야망을 잘 드러내준다.

하나님께서 그에게 통찰과 지식, 예언을 주신 것은 만민에게 알려서 함께 재난을 대비하라는 하나님의 인애요, 구원에의 의지였다. 그러나 요셉은 하나님의 예언을 자신의 사회적 신분 상승의 기회로 사용하고자 권력자인 바로와 그의 신하에게만 비밀리에 공개하였다. 그는 신앙 양심으로다가 올 기후 재난을 만천하에 공개하여 모든 애굽인들과 함께 평화롭게 기후 재난을 극복하여 하나님께 영광 돌리게 될 기회를 외면하였던 것이다. 그는 프로젝트를 빌미로 바로의 충복이 되었으며, 총리로서 자신의 권력과 입지를 강화하였으며 결혼을 통하여 애굽의 종교와 문화에 젖어 들었다. 은잔으로 점을 치는 행위나 형제들과 따로 식탁을 차리는 행위, 아버지 야곱의 시신을 향료로 염하여 사십 일에 걸쳐서 미라로 만든 것은 그가 애굽화 되었음을 잘 보여준다.

두 번째 그의 과오와 실책은 흉년 프로젝트를 은폐하기 위한 언론 조작과 통제였다.

물론 성서는 그런 사실을 기술하고 있지 않지만 정황, 성서 행간이 그런 사실을 말해 준다. "7년의 풍년" 동안 그가 곡식을 대대적으로 거두어서 성읍 주변 창고에 쌓았는바, 쌓은 것이 바다 모래 같이 많았다고 하였다. 감독관을 두어서 7년 동안 양곡을 계속 거두며 모든 성읍에 대대적으로 양곡 보관창고를 건축하면서 흉년 프로젝트 비밀이 새지 않는다는 것은 불가능한 일이다. 조용했던 나라 안에서 갑작스럽게 양곡 매매가 성행하며 창고 건축 붐이 일어난 것은 누가 봐도 수상한 일이었다. 그러나 요셉은 의문을 품은 백성들이 프로젝트의 사실과 진실을 알아낼 수 없도록 감독관, 제사장 등을 이용해서 언론을 조작과 통제하였다. 어떤 식으로 조작했는지는 알 수가 없지만 그가 언론 플레이의 명수라는 것이 곳곳에 나온다.

그는 두 번째로 형들이 곡식을 사러 왔을 때 형들에게 자기 정체를 밝히고 서로 인사를 나눈 뒤에, 형제들이 애굽에 온 사실을 자신이 직접 바로에게 고하지 않았다. 그는 소문을 통해서 형제들 도착 소식이 바로의 궁에 전달되게 만들었다. 소문을 들은 바로는 일사천리로 형제들이 애굽에 와서 살도록 선처를 해주었다. 바로의 귀에 소문을 전달한 자들이야말로 요셉이 고용하여 언론 조작과 통제에 사용하는 가짜 뉴스 메이커들이었을 것이다.

그는 형제들이 가나안에 가서 아버지 야곱을 모시고 왔을 때, 이미 마음속으로 형제들의 거주지를 고센지역으로 작정하고 바로를 접견하기 위하여 형제들과 함께 예행연습을 하였다. 그리고 형제 중 5명을 선발해서 함께 바로를 만나서 그가 원했던 고센지역을 형제들의 거주지로 허락받아 냈을 뿐만 아니라 형제들이 왕의 가축까지 관리하는 특전을 받게 만들었다.

요셉은 아버지 야곱의 장례식 때에도 바로에게 직접 전달하지 않고 바로의 궁의 사람들에게

"내가 너희에게 은혜를 입었으면 원하건대 바로의 귀에 아뢰기를 우리

아버지가 나로 맹세하게 하여 이르되 내가 죽거든 가나안 땅에 내가 파놓은 묘실에 나를 장사하라 하였나니 나로 올라가서 아버지를 장사하게 하소서 내가 다시 오리이다"라고 바로에게 전달해 줄 것을 요청하였다.

흉년 프로젝트의 수혜자들인 바로의 궁의 사람들은 요셉의 입이 되어서 바로에게 전달하였고 바로는 즉시로 "그가 네게 시킨 맹세대로 올라가서 네 아버지를 장사하라"고 허락 하였다.

요셉은 상황과 사건에 따라 때로는 소문으로, 때로는 바로의 궁의 사람들을 이용해서, 때로는 본인이 직접 나서서 자기의 원하는 바를 성취해 내는 언론 장악과 통제의 명수였다.

세 번째 그의 과오와 실책은 흉년 프로젝트의 완벽한 성공을 위한 우민화 작업이었다.

'우리말샘'은 우민화정책을 "정치 지배 계급이 피지배 계급의 정치적 관심이나 비판력을 둔화시킴으로써 충성심을 조성하는 정책. 영리주의에 의한 퇴폐 문화의 지배, 도박 사업의 횡행, 민주 정치의 형식화, 왜곡화에 따른 대중의 정치적 무관심 등이 이에 해당한다."라고 설명하고 있다. 대부분의 우민화정책은 섹스, 스포츠. 스크린의 유흥문화를 육성하며 철저한 언론 통제 및 교육 하향평준화와 함께 이루어진다.

성서에는 우민화 작업에 대한 직접적인 언급은 하나도 없다. 그러나 깨어 있는 백성은 요셉의 흉년 프로젝트에 걸림돌 일 수 있고 백성들이 양곡을 매출하지 않으면 매점매석을 통한 독점 흉년 프로젝트가 실패로 돌아갈 수 있기 때문에 요셉과 바로의 궁의 사람들 즉 지배자들이 한 패거리가 되어 애굽 온 백성들이 양곡 매매와 저장에 관심을 갖지 않고 흥청거리며 살도록 우민화정책을 펼쳤다고 볼 수밖에 없다.

요셉이 비축한 양식을 애굽의 백성들뿐만 아니라 근동의 가나안 사람들에게 판매한 것으로 봐서 당시 풍년 7년 동안, 한 해에 생산된 양곡이 그 해와 흉년 한 해 이상을 커버할 수 있을 정도로 많았던 것으로 짐작할 수 있다. 그런데 백성들은 요셉과 감독관의 선동에 따라 여유 양식을 전혀 비축하지 않고 남김없이 팔았다. 백성들이 양곡을 판매한 수입으로 무슨 일을 했을까? 구체적인 유흥의 내용은 알 수가 없으나 그들이 유흥과 치장으로 돈과 시간을 탕진하였을 것이 분명하다.

창세기 41장 54절과 55절은 갑작스레 흉년과 기근을 맞이하여 혼란에 빠진 애굽 백성들의 모습을 잘 보여준다. 그들은 굶주림으로 말미암아 공황상태에 빠진 나머지 겁도 없이 감히 바로를 대면하여 양식을 청하였다. 흉년 프로젝트의 총수인 바로는 자신을 찾아온 백성에게 감정적으로 조금도 동함이 없이 요셉에게 가서 그가 하라는 대로 하라고 조언하였을 뿐이다.

철저하게 우민이 된 애굽의 백성은 기후재앙을 통한 요셉의 착취 프로젝트를 간파하지 못한 채 돈과 가축을 넘겨주었고, 마지막에는 가지고 있는 토지 문서와 자신들의 신체의 자유마저 요셉에게 넘겨주고 목숨만 겨우 부지해야 했다. 이는 우민화 정책에 속아 흥청거리며 안일하게 살았던 애굽인들이 처하게 된 비참한 현실이었다.

요셉의 세 가지 과오와 실책은 바로의 입장에서는 강력한 제국을 만드는 실로 위대한 기회였다. 그러나 그에 의해 돈, 가축, 토지를 다 빼앗기고 몸의 자유마저 박탈당하게 되는 애굽 백성에게는 불의하고 비열하고 악랄한 음모였다.

요셉은 흉년 프로젝트를 잘 수행한 공로로 그의 아버지 장례식을 위해 가나안으로 올라갈 때, 바로의 모든 신하와 바로 궁의 원로들과 애굽 땅의 모든 원로와 병거와 기병이 그를 수행하는 영광의 절정을 맛보았다.

우리에게 "많은 백성의 생명을 구원한" 하나님의 사람으로 알려진 요셉은 실로 정의와 공의, 인자와 긍휼과는 거리가 먼 바로의 사람이었다. 그는 하나님의 꿈이 아닌 자기 꿈에 집착하였고 기후재난의 기회를 이용하여 바로에 편승하여 꿈을 이루었지만 수많은 자유인을 노예로 만들었고 독점과 독재의 제국을 출현시키는 하수인이 되었다.

기후재난과 요셉 스토리는 코로나19로 공황상태에 빠진 세상에서 우리가 무엇을 선택해야 하는가를 분명하게 보여준다.

코로나 19로 무너진 경기 부양책을 세우는 세계 지도자 중에도 재난 극복을 통해서 바로처럼 장기집권의 아성을 쌓으려고 하는 자들도 있을 것이다. 요셉처럼 정의와 공의를 앞세우며 자기의 자리에서 먼저 접수한 정보를 이용하여 틈틈이 사익을 도모하는 전문가 그룹, 먹이 사슬로 연결된 제사장, 감독관, 바로의 신하들 같은 사람들도 있을 것이다.

성서는 부양책으로 고심하는 자들에게 생명을 택하라고 한다. 정의와 공의, 인자와 긍휼을 중심에 두라고 한다. 고아와 과부, 나그네. 가난한 자와 병든 자를 우선시 하라고 한다.

성서는 상층 지배구조를 형성한 자들이 자기들의 이해타산과 구미에 맞는 대로 코로나 경기부양책을 집행할 때 빈익빈, 부익부의 격차는 더욱 벌어질 것이며 패거리 조직과 문화는 낙인처럼 사회 한복판에 찍혀서 새로운 폭력문화, 제국의 문화가 탄생할 것이라고 경고한다.

　요셉 스토리는 자신의 꿈에 집착한 한 인간으로 말미암아 하나님의 뜻이 온전히 구현되지 못하고 왜곡되어 한 나라의 백성 전체가 노예로 전락하는 과정과 제국의 출현을 잘 보여준다. 뿐만 아니라 고센에 거주하며 바로의 가축을 치며 제국의 수혜자가 되었던 요셉의 후예들이 출애굽기에서 또 다른 바로의 폭정과 민족차별의 피해자가 되어 고난당하는 역설을 통하여 요셉 스토리의 주인공이 하나님임을 선포하고 있다.

토기장이와 진흙덩이

　남북 분단 이후로 지금처럼 한반도에서 평화를 염원하는 마음이 하나되어 폭발된 적이 없었다. 온 국민이 평화협정 열풍에 사로 잡혀 있다. 정치, 경제, 문화 사회, 언론, 종교 단체들이 앞을 다투어 평화를 외치고 있다. 또한 우리의 평화를 위한 호소가 세계 시민사회에 공명되고 있으며 여론을 환기시키고 있다.

　그러나 우리 한국의 평화협정을 반대하는 국내외 세력도 만만하지 않다. 전쟁이 있어야 이익을 보는 집단, 갈등과 긴장이 있어야 존재 가치가 높아지는 자들 그리고 평화협정이 타결될 경우 기득권을 상실할 뿐 만 아니라 설 자리를 잃게 되는 무리들이다. 그들은 개인적으로, 집단적으로, 국가적으로 그럴듯한 이유를 만들어 평화협정을 방해하고 있다. 문제는 소수인 그들이 각계각층에서 결정권을 행사할 수 있는 힘을 가지고 있다는 사실이다. 그럼에도 불구하고 한반도와 민족의 평화를 위한 다양한 집단의 다양한 노력들이 서로 협력하여 협정의 쾌거가 속히 이루어지길 간절히 바란다.

　우리의 평화에 대한 갈망이 부풀대로 부풀어서 만약에 주변 강대국들의 이해타산과 정치적 농단으로 평화협정이 무산되거나 무기한 지연되게 되면 전 국민이 세월호 때 보다 더 심한 우울증과 절망, 분노에 빠지게 될 것 같다. 그리고 온 사회가 패배의식과 무력감으로 한동안 정체될 것 같은 생각이 든다. 두 번 다시 끔찍한 역사의 반동이 오지 않도록 깨어 기도하며 평화협정을 위한 일에 작은 힘을 더 하고자하는 바이다. 역사의 주관자이신 하나님의 섭리의 손길이 어디로 향하고 있는지! 토기장이 이신 하나님의 침묵이 무엇을 계시하는지!

휴전 후에 태어난 세대로서, 급변하는 시대를 지난하게 살아온 자로서 지금도 역사의 주관자, 주체가 누구인가에 대한 고민과 고뇌를 하며 때때로 상심한다. 강대국의 폭력과 전쟁으로 얼룩진 근현대사를 보며 인류 역사의 주관자가 하나님인가, 인간인가에 대한 고민을 하며 하나님께 묻지 않을 수 없다.

하나님이 우주만물의 창조주이심과 심판주 이심을 의심할 나위 없이 믿는다. 그러나 역사의 주관자라는 고백을 하면서도 때로는 세계 역사에 가득한 전쟁과 폭력, 세상에 만연한 불의와 악의 현존 때문에 마음이 심히 불편하다. 만약에 하나님을 역사의 주관자라고 고백하면 세계 역사에 일어난 모든 불의와 악들, 전쟁과 살인, 약탈과 파괴 등이 그 분의 예정과 섭리 가운데, 묵인과 허락 하에서 일어난 일이므로 그분에게 궁극적인 책임을 물어야 한다. 너무 혼란스럽다. 창조의 전 과정에서 아름답다고 감탄하신 하나님의 경륜이 피의 전쟁으로 얼룩진 인류사를 주관하셨다고 하면 그 모순과 괴리가 너무 크다. 그러나 나 같은 일개 피조물이 무엇을 알리요 하면서 겸손히 하나님을 역사의 주관자라고 고백한다 해도 강대국의 폭력과 학대로 죽어간 수많은 아시아 아프리카인들을 대신하여 침묵하시는 하나님과 시시비비를 가리고 싶은 심정이다.

나도 언젠가는 이사야처럼 "그릇 조각 중 한 조각 같은 자가 자기를 지으신 이와 더불어 다툴진대 화 있을진저 진흙이 토기장이에게 너는 무엇을 만드느냐 또는 네가 만든 것이 그는 손이 없다 말할 수 있겠느냐"라고 확신에 찬 고백을 할 수 있는 날이 속히 오길 바란다.

그렇다고 인간이 역사의 주관자라고 생각하면 참으로 암담하다.

인간이 지구상에서 민족과 국가를 형성해서 함께 살아가고 있다는 점에서 보면 인간이 당연히 역사의 주관자다. 세상의 길흉화복, 흥망성쇠, 정치경제적 대사건을 힘을 가진 소수의 무리가 장악하고, 주장하고 있음이 사실이다. 약육강식과 적자생존을 진리로 신봉하는 제국주의 무리들, 강한 자, 강한 군대, 강한 권력이 역사를 이끌어 가면서 전쟁, 음모, 술수, 야합으로 약소국의 운명을 결정하며, 이웃 나라와 민족을 멸망시키거나 유지시키는 것을 멋대로 한다. 약소국이 자주, 자립, 자생하지 못하도록 방해하며 자기들 중심으로 세계의 정치와 경제의 판을 짠다. 대부분의 사람들이 힘 있는 자들의 소리와 선전에 세뇌되어 그들을 역사의 주인공으로 인정하며 그렇게 기록한다. 강자와 강대국이 역사를 주도하는 것은 당연하다고. 약소국은 그들의 보살핌과 그들의 혜택으로 산다고.

현재 눈앞에서 펼쳐지고 있는 우리 평화 협정의 문제만 보아도 우리 국민들 대부분이 열쇠를 쥐고 있는 강대국의 권력자를 역사의 주관자라고 생각할 수밖에 없다.

그러나 인간이 역사의 주도권을 가지고 역사를 주도하는 것 같지만 영원한 나라가 없고 나라들마다 흥망성쇠가 있었으며 고금의 모든 나라들의 흥망이 꼭 전쟁에 기인된 것만은 아니었다. 성서는 하나님의 손이 개입해서 약소국과 약자들, 자연과 기후, 우주만물을 재창조하며 보전해 가심을 보여주고 있다.

문제는 "하나님의 침묵"이다. 강포한 나라들의 폭력에 대한 하나님의 침묵은 하나님의 부재처럼 보이고, 느껴지므로 사람들은 계속해서 강자의 신화를 만들며 하나님이 없다고 말한다. 연약한 인간이 허구의 신, 하나님을 만들어 냈을 뿐이라고 주장한다.

근대 이백 여 년 동안, 서구 백인들과 그 교회들은 하나님의 침묵을 오용하여 자신들의 전쟁과 약탈을 선으로 가장하며 오만방자했으나 결국에는 수천만의 생명을 죽음으로 몰아넣으며 스스로 몰락에 이르렀다.

아무리 인간이 하늘을 찌르는 기세로 욱일승천한다 해도 인간은 한낱 인간, 피조물에 불과할 뿐이다.

국가와 세계사, 인류의 차원에서의 "하나님의 침묵"에 대해서는 내 작은 머리로 알 수도 없고, 헤아릴 수도 없어서 악과 폭력의 승리에 대하여 자주 하나님께 이의 제기를 하며 변론을 요청한다. 지금도 한반도의 평화 문제를 주님께 아뢰며 고통과 불안을 토로하며 씨름하고 있다. 그러나 나의 개인사에 대한 하나님의 침묵에 대해서는 깊이 묵상하며 많은 깨달음을 얻었다.

인도의 법을 어기며 선교했다는 죄목으로 인도에서 나온 이후로 지난 4년 동안 고통, 고독, 고뇌에 빠져서 종종 흐느껴 울었다. 나의 울음은 하나님의 침묵 때문에 더욱 서러웠다. 사람들은 휴식하라는 하나님의 강권, 인도를 떠나서 새로운 장으로 가라는 하나님의 계시, 영적 교만과 죄를 회개하라는 등의 뜻으로 해석하면서 나에게 크고 작은 상처와 위로를 주었다. 그러나 나는 어떤 위로와 권면도 받아들이고 싶지 않았고 어떤 해석도 용납할 수 없었다. 하나님의 음성을 직접 듣고 싶어서 맞장을 뜨는 심정으로 억울함을 호소하며 고통과 불안을 토로하였다.

세상사람 모두가 나를 지지하여도 하나님이 외면하면 아무것도 아니요, 세상 모든 사람들이 나를 외면해도 하나님 한 분이 붙잡아 주시면 흔들림 없이 가겠다는 기개와 믿음으로 살아온 일꾼이 상처로 피를 줄줄 흘리는데도 주인 되신 하나님께서 입을 일체 열지 않으셨다. 나는 하나님의 침묵으로 말미암아 영적 고독과 우울증에 빠지지 않을 수 없었다.

한국에서 일자리를 접고 인도로 떠날 때, 북인도에서 남인도로 갈 때, 첸나이에서 라열라시마 데칸고원으로 갈 때, 희망발전소 건축을 시작할 때, 바이따뻬따 교회와 어린이 집을 시작할 때 꿈과 말씀, 환상과 계시로 자상하고 섬세하게 말씀을 주신 하나님께서 인도 국경 밖으로 내동댕이 처진 나에게 가타부타 말이 없다는 사실이 무엇보다 큰 충격이었다. 절정의 순간에서 일손을 놓고 쫓겨난 종의 아픔과 슬픔을 전혀 배려하지 않는 주인이신 하나님의 무관심과 침묵이 나를 고뇌하게 만들었다.

실컷 부려먹고 쓸모가 없어지니 버린 것인가? 어느 사람의 말처럼 회개를 요구하시는가? 어느 사람의 조언대로 새로운 일자리를 준비하라는 것인가? 인사도 하지 못하고 두고 온 아이들과 센터의 사역들을 어쩌라는 것인가? 계속하라는 것인가? 아니면 무엇이 마음에 들지 않기에 치욕과 조소를 당하게 하시는가? 형벌과 심판인가? 재앙인가? 아니면 축복이자 새 출발인가?

하나님의 침묵은 동일하건만 그날그날 나의 기분과 컨디션에 따라 사건이 다르게 보이고 해석이 극에서 극으로 치달았다. 나로서는 영적 갈등과 위기를 극복할 수 있는 새로운 길과 특별한 방법이 없었으므로 성서에 몰입하며 하나님의 음성을 듣기를 희망하였다. 사도행전 8장 1절을 읽으면서 눈이 조금 열렸다.

"그 날에 예루살렘에 있는 교회에 큰 박해가 있어 사도 외에는 다 유대와 사마리아와 모든 땅으로 흩어지니라 경건한 사람들이 스데반을 장사하고 위하여 크게 울더라 사울이 교회를 잔멸할 새 각 집에 들어가 남녀를 끌어다가 옥에 넘기니라 그 흩어진 사람들이 두루 다니며 복음의 말씀을 전할 새 빌립이 사마리아 성에 내려가 그리스도를 백성에게 전파하니 무리가 빌립의 말도 듣고 행하는 표적도 보고 한마음으로 그가 말하는 말을 따르더라 "

사도행전의 말씀은 내가 겪고 있는 불의하고 부당한 고난과 시련의 원인과 이유를 설명해주지는 않았지만 내가 어떻게 고난과 시련을 이겨야 하는가를 잘 보여주었다.

초대 예루살렘교회 교인들은 자신들이 위기와 시련에 절망하거나 낙심하지 않고 창조적으로 반응하였다. 중요한 것은 박해에 대한 그들의 독창적, 긍정적, 영적 반응이다. 그들은 과거의 유대교로 돌아가지 않았고, 기독 신앙도 버리지 않았다. 그들은 크리스천으로 살기 위하여 일터와 집을 버리고 유대와 사마리아와 모든 땅으로 흩어지는 것을 선택하였다. 그들은 핍박을 피해 그냥 마구 도망친 것이 아니고 그런 외중에도 두루 다니며 복음을 전하였다. 그들의 미래지향적인 해체와 선택은 박해의 시기를 복음전파의 천재일우의 기회로 만들었고 기독교 새 역사의 위대한 장을 열었다.

그들은 박해라는 폭력과 악의 문제를 사색하며 좌절하지 않았다. 하나님을 의심하며 신앙적이고 신학적인 시시비비를 가리는 함정에 빠지지도 않았으며 끝내는 바울까지도 개종시키는 기적을 이루어냈다.

말씀을 묵상하며 시대와 상황을 뛰어 넘은 초대교회 신앙의 대선배들을 통하여 큰 위로를 받았다. 하나님께 이의를 제기하며 질문하기를 멈추고 대신에 선교현장에 대한 몇 가지 주문을 하였다. 그리고 덧붙여서 만약에 응답해주시면 주님께서 저를 계속 써주신 다는 뜻으로 알고 여생을 온전히 드리겠고 그렇지 않으면 현장을 접고 쉬라는 뜻으로 알겠노라고 말씀을 드렸다.

절박한 심정으로 아뢴 주문은 건축 후원금이 이미 전달된 몇 개의 달리트교회의 건축이 순조롭게 완성되어 제 때에 봉헌되도록 축복해주시라는 것, 세 개의 고아원 운영비를 매달매달 차질 없이 공급해 주시라는 것, 첸나이에 있는 희망발전소와 데칸고원 소읍 난달에 위치한 희망공동체에 필요한 인적자원과 물적 자원을 책임져주시라는 것 그리고 기타 나의 필요에 관한 것이었다.

대부분의 기도가 거짓말처럼 신기하게 그대로 응답이 되었다. 선교사가 현장에서 직접 섬기지 못함에도 불구하고 4년 동안 현장의 일이 중단되지 않고 계속된 것이다. 나는 하나님께 아뢰었기 때문에 진행하고 있던 사역을 하나도 포기하지 않았을 뿐만 아니라 오히려 확장하는 무리수를 두었다. 그러나 현장을 떠나 있는 내가 인도 사역을 위해서 할 수 있는 것은 오직 기도와 후원금 모금뿐이었다. 사역 현장에 있지 않다는 이유로 억울한 소리도 듣고 일반 교회들의 선교에 대한 무관심과 불신 때문에 냉대도 받았지만 성령님께서 동행을 하셔서 많은 기적을 일으켜 주셨다. 현상 유지를 넘어서 새로운 사역을 진행할 수 있도록 축복해주셨고 인도에서 일어나는 홍수와 기타 구제, 네팔의 지진 구제 등에 긴급대응 할 수 있는 능력과 힘을 주셨다.

나의 요청에 대한 하나님의 응답은 차고 넘치도록 풍성하였고 섬세하였으며 아름다웠고 신비로웠다.

그러나 사람이란 격렬한 감동과 은혜의 시간, 하늘의 평화와 환희의 시간은 쉽게 잊어버리고 고통과 불편, 공포와 불안에 직면하면 마구 아우성치는 그런 존재다. 나 또한 그 범주를 벗어나지 못해서 광야의 이스라엘 백성처럼 감사와 찬양, 불평과 이의 제기를 번복하였다. 그러나 신실하신 하나님은 꾸짖지 아니하시고 치열한 나의 묵상과 기도, 질문에 구체적인 응답을 주시기 시작하셨다.

지난 9월 5일에 첸나이 희망발전소 건물을 마드라스크리스천칼리지에 기증하였고 10월 17일에는 희망발전소가 MCC-한신호프센터로 개원하는 기념식이 있었다. 등기 이전으로 기증이 끝나고 개원식이 있기까지 한 달 반 동안 만감이 교차하면서 시도 때도 없이 눈물이 쏟아졌다.

희망발전소가 세워지기까지 칠년의 과정과 세워진 후 팔년의 과정이 주마등처럼 지나갔다.

작년 유월에 억장이 무너지는 사건이 발생하였다. 후임으로 가신 선생님이 비자를 받지 못해서 부득불 다른 곳으로 떠나게 된 것이었다. 국가

공권력 앞에서 그대로 당하기만 해야 하는 무력한 우리네 선교사들이 한없이 초라해 보였다. 어쩔 수 없는 상황에서 선생님이 떠나자 희망발전소는 순식간에 빈집이 되어 많은 문제들이 동시에 발생하였다. 관리인 부재로 말미암아 전기세가 몇 달이나 밀렸다는 고지를 받았을 때 가슴이 짜하게 아파왔다. 빈집이란 사실을 안 밤손님이 들어왔다가 이웃 사람의 기지로 달아났다는 소식이 들려왔다. 외국인등록사무처 직원이 찾아와서 건물을 다시 조사했으며 몇 사람의 이름을 운운했다는 소식도 들려왔다. 희망발전소가 요시찰 대상이 되었으므로 앞으로는 누가 와도 위험하다는 말이었다. 인도 밖에 있으면서 전기세, 물세, 전화세, 가옥세 등등을 제 때 납입하는 것도 여간 성가신 일이 아니었다. 그러나 무엇보다 한 때는 영광스럽게 빛나며 귀하게 쓰임 받던 건물이 이제 아무도 찾지 않는 인적이 끊긴 집이 되었다는 사실이 나를 우울하게 만들었다. 성도들의 귀한 헌금이 낭비되어지고 건축을 하며 바친 기도와 눈물이 무의미해지고 만민의 기도하는 집이 황폐해져서 세상의 놀림감이 되어가고 있다는 사실에 죄인의 심정이 되었다.

새로운 후임자를 찾을 능력도 없고, 사람을 찾아서 보낸들 건물 자체가 요시찰 대상이 되었으므로 사역이 불가능하다는 판단이 서자 넋이 빠졌다. 다시 쓴 뿌리가 올라와서 하나님 면전에서 불평을 쏟아내기 시작하였다.

제가 사용하지도 못할 건물을 힘들게 짓게 하시더니 한국에 나와 있어도 왜 이런 고생을 하게 하십니까?

새 후임자가 오더라도 제가 운영비를 계속 부담해야 하면 너무 힘듭니다. 저는 왜 떠나온 후에도 계속 운영을 책임져야 합니까?

달리트 지도자 훈련원으로 세워진 건물이 훈련은커녕 건물 관리조차 제대로 되지 않습니다. 언제까지 건물 때문에 힘들어야 합니까? 부디 저를 건물 관리로부터 자유롭게 해주십시오.

외국인등록관리사무처 직원들의 발걸음을 막아주시고 우리 건물이 인도정부의 감시대상에서 속히 벗어나게 해주십시오. 언제 다시 돌아가게 될지 모르지만 희망발전소 건물 문제를 짊어지고 살기에는 너무 힘듭니다. 부디 속히 해결해주십시오 라고 무시로 아뢰었다.

전혀 길이 보이지 않았는데 하나님께서 비전아시아와 MCC, 한신대를 통하여 물꼬를 터주셨다. 무엇보다 건물이 본래의 목적대로 사용될 수 있는 상황을 만들어 주셨고 그에 적합한 일꾼도 파송해 주셨다. 이로써 희망발전소를 위해 바친 기도가 다 응답이 되었다. 1년이 넘는 기간 동안 이를 위해서 함께 수고하며 물길을 만들어 준 모든 분들에게 깊은 감사를 드린다.

할렐루야!

인도의 외국인 관리담당사무처는 나를 조사하고 내보냈지만 하나님은 내가 인도에 들어갈 수 없는 고통스런 상황을 이용하여 여러 명의 일꾼을 선교 현장으로 파송하셨다. 뿐 만 아니라 나로 하여금 핍박으로 흩어진 초대교회 선배들처럼 동부 아프리카 여섯 개의 나라와 아시아 여러 나라들의 고난의 현장을 더 방문하게 하셨고 더 치열하게 기도하게 만드셨다.

하나님은 4년의 지난한 과정 속에서 나의 영적인 교만과 독선을 여실히 보여 주셨다. 자신이 의롭다는 교만, 누구보다도 선하다는 자신감, 순례자적인 삶을 산다는 자부심, 초월적인 삶에 대한 우월감, 십자가를 지고 사는 종의 삶을 주인이 당연히 지켜주고 보호해주어야 한다는 확신 등으로 병들어 있었다.

나는 마치 욥처럼 하나님께 내가 당하는 고통의 문제를 책임지고 해결하라고 탄원하였다.

나의 교만과 망상은 철저하게 순종하며 헌신적으로 살아온 종을 지켜주지 않으시는 주인을 비난하며 의심하기에 이르렀다. 의인을 핍박하는 인도정부를 가만히 버려두는 것도 불만이었다. 또한 한국교회 교우들에게 선교사를 싸잡아서 욕 얻어먹게 만드는 적당히 일하며 챙기며 놀면서 말만 그럴듯하게 하며 설레발치는 사람들을 선교사로 써주시는 하나님의 뜻도 이해가 되지 않았다.

나의 영적인 교만과 무지는 선교를 주관하시는 하나님께 충고를 하는 지경에 이르렀다. 겉으로는 한없이 겸허하며 자신을 만물의 찌꺼기처럼 낮추었지만 내 속 사람은 충성스런 종이란 미명으로 무례하고 방자해져 있었던 것이다. 4년 동안 나그네로 살며 다시 깨달은 가장 중요한 개념은 종에 대한 것이었다.

첫 번째 종은 하나님의 하나님에 의한 하나님을 위한 존재라는 것이다.

종은 주인과 주인의 일을 위해서 존재하며 주인의 즐거움에 참여하는 자로서 주인의 호의와 은혜를 힘입은 협력자다. 종은 달란트의 비유에 나오는 종들처럼 주인의 유익을 위하여 순간순간 최선을 다할 권리와 의무가 있으며 하나님 나라를 유업으로 받는다.

주인은 종이 일하는 데 필요한 모든 것을 공급하며 책임지시며 축복하신다. 주인은 충성된 종에게 상을 베푸시는 자이며 종의 충성스러운 헌신을 받으신다. 주인은 종을 사랑하되 끝까지 사랑하신다. 주인은 종을 통해서 영광을 받으며 자신의 뜻을 세상에 펼쳐 가신다.

종은 쓰임 받으면서 주인의 동산을 가꾸며 주인과 함께 동역하는 축복을 누린다. 세상살이에서 종이 받는 최고의 축복은 역설적이게도 십자가이다. 주인이 가장 사랑하며 신뢰하는 종에게 자신의 최고의 임무를 맡기시기 때문이다.

두 번째는 만물과 만사에 때가 있으며 예외자는 아무도 없다는 것이었다.

때가 있다는 사실을 모르는 사람이 없다. 그러나 사람들은 자기에게는 힘든 때는 없을 것이며 좋은 때만 있을 거라고 생각한다. 나 역시 마찬가지였다. 그렇기 때문에 나에게 닥쳐온 고난과 고통을 불의하고 부당하다고 하나님께 하소연하며 원수를 갚아달라고 간청했던 것이다. 그러나 때는 남녀노소 빈부귀천, 선인과 악인을 막론하고 누구에게나 공평하며 누구에게나 온다.

선한 일도 시작할 때와 끝날 때가 있다. 희생과 헌신도 뽑힐 때가 있고 심을 때가 있다. 사랑도 할 때가 있고 끝낼 때가 있다. 마찬가지로 선교도 시작할 때가 있고 멈추어야할 때가 있다. 사역도 열매를 맺을 때가 있고 뽑힐 때가 있다. 종도 십자가를 질 때가 있고 내려놓아야할 때가 있다. 고아도 보살필 때가 있고 멀리 내칠 때가 있다.

인간이 하는 일은 그 어떤 선한 일도 영원히 지속되지 않는다. 의로운 일도, 헌신도, 희생도, 사랑도, 봉사도, 수고도, 나눔도, 섬김도 영원히 계속되지 않는다. 자신이 하는 일이 하나님의 일이기 때문에 결코 중단되어서는 안 되며, 중단되지 않을 것이라는 신념은 좋으나 자기최면에 빠질 위험성이 있다. 지극히 위험하다. 인간의 일은 전후좌우 상황과 여러 조건의 지배를 받으며 때가 가고 온다. 그 속에서 생성, 성장, 사멸한다. 그리고 다시 새 일이 시작된다.

교만한 인간들은 아무리 범사에 기한이 있고 천하만사가 다 때가 있어도 자신은 예외적인 존재라고 생각한다. 그들은 독선과 교만으로 독재자가 되고, 폭군이 되고, 영웅이 되고, 우상이 되고, 거짓 신이 되어 세상에 재앙과 저주와 고통을 가져온다.

지혜로운 인간은 때를 알며 하나님과 세상과 역사 앞에서 물러설 줄 안다. 자신이 하나님의 형상으로 지음 받은 피조물이라는 사실을 겸허히 인정하고 때를 얻거나 못 얻거나, 때가 좋거나 나쁘거나 주님과 동행한다.

세 번째는 아무리 뛰어난 인간도 주님께서 손수 빚으신 진흙 그릇이라는 사실이다.

신적 권위든 정치적 권위든 간에 권위를 수상하게 여기며 싫어하는 현대인들에게 사람이 하나님의 손으로 빚어진 피조물이라고 말하면 곧바로 반격과 조롱을 받을 수 있다. 그러나 나는 하나님이 토기장이시며 사람은 진흙으로 그 손에서 빚어진 그릇이라고 믿는다. 그리고 토기장이가 진흙 한 덩이로 하나는 귀히 쓸 그릇을, 하나는 천히 쓸 그릇을 만들 권한이 있듯이 하나님도 사람을 그렇게 만드실 수 있다. 평등 세상을 추구하는 사람들은 귀하다 천하다는 말에 알레르기적인 반응을 하는데 성서가 말하는 귀하고 천하다는 것은 가치나 품질의 문제가 아니고 용도의 문제에 불과할 뿐이다. 권위가 인정되지 않는 시대의 흐름에 젖어서 나도 모르게 주님이 토기장이라는 사실과 귀한 그릇과 보통 그릇을 자신의 경륜으로 만드시는 분이란 사실을 잘 잊고 지낸다.

토기장이가 그릇을 빚는 것은 쓰기 위해서다. 그릇은 쓰임을 받는 존재일 뿐이다. 그릇이 잘 나서 스스로 하나님과 하나님의 나라를 위하여 수고하며 헌신하는 것이 아니다. 그릇이 자신의 능력, 지식, 지혜와 신념으로 일하는 것이 아니라 하나님께서 은혜로 써주시는 것이다. 은혜로 쓰임 받는 자는 겸손히 종이 할 일을 다 하였을 뿐입니다 라고 고백할 수 있을 뿐이다. 쓰임 받는 자는 공치사를 하지 않는다. 모든 것이 토기장이에게서 나와서 그에게로 돌아감을 알기 때문이다. 그러나 나는 감히 종으로서 주인에게 머리를 치받으며 수시로 공치사를 했다.

"제가 당신의 자녀들을 위하여 죽도록 수고했는데 쫓겨나는 수치를 당하게 하시다니요!"

"아니, 제가 어떤 일꾼인지 잘 아시면서도 저를 게으른 일꾼들과 같이 취급을 하시다니요!"

"당신께만 희망을 두고 사는 저를 사람들 속에서 거지가 되게 하시다니요!"

이렇듯 영적 교만과 피해의식과 공로의식에 찌들어 있는 나를 하나님께서 4년 세월에 걸쳐서 청소를 해주셨다.

할렐루야!

나의 생명을 빚으신 분, 일터로 초청해서 써주신 분, 나의 고통에 예민하게 반응하며 심신이 무너지지 않도록 지켜주신 분, 나의 수고가 헛되지 않도록 지금도 현장에 필요한 모든 것들을 공급해주시는 분, 주인의 음성을 듣고자 방황하며 헤매는 나를 회개와 성찰의 길로 인도해주신 분, 나의 의문과 시시비비를 다 들어주시되 야단을 치지 아니 하시는 분, 당신에 대한 나의 불만을 묵묵히 들어주시는 분께 더욱 충성하며 순종하기로 다짐한다. 남은 생명의 시간에도 그에 맞게 써주시라고 넙죽 엎드린다.

인도에 두고 온 일들과 아이들로 말미암아 눈물로 밥을 삼고 분노하며 탄식했던 시간들이 오히려 나의 영적인 교만과 무지를 회개하며 치유하는 길로 인도하여 주었다. 4년의 긴 방황이 끝났다. 모든 것이 합동해서 유익하고 협력해서 선을 이룸을 믿는다. 이제 주님께서 주시는 곳에 작은 둥지를 틀어야겠다.

인류 역사에 대한 그리고 한반도 평화문제에 대한 "하나님의 침묵"이 아프다. 인간이 감히 하나님의 침묵을 이해하고 깨닫기란 쉽지 않지만 호기심이 많은 순진무구한 아이처럼 문제를 하나님께 여쭙고 또 아뢰며 풀어야겠다.

희년법은 기득권 포기의 법이다

　한국에서 태어난 대가를 크게 치르면서 치열하게 학습한 것이 있다면 이념에 관한 것이다. 태어나서 의식을 가지고 살기 시작한 이래, 냉전의 공포와 절대 권력이 지배하는 사회에서 크리스천으로 살며 남북으로 대표되는 정치와 경제 체제와 이념의 틈바구니에서 분노와 좌절, 절망과 희망, 공감과 불신, 회의와 의심, 저항과 반발의 고통과 아픔을 수없이 겪었다.

　하나님 나라는 공산주의가 말하는 평등과 공유의 세상 그리고 자본주의가 말하는 복지 국가와 차원이 다르다.

　하나님 나라를 추구하며 때로는 공산주의의 공적 소유의 개념, 공동 사용과 분배 및 계급 없는 평등사회를 하나님 나라의 그림자로 생각하기도 하였고 때로는 자본주의 복지국가의 최저 임금제, 공교육의 활성화 및 저렴한 교육비, 의료보험 제도, 노인복지, 노동복지에 감탄하며 하나님의 나라가 이 땅에서 이루어지고 있는 듯한 착각에 빠지기도 하였다. 그러나 결과적으로 양쪽이 다 하나님 나라와 비슷하게 보일 뿐 하나님 나라가 아니라는 사실을 깨달았다. 과연 전자와 후자 속에 인간의 빈곤과 불평등을 극복하려는 신념과 열정, 의지가 있었지만 그것들의 결과는 하나님 나라와 거리가 멀었다.

하나님 나라의 일면이 프롤레타리아의 계급혁명을 통해서 공유와 평등세상을 지향하는 공산주의 사상과 국가의 적극적인 제재와 법을 통해서 빈부의 격차와 불평등을 해소하는 수정자본주의 이념 속에 들어있기 때문에 많은 사람들이 하나님 나라를 이상적인 공산주의 나라 또는 자본주의 국가에서 완성할 수 있을 것이라는 환상과 착각을 가지고 있다. 그러나 양대 진영 어느 쪽에서도 하나님의 나라는 이루어지지 않았고 이루어질 수도 없는 것이었다.

하나님의 나라는

"이르시되 때가 찼고 하나님의 나라가 가까이 왔으니 회개하고 복음을 믿으라 하시더라 (마가복음 1:15)

예수님께서 말씀하신 "하나님의 나라"는 총체적인 회개에서 온다. 무엇을 회개하는가? 가치가 전도된 삶의 모든 것을 회개하는 것이다. 삶의 우선순위에 대한 바른 인식을 하는 것이다. 인간의 피조 됨을 인식하는 것이다. 삶이 경쟁이 아니라 은혜이고 축복임을 아는 것이다. 인생이 부와 명예와 권력을 얻기 위한 과정이 아니라 하나님의 창조의 완성을 위함이라는 사실을 깨닫는 것이다. 총체적인 회개는 자기 부정과 초월, 자아로부터 해방과 거듭남을 동반한다.

우상중심에서 하나님 중심으로,

자기중심의 삶에서 공동체 중심으로,

인간중심의 삶에서 피조세계 중심으로,

물질중심의 가치관에서 생명 중심의 가치관으로,

권력중심의 가치관에서 섬김의 가치관으로,

명예중심의 가치관에서 봉사의 가치관으로

대대적인 변화와 거듭남이다.

회개 뒤에는 자발적이고 자율적인 공유, 나눔과 소통, 초아적인 봉사, 우주적인 식사가 뒤 따른다. 그리고 평화로운 교제와 대화, 살아있음의 기쁨과 찬양, 감사와 예배가 자연스런 삶의 일부가 된다. 실로 주께서 말씀하시는 하나님 나라의 핵심은 물질 분배와 평등의 문제가 아니라 하나님과의 동행, 진리에 대한 사랑과 생명에 대한 경외심, 서로 사랑하며 섬김이다.

하나님 나라에서는 아무도 기득권을 주장하지 않는다. 주장할 필요가 없다. 하나님께서 존재의 모든 필요를 채워주시기 때문이다. 은혜로 사는 인생들은 무한 경쟁과 탐욕, 불안과 공포로부터 해방되어 있으며 권리 주장이나 기득권 주장으로부터 자유롭다. 생명도 잠시 빌려 쓰는 것인데 자기 것이라고 주장할 것이 세상에 없음을 알기 때문이다.

인간의 역사는 "기득권" 지키려는 자와 빼앗으려는 자의 갈등과 싸움의 연속이라고 해도 과언이 아닐 것이다. 우상과 거짓 종교들은 기득권을 신의 자녀의 특권으로, 신의 특총으로, 신심의 증거라고 말한다. 그러나 예수 그리스도는 총체적인 회개를 통하여 기득권을 초월하는, 더 이상 기득권이 기득권을 주장할 필요가 없는 하나님의 나라를 설파하였고 모세는 희년법을 통해서 "기득권"의 자율적 포기를 선포하였다.

구약성서의 핵심은 율법이고, 율법의 핵심은 안식년과 희년법이다. 희년법은 레위기 25장, 26장, 27장에 걸쳐 나온다. 누가복음은 희년을 "주의 은혜의 해"라고 부르기도 한다.

희년법의 핵심은 레위기 25장 10절은

"너희는 오십 년째 해를 거룩하게 하여 그 땅에 있는 모든 주민을 위하여 자유를 공포하라 이 해는 너희에게 희년이니 너희는 각각 자기의 소유지로 돌아가며 각각 자기의 가족에게로 돌아 갈지며"이다.

희년법은 종, 가옥, 토지의 문제를 핵심적으로 다루고 있다. 희년법은 50년 되는 해에 모든 것을 원상복구 시키라고 한다.

종은 가난으로 말미암아 돈에 팔려서 하인, 노예의 신분으로 전락한 자이다. 그들의 생명과 시간, 건강과 인권, 행복은 주인의 손에 달려 있으며 그들은 일하는 가축 그 이상도 그 이하도 아닌 존재로서 존재한다. 그러나 하나님은 그들의 신음소리를 들으시고 비인간화되고 물화된 종들을 희년법으로 다시 가족에게로 돌아가는 자유를 주시며 인간 해방을 선언하신다.

그러나 종들이 놓임을 받는 것은 그 종을 산 주인의 입장에서는 기득권을 포기하는 것이다. 아무 대가없이 종을 풀어주어야 하는 기득권을 자발적으로 포기하기란 쉽지 않다. 종을 붙들어 매고 싶어 하는 주인에게 하나님은 "애야, 너희 이스라엘 자손은 다 내 종들인데 너희 조상들이 애굽 땅에서 종살이하고 있을 때 내가 대가없이, 조건 없이 해방시켜 주었다. 그러므로 너희는 조상들의 종살이를 기억하면서 네 집의 종들을 해방시켜 주어라."라고 권면하신다.

종이 자유인이 되어 가족에게로 돌아가는 것은 세 가지 차원에서의 회복이다.

첫째는 인간성의 회복이다.
더 이상 물건이나 기계가 아니고 가축이 아닌 인간으로서 품격의 회복이다. 더 이상 분리와 차별, 착취와 강제를 당하지 아니하고 사람 속에서 사람들과 함께 어울려 사는 인간의 회복이다.

둘째는 시간의 회복이다.
종의 시간은 주인의 시간이다. 종에게는 자신이 시간을 스스로 조절하고 자유롭게 사용할 권리가 없다. 그의 시간은 강제와 폭력의 시간이며 고통의 시간이다. 그러므로 자유민이 된다는 것은 천부적으로 받은 권리인 시간의 회복, 인생의 회복이다.

셋째는 자유의 회복이다.
종에게는 스스로 생각하고 행동할 자유가 없다. 주인이 시키는 대로 순종하는 일 외에는 모든 것이 금지되어 있다. 종이 자유롭게 생각하고 말하고 행동하는 것은 극히 위험한 일이며 자칫하면 그에 대한 대가로 죽을 수도 있다. 그러므로 희년은 억압과 굴종에서 종을 풀어주어 자유를 회복시킨다.

가옥은 인간의 생명이 건강하게 유지, 지속가능하도록 정서적, 육체적, 심리적 보살핌을 받는 장소로 이해타산을 넘어선 가족 사랑의 공간이다. 가옥을 팔았다는 것은 가족공동체의 해체와 분산을 의미하며 집이 없는 가족들은 빈곤과 고통, 불편을 일상적으로 겪게 된다. 하나님은 사람들이 집을 잃고 가족이 뿔뿔이 흩어져 사는 것과 어렵사리 사글세 살이 하는 자의 고통과 불안정한 생활에 관심이 많으시다. 집이 없는 가난한 사람들의 비참함을 아시는 하나님은 촌락의 가옥을 희년에 돌려주라고 명하셨다. 물론 성내의 가옥은 예외로 희년에도 물리지 않았다. 어쨌든 희년에 시골 가옥을 원주인에게 물려주는 것은 가옥을 산 자로서는 주인으로서 소유권, 기득권 포기였다. 하나님은 집을 포기해야 할 주인에게 "애야, 네 형제가 가난하게 되어 빈손으로 네 곁에 있거든 동거인처럼 함께 생활하며 나를 경외하여 형제에게 이자를 위하여 돈을 꾸어주지 말고 이익을 위하여 양식을 빌려주지 말라."고 하셨고 레위기 26장에서

규례와 계명을 준수하는 자에게 주는 축복을 약속하셨다.

가옥을 돌려받는 것은 세 가지 측면에서의 회복이다.

첫째는 가정의 회복이다.

가옥을 잃은 가족들은 대부분 뿔뿔이 흩어져서 친지들 집에서 얹혀살거나, 남의 집에서 더부살이를 하거나 사글세로 살거나 아니면 외딴 곳에 무허가 집을 짓는다. 어느 쪽을 택하든지 간에 가정은 깨져서 가족들 전

원에게 고통과 상처가 된다. 그런 상황에서 집을 돌려받는 것은 가족의 재집결과 가정의 회복과 치유를 가져온다.

둘째는 안정과 기쁨의 회복이다.

남편과 아내 그리고 부모와 자식들이 원치 않는 상황에서 떨어져 사는 것은 심리적인 불안감과 슬픔, 고통과 고독을 가져온다. 가족들은 사랑과 인정이 그리워서 우울증에 빠지기도 하고 병이 들기도 한다. 그러므로 그들이 함께 살았던 집으로 돌아가는 것만으로도 안정과 기쁨을 얻게 된다.

셋째는 삶의 리듬의 회복이다.

흩어져 사는 삶, 더부살이의 삶, 사글세로 사는 삶은 늘 쫓긴다. 시간과 돈, 주인과 일에 쫓겨서 분주하며 불안하여 하루가 시작도 끝도 없다. 자신의 자신에 의한 삶이 아니므로 일상적으로 반복되는 생활의 느긋함과 여유가 없다. 그러므로 늘 대기하는 삶, 늘 기다리는 초조한 삶을 사는 그들이 집을 돌려받는 것은 곧 삶의 리듬, 일상의 여유를 회복하는 것이다.

토지는 인간이 땅에 사는 동안 의지해야 되는 생명의 큰 집이며 자원이며 일터이다. 토지는 오곡백과를 내어 생명을 부지시켜 주고 집의 터가 되어 도시와 마을을 이루어 안전하게 거주하도록 붙잡아 준다. 사람이 토지를 잃었다는 것은 생계의 터를 잃었다는 말이요, 공동체에서 명예와 신뢰가 실추된 것이요, 생계유지를 위해서 종살이를 하거나 일을 찾아서 다른 지역으로 이주해야 함을 의미한다.

성서는 철저하게 토지는 하나님의 것이고 인간은 소작인이요, 동거하는 자로서 하나님과 함께 있다고 고백한다. 그러므로 토지는 영구히 팔

수 없으며 혹시 가난하여 팔았다 할지라도 그의 혈연 중 가까운 자가 와서 땅값을 치루고 되사주어야 하며 만약에 무를 자가 없으면 희년에는 반드시 원주인에게 돌려주어야 한다. 하나님은 토지를 산 자가 희년법에 의해서 토지를 원주인에게 돌려주면 너희가 그 땅에서 안전하게 거주할 것이며 배불리 먹도록 땅이 열매를 낼 것이며 6년째 되는 해에는 땅이 3년 먹을 양식을 낼 것이라고 약속하셨다. 그러나 토지를 돌려주는 기득권 포기는 쉽지 않다. 만약에 주인이 기득권을 포기하고 기꺼이 땅을 돌려주었을 경우 세 가지 회복이 나타난다.

첫째는 생계 및 생업의 회복이다.

고대사회에서 토지는 농업으로서 그대로 생업이었으며 또한 생계에 대한 보장이었다. 땅이 없는 사람들은 생계가 불확실한 가난한 사람으로 취급되었다. 이런 고대 상황에서 토지의 회복은 생업의 회복이었으며 곧바로 생계와 생활의 회복이었다.

둘째는 마을 공동체 일원으로서 인간관계의 회복이다.

토지를 잃은 사람들은 마을에서 거주하지 못하고 생계를 찾아 떠돌이를 한다. 떠돌이는 그 어디서도 공동체의 일원으로 받아들여지지 않으며 수상하고 위험한 존재로서 배타를 당한다. 그 만큼 떠돌이가 정착하여 새 공동체의 일원이 되고 마을 사람들과 관계를 맺고 살기가 어려웠다는 말이다. 그러므로 토지를 원주인에게 돌려주는 일은 공동체에로의 복귀와 동시에 인간관계의 회복을 가져오는 일이다.

셋째는 명예 회복이다.

토지를 판 사람은 생업을 잃음과 동시에 명예를 잃었다. 마을에서 가문에서 실패자, 낙오자, 망한 자로 낙인이 찍힌다. 어디를 가든지 조상에게 물려받은 땅을 없애버린 자라는 꼬리표가 따라 다닌다. 그래서 그들은 마을을 떠나 낯선 땅에서 나그네, 떠돌이로 살게 된다. 그러나 하나님은 조상의 땅을 잃은 자들이 당하는 고초를 외면하지 아니하시고 토지를 돌려주어 명예를 회복시키고자 하신다.

희년법은 불평등과 빈부격차로 병든 세상을 아름답고 평화로운 세상으로 재창조하시려는 하나님의 의지와 사랑의 표현이다. 하나님은 우리가 거저 받은 생명이며 은혜로 사는 존재임을 깨닫게 하시며 거저 받았으니 거저 주라고 강조하신다. 그러나 인간의 연약함과 두려움을 염두에 두시고 당신의 말씀과 규례를 지키는 자에게 축복을 약속하시며 희년법을 통해서 생명과 평화, 정의와 사랑의 세계를 끊임없이 재창조하시고자 하셨다.

그럼에도 불구하고 종, 가옥, 토지를 구입한 사람이 희년을 기해서 자발적으로 기득권을 포기하는 것은 쉬운 일이 아니다. 그렇다고 희년법의 실천이 불가능한 것도 아니다. 하나님의 성령이 마가다락방에 임하자 사람들이 새 술에 취해서 자발적으로 기득권을 포기한 이래로, 하나님 나라를 사모하는 자들에게서 자발적인 기득권 포기가 계속하여 일어났다.

한반도가 평화와 소통의 시대를 열기 위한 몸부림으로 온통 몸살을 앓고 있는 이 때, 교회와 교우들이 더 이상 태극기 부대를 따라 기득권 보전과 사수의 첨병 노릇을 하지 말고, 그럴듯한 말과 주의주장으로 공리공론을 앞세우지 말고 앞을 다투어서 자발적으로 기득권을 포기하여 공산주의와 자본주의를 넘어서는 하나님 나라를 밥그릇 다툼으로 소란한 세상에 분명하게 보여주게 되길 바란다. 하나님 나라는 왔고 오고 있다.

우리가 오늘 여기서 기득권 포기할 때, 희년의 나팔 소리가 천지를 진동하며 새벽을 깨울 것이다.

3부

아버지의
하늘

아버지의 딸 사랑

나의 하늘은 아버지로 가득 차 있다. 아버지는 인생의 갈림길에서 중요한 결정을 하는 순간마다 별처럼 반짝거리며 길을 안내해주셨다. 아버지의 도움이 있었기에 소중한 신앙을 가질 수 있었고 신학공부를 하여 오늘에 이르렀다. 생각하면 생각할수록 아버지의 깊은 딸 사랑에 눈물이 앞을 가린다. 나는 딸이었지만 아버지 하늘에서 마음껏 날개를 펴고 비행연습을 하며 성장하였다.

나는 어렸을 때부터 자연스럽게 교회에 끌렸다. 처음에 누구를 따라 갔는지 기억이 나지 않지만 예닐곱 살부터 교회에 다녔다. 어머니의 반대로 몰래 다니다 말다를 반복하였는데 그래도 지속적으로 다닌 교회는 목천포에 있는 교회였다. 초등학교 4학년 때부터 교회에 가는 것을 허락받고자 어머니 마음에 들려고 토요일 오후에 마당 쓸고, 방청소하고, 빨래를 하는 등 부지런을 떨었다. 그리고 몰래 만경강에 가서 재첩을 잡아서 파수막에 가지고 가서 팔았다.

주일 아침 일찍 일어나서 설거지하고 젖은 짚단을 마당에 펴서 널고 후다닥 도망을 쳐서 교회로 달려가곤 하였다. 교회로 가는 길목에 파수막에 들려 조개 판돈을 받아서 고스란히 헌금을 하곤 하였다. 그러다가 어머니의 야단이 심해지면 교회에 가는 것을 중지하곤 하였지만 성서를 배우고자 하는 열망으로 몰래 루터교에서 하는 성경공부 통신과정에 등록하여 공부를 하기도 하였다.

고등학교 1학년 시절에 교회에 가는 것이 너무 좋아서 토요일 저녁마다 유강리 할머니네 집에 가서 자고 주일에 교회에 가곤 하였다. 할머니 집에서 행복하게 교회에 다녔는데 그것도 금방 끝이 났다.

어느 날 아침에 교회에 가려는데 남동생이 어머니가 찾는다며 나를 데리러 왔다. 집에 들어가니 노기등등한 어머니가 어린 것이 어른의 말을 무시하고 멋대로 행동한다며 말 안 들으려면 집에서 나가라고 야단을 쳤다. 그리고 내 책가방과 책을 불타는 아궁이에 집어넣었다. 큰 집에서 돌아오는 길에 혼 날 것을 예상했지만 어머니의 야단은 너무 지나쳤다. 그러나 야단을 맞으면서도 잘못을 빌고 싶은 마음은 추호도 없었다. 그렇지만 책가방이 아궁이에 던져지는 것을 보는 순간 눈물이 주룩 쏟아졌다. "내 가방!" 하면서 비명을 지르자 아버지께서 어머니의 만류를 뿌리치고 아궁이에서 책가방을 꺼내셨다. 아버지는 책가방을 들고 나오시며 작은 목소리로 "네가 잘못했다고 빌면 쉬운데……"라고 하시며 못내 안타까워하셨다. 아버지는 내가 어머니 몰래 교회에 다닌 것을 문제라고 생각하지 않으셨으나 지혜롭게 행동하지 못해서 서로 힘든 일을 겪는 것을 속상해하셨다. 그 일이 있은 후, 나는 어머니의 성토와 감시의 대상이 되었으나 아버지는 나의 신앙에 대하여 간섭하거나 야단을 치지 않으셨다. 나의 성품과 종교성을 이해하고 인정하면서 지켜봐주셨다. 그 뒤로 눈치껏 교회에 다녔고 틈나는 대로 스스로 성경을 묵상하며 공부하였다. 아버지의 침묵과 보살핌 속에서 나는 진리와 하나님의 아버지 됨에 대하여 깊이 깨달았으며 신앙의 사람으로 성장하였다.

드디어 대소동이 벌어졌다. 내가 신학 공부를 하겠다고 말씀을 드리자 어머니는 나를 날마다 엄하게 꾸짖으며 야단쳤다. 아버지는 딸을 혼내라고 성화부리는 어머니의 닦달에 아무 대꾸도 하지 않고 묵묵히 나의 결정을 지지해 주셨다. 나 때문에 그 해 겨울 우리 집은 편안한 날이 없었다. 아침만 되면 어머니는 나를 모욕하며 구박하였고 가족들은 야단치는 말을 계속 반복해서 들어야 했다. 문제는 등록금이었다. 집안의 돈 관리는 어머니의 일이었으므로 나로서는 어머니에게 등록금을 타낼 재간이 없었다. 나의 실낱같은 희망은 아버지였다. 묵묵히 딸을 지지해주는 아버지가 힘 써주지 않으면 나의 꿈과 희망은 수포로 돌아갈 터였다. 과연 나의 믿음대로 아버지께서 어머니를 설득해서 등록금을 타주셨다.

어느 날 나의 신학공부 소식을 들은 할머니가 찾아와서 아버지를 꾸짖었다. 내가 윗방에서 다 듣고 있는데도 할머니는 큰 소리로 야단을 치셨다.

"아비가 되어서 딸년 하나 잡지 못하고 이게 무슨 꼴이냐! 다 큰 딸년 시집이나 보내지 무슨 공부여!"

할머니의 꾸짖음은 계속 되었다.

"전도부인 만드는 공부는 무엇 하려 시켜. 가문 망신이 따로 없다. 아이고, 창피하다."

아버지는 할머니의 말씀을 다 듣고 차분하게 대답하셨다.

"쟤가 공부해서 무엇이 될지 모르지만 아비로서 공부하고 싶은 자식의 소원은 들어 주어야지요. 그리고 쟤는 제 딸이지만 보통이 아닙니다. 지금까지 무슨 일이든지 스스로 알아서 했습니다. 책임감이 강하고 무엇을 맡기든지 틀림이 없습니다."

할머니의 목소리는 점점 격앙되었다.

"지지배는 시집가서 남편 잘 섬기면 되지. 공부한 지지배들이 팔자가 세서 집안 망신시키기 일쑤다. 전도부인들은 입만 살아서 시끄럽고 제대로 사는 사람이 하나도 없다."

아버지는 여전히 조용한 목소리로 할머니를 설득하였다.

"딸자식도 배우면 자기 일을 하는 세상입니다. 쟤는 누가 뭐래도 자기 몫을 훌륭하게 잘 할 겁니다. 쟤 태몽도 좋았어요. 옛날로 치면 왕이 될 꿈이요, 아주 뛰어난 인재가 될 꿈입니다. 딸이지만 좋은 일꾼이 될 겁니다."

할머니는 혀를 찼다.

"그 공부 기껏해야 전도부인 밖에 더하냐. 아비가 그러니 딸년이 기고만장해서 어미를 이겨먹지. 어미 말 안 듣는 것들이 잘되는 꼴을 본적이 없다."

아버지는 끝까지 나를 옹호해 주셨다.

"쟤가 무엇이 될지 모르지만 말에 조리가 있고 글도 잘 써요. 아무리 야단을 쳐도 잘 웃고 화를 내는 것을 본 적이 없어요. 무엇이든지 양보하고 겸손하고 마음씨 착하고 대범하기조차 합니다. 쟤는 무어가 되어도 될 겁니다. 꿈대로 잘 살 겁니다."

할머니는 집안이 망조가 들었다고 탄식을 하시며 가셨다. 그날 아버지는 할머니를 붙잡지도 않으셨고 배웅도 하지 않으셨다. 아버지는 그날 생애에 처음으로 할머니에게 말대꾸를 하셨다. 그러나 할머니가 두 번 다시

내 문제를 거론하지 못하도록 못 박으셨다.

"내 딸이니 내가 책임 질것입니다."

서울로 올라가는 날 초라한 가방과 보따리 하나를 챙겨들고 집을 나섰다. 어머니는 인사도 받지 않고 뒤도 돌아보지 않으신 채 소리를 질렀다.

"너는 네 맘대로 하는 사람이니 내 자식이 아니다. 앞으로 집에 들어오지 마라."

대문 열고 바깥 세상에 첫발을 디뎠을 때 눈물이 왈칵 쏟아졌다. 아버지가 뒤따라 나오시면서 가방을 들어주셨다. 아버지와 함께 대부둑에서 시내버스를 기다렸다.

"힘들어도 열심히 공부하여라. 네 엄마가 지금은 그래도 언젠가는 풀릴 것이다. 네가 먼저 엄마를 이해 하거라. 다른 생각하지 말고 묵묵히 한 길을 가라. 그리고 한 우물을 깊이 파라."

아버지의 배웅을 받으며 용기를 내서 올라왔지만 돈이 궁해서 생활비 걱정에 시달리지 않을 수 없었다. 빨래골에 사는 은호라는 한신초등학교 학생을 가르쳤지만 생활비가 턱없이 모자랐다. 날마다 울며 기도하면서 기적을 기다렸다. 도움이 올 곳은 없었다. 한 학기 공부를 마치면 휴학을 해서 아르바이트로 학비를 마련하지 않으면 안 되겠다는 생각을 하였다.

어느 날 수위실에서 전보가 왔다는 연락이 왔다. 내려가서 보니 아버지가 보낸 전보였다.

"고생이 많구나. 생활비 우편환으로 보내마."

그리고 며칠 뒤에 돈이 왔다.

나의 길이 결정되는 중요한 고비마다 아버지는 나를 인정해주셨다. 아버지는 어린 나의 신앙에 대해서, 나의 공부에 대해서 어른의 말을 따르라고 한 번도 강제하거나 야단을 친 적이 없으셨다. 어머니와 다른 나의 생각과 의견을 언제나 존중하며 지지해 주셨다. 무엇보다 아버지는 약하고 초라한 사람들을 사랑하는 법을 가르쳐 주셨고 나누며 섬기며 호구로 사는 법을 보여주셨다. 죽도록 수고하고도 자랑하거나 내세우지 않는 법을 가르쳐 주었고 날마다 새롭게 공부하며 노력하는 삶을 보여주셨다.

아버지 살아계실 적에도 내가 아버지의 붕어빵이라는 것을 알았지만 돌아가시고 난 후에 너무 너무 닮은 붕어빵임을 확인하며 빙긋 웃는다. 아버지의 붕어빵이라는 사실이 자랑스럽다.

아버지가 계셔서 제가 있습니다.
아버지의 이해와 인정을 받으며 산 것이 제 인생의 큰 축복임을 새록새록 깨닫습니다.
저의 하늘은 아버지로 가득 차 있습니다.
아버지는 가셨지만 저의 가슴, 저의 하늘에 총총히 떠계십니다.

아무도 모르는 성자

아버지는 몸이 불편해지면서부터 마을 안에 있는 교회에 출석하여 예배를 드리셨다.

아버지는 예배드릴 때 주의가 산만한 아이처럼 몸을 들썩이며 크게 박수를 치는 것을 즐겨하셨다. 어머니는 그런 아버지를 못 마땅해 하셨으나 아버지는 아랑곳하지 않으셨다.

어느 주일에 아버지를 따라서 교회에 갔다. 과연 아버지는 온 몸으로 박수를 치며 신명이 나서 찬송을 부르셨다. 마치 아이가 신이 나서 노래를 부르는 것처럼 두 팔을 높이 들어서 박수를 치셨다. 나는 주변 사람들을 전혀 의식하지 않는 아버지의 태도에 은근히 치매가 걱정되었다. 예배를 마치고 집에 와서 조용히 아버지께 말씀을 드렸다.

"아버지, 찬송 부르실 때 보니까 꼭 아이 같아요. 손을 높이 들고 박수를 치면 힘들지 않으세요. 박수를 안 쳐도 되고 손을 무릎 위에 조금 높이 올려서 작게 쳐도 괜찮아요."

"하나님은 아버지시고 나는 아들인데, 아들이 아버지 앞에서 아이처럼 신나서 노래를 부르는 게 어때서. 아버지가 내 노래를 들으시고 엄청 기뻐하실 것이다."

아버지는 순수 그 자체셨다. 동심으로 돌아가서 신령과 진정으로 아름다운 예배를 드리시는데 아버지가 치매에 걸려 어린 아이처럼 경망스럽게 행동을 한다고 생각하였던 것이 부끄러웠다. 아버지는 몸져누우실 때까지 교회에 출석해서 예배를 드렸고 마지막 까지 아이처럼 손을 높이 들고 박수를 치셨다. 지금도 아버지는 하늘나라 하나님 앞에서 아이처럼 신나고 즐겁게 찬양을 부르고 계실 것이다.

아버지가 다니시는 교회에 분란이 일어나서 그 교회에 다니던 마을 사람들이 다 다른 교회로 이적하였다. 그 분들이 이적을 하면서 아버지에게도 이적을 권하였다. 그러나 아버지는 교회 옮기지 않고 계속 다니셨다. 하루는 어느 분이 아버지에게 목회자의 죄라며 조목조목 말해주었다. 아버지는 묵묵히 들으시고 일체 입을 열지 않으셨다. 그러자 그 분이 목회자가 깨닫고 자기 발로 빨리 나가도록 만들어야 한다며 아버지에게 당분간 다른 교회에 가서 예배를 드리라고 권면을 하였다. 아버지는 그 분의 말이 안타까웠고 마음이 많이 아팠지만 전혀 내색하지 않으셨다. 그러나 사람들 말에 전혀 개의치 않고 흔들림이 없이 아무것도 모르는 것처럼 열심히 다니셨다. 아버지는 자신의 생각을 나에게 말씀해 주셨다.

"나는 죄인이고 하나님께 용서 받은 자로 교회에 다닌다. 그리고 용서해주신 하나님께 감사해서 예배드린다. 나는 우리 교회 목사님이 어떤 잘못과 죄를 범했는지 몰라. 그러나 목사님도 사람인지라 죄를 지으실 수 있지. 사람들이 다 죄짓고 사는데 목사님도 사람이니 죄 지을 수 있지? 그러나 목사님께서 자기 죄를 인정하고 회개하면 나를 용서해주신 하나님께서 목사님도 용서해 주시겠지. 그러면 하나님께서 용서해주신 분에 대하여 우리가 왈가왈부할 필요가 없는 거야, 하나님은 용서받은 자녀들이 교회 안에서 서로 다투며 분란을 일으키고 원수가 되는 것을 전혀 기뻐하지 않으신다."

아버지는 목회자의 편을 드는 것도 그 반대자들의 편을 드는 것도 아니었다. 단지 자기의 죄를 용서하신 하나님께서 다른 사람의 죄도 용서했다고 믿으며 허물과 죄를 드러내기보다는 은혜로 용서받은 죄인들 서로가 서로를 자비로 대하며 섬기는 것이 교회공동체의 본질이라고 생각하고 계신 것일 뿐이었다.

과연 아버지는 몸이 불편해지시기 전까지 한결같은 자세로 그러나 조용히 그 교회에 나가 예배를 드리셨으며 비난과 야유 속에 계신 목사님을 존중하였고 예우해드렸다. 또한 그 후, 새로 오신 목회자에게도 존경을 바쳤으며 영적인 지도자로 예우해드렸다.

제빵사 자격증을 따는 동안 고향집에 머물렀다. 아버지는 아침 식사 후에 논을 둘러보시고 동네 한 바퀴를 돈 후에 서쪽마루 끝에 있는 쇼파에 앉아서 커피 마시는 것을 즐겨하셨다. 커피를 마신 후 아버지는 그대로 주무시거나 깊은 침묵에 빠지셨다. 어떤 때는 밖이 너무 조용하여 혹시나 하는 생각에 문을 지긋이 열고 아버지가 무사하신지를 확인하기도 하였다. 어떤 때는 생각에 골몰하신 아버지에게 말을 걸어 장난을 치기도 하였다.

"아버지! 천국에 가시면 하나님께 저 좀 잘 봐주시라고 꼭 말씀해주세요."

"천국에 가는 길도 모르는데 가다가 잊어버리면 어떻게 하나?"

"애고 아버지, 예수님 이름만 기억하고 계시면 돼요. 믿음으로 가니까요. 아버지 제 부탁을 꼭 하나님 아버지께 전해주세요. 제가 일을 잘 감당할 수 있도록 필요한 모든 것을 많이 주시라고요."

"글쎄, 가다가 잊어버릴 것 같다."

아버지의 몸이 나날이 쇠약해지는 것을 보면서 천국 이야기를 자주 나누었다.

"아버지, 하나님 나라 가실 준비하셨어요."

"무슨 준비를 하는데."

"땅의 것들을 잘 정리하고 하늘로 가셔야지요."

"그냥 가면 되지. 정리는 무슨 정리냐? 그냥 가도 아버지가 맞아주신다. 땅의 일은 남은 사람들이 하고 하늘의 일은 하나님이 하시니 그냥 가면 되는 거야."

"아버지는 천국에 가실 준비 다 되셨네요. 날마다 마음속으로 주님의 이름을 부르세요."

"혹시 내가 잊어도 하나님께서 나를 불러주실 거다."

"그럼요. 아버지."

순백의 영혼이 된 아버지는 무엇이 본질인지를 이미 파악하고 계셨는데 나는 아버지와 이별할 준비를 한답시고 아버지에게는 우문을 던졌고 아버지는 언제나 현답을 주셨다.

나는 틈틈이 아버지에게 감사와 사랑의 인사를 전하였다. 헤어질 때 마다 이 순간이 마지막 시간이 될지도 모른다는 생각에 가슴이 울컥하였고 아버지의 특별한 사랑에 대한 깨달음으로 항상 마음이 절절해졌다. 나는 아버지에게 자주 감사 인사를 하였다.

"아버지는 저에게 최고의 아버지셨어요. 모두가 반대하는 공부를 할 수 있도록 용기를 주셨고 격려와 지지를 아끼지 않으셨어요. 저의 공부에 대한 어머니와 할머니의 반대를 막아주시고 어려운 시간을 잘 견딜 수 있도록 위로해 주셨지요. 제가 어려운 상황에 있을 때 누구보다 잘 이해해 주셨고 믿어 주셨지요. 제가 새로운 출발을 할 때 마다 한 길을 꾸준히 가라. 가다보면 일이 되어 진다고 하셨지요. 어디서든지 한 우물을 파라. 파다보면 우물이 만들어진다고 격려하신 아버지 덕분에 제가 있습니다. 아버지! 사랑해요. 감사합니다."

아버지는 순한 눈빛으로 활짝 웃으시며 "고맙다!"고 거듭 말씀하셨다. 마지막 순간까지 아버지 입에는 "감사합니다! 고맙습니다!"가 붙어 있었다. 아마 아버지는 지금 하늘에서도 하나님께 "감사합니다!"라고 아뢰며 두 손을 높이 들고 하나님을 찬양하고 계실 것이다.

지난 5년 동안 아버지와 이야기를 나누면서 아버지가 특별히 하나님께서 나에게 보내준 "성자"라는 생각이 자주 들었다. 방황할 때, 초라해질 때, 허무감에 빠질 때, 억울할 때, 절망의 늪에서 웅크리고 있을 때 바라보면 편안해지고 절로 미소를 머금게 만드는 성자 말이다.

내가 기억하는 한, 아버지는 자기 인생에 대하여, 세상에 대하여, 자녀들과 사람들에 대하여 아무런 원함이 없었고 불만도, 불평도 없었다. 말년에 아버지는 더더욱 아무것도 원하지 않으셨고 기도와 사색, 커피와 책으로 행복하셨다. 명절이나 어버이날과 생신 때 밀물처럼 밀려온 자녀들이 어머니하고만 이야기를 나누고 썰물처럼 떠나갈 때 야속하고 서운하기도

하련만 아버지는 천년의 고목처럼 홀로 유유자적 하셨다. 그런 아버지가 주변 사람들 눈에는 죽음을 앞에 둔 초라한 노인네로 보였겠지만 내 눈에는 진정 이해타산, 성공과 실패, 시시비비와 애증, 호오(好惡)와 무관심에 더 이상 매이지 않는 성자로 보였다.

치아가 다 닳아서 없어지고 시력이 거의 다 상실되었어도 자연스러운 일로 받아들이며 치료를 원하지 않으셨고 다리와 등에 창이 생겨서 통증이 심해도 내색하지 않고 견디시는 것을 목욕 봉사자들이 말을 해주어서야 알게 되었을 정도였다. 아버지는 음식, 옷, 잠자리, 통증 등에 대하여 초월하셨고 무엇이든지 은혜로 받았다.

아버지는 아낌없이 주는 나무였다. 자녀들에게 모든 것을 주면서 자기 공로나 희생과 수고를 본인의 입으로 자랑하지 않으신 큰 나무였다. 비단 자녀들에게 뿐 만 아니라 도움을 요청하는 이웃들, 힘없고 가난한 사람들, 직장 동료들의 배고프고 어려운 시정을 이해하시고 최선을 다해 도와주셨다.

아버지 장례식 날 장지까지 따라오신 어느 어르신께서 내게 작은 목소리로 말씀해 주셨다.

"내가 배고프고 힘 들 때 어르신이 밥을 자주 사주셨고, 직장에서 힘들 때 마다 도움을 주셨어요. 천사 같은 분이셨어요."

시운 엄마의 세뱃돈

나의 명절은 초등학교 시절로 멈추어 있다.

설 쇠러 아빠와 엄마가 오빠와 남동생을 데리고 큰집에 가면 나는 남아서 집을 지켰다. 우리 집은 작은집이어서 부모님들이 큰댁에 가서 설을 맞이하기 때문에 설날에 음식 장만을 하지 않았다. 그래서 설날에도 시루떡 외에는 먹을 것이 없었다. 때로는 그 떡마저도 하지 않아서 집에 남아 있는 나는 명절 아침에도 김치와 된장국만 먹을 때도 있었다.

부모님이 큰댁에 떠나시면 나는 곧장 골목길로 나와서 망을 보았다. 은숙이와 서분언니네 집에서 아침 차례를 지내고 난 뒤에 버리는 음식을 개가 먹기 전에 가져오려면 대기하고 있어야 했다. 그 집들은 우리 집보다 부자였고 차례를 거나하게 지내기 때문에 명절 음식을 푸짐하게 장만하는 집이어서 고수레로 버리는 음식이 많았다. 그 집 어른들은 대문 앞에 지푸라기 여러 개를 가지런히 깔아놓고 그 위에 무나물, 두부, 고사리, 각종 전과 사과 한두 쪽과 배, 대추와 깎은 밤 등을 버렸는데 그 음식들이 어린 나에게는 별식이었다.

우리 집은 서분언니네 옆집이었고 서분언니 네와 은숙이 네 집은 서로 앞뒷집이었으므로 우리 집 골목길에서 고개를 내밀고 은숙이네 집 대문이 열리기를 기다렸다가 누군가 음식을 놓고 가면 나는 쏜살같이 달려가서 음식을 챙기고 돌아서서 서분네 집의 음식도 함께 거두었다. 음식을 거둘 때 사람들에게 들켜서도 안 되고 개가 핥아서도 안 되므로 민첩해야 했다. 주워 온 반찬으로 아침밥을 먹고 대추와 밤은 아까워 차마 먹지 못하고 주머니에 넣어가지고 하루 종일 주물럭거렸다.

엄마가 큰댁에서 빈손으로 돌아오시면 기름진 명절 음식이 먹고 싶어서 몰래 큰집에 갔다. 그러나 언제나 맛있는 것은 거의 다 떨어졌고 남은 것은 파와 당근꼬지와 무를 납작하게 썰어서 속에 멸치를 넣어 반달 모양으로 접어서 지진 무 꼬지와 야채범벅 부침개와 명태전 꼬투리들뿐이었다. 그러나 큰엄마가 "우리 아무개 왔냐?"고 반겨주면서 챙겨주시는 전 한 접시와 쑥인절미로 행복하였다. 다 먹고도 성이 차지 않으면 부엌에 들어가서 채반에 있는 전들을 주섬주섬 집어 먹어도 큰엄마는 귀찮아하거나 싫은 내색을 아니 했고 오히려 내가 좋아하는 오징어전 꼬투리 등을 찾아주셨다.

해마다 명절이 되면 어려운 살림 속에서도 넉넉했던 큰엄마가 그립다. 요즈음 사람들이 웰빙식품을 말할 때 마다 큰엄마의 멸치 찜과 무 꼬지가 생각난다.

큰집에서 설음식을 먹고 난 후에 나는 마을 어르신들에게 세배를 드리는 우리 또래 여자 아이들의 일정에 늦지 않도록 곧 바로 동네로 돌아와야 했다. 동네가 작았고 어르신들이 많지 않기 때문에 늦으면 그것으로 끝이었다.

세배는 대부분 공동우물이 있는 서분언니네 집에서 시작하여 놀이터 앞에 있는 시운아저씨네 집에서 끝이 났다. 서분언니네 아버지, 박 할아버지는 덕담을 길게 해서 무릎 꿇고 앉아서 듣다 보면 발이 저려왔다. 그러나 인절미와 대추를 먹는 재미에 발 저린 것도 잊었다. 거의 대부분의 집에서 아이 세배꾼들에게 쑥인절미를 대접해주었다. 처음에는 맛이 있던 쑥인절미도 서너 집에서 먹고 나면 목이 막혔다. 당시는 가난한 시절이어서 쌀보다 쑥이 더 많이 들어가서 먹다보면 쑥이 입안에서 뱅뱅 돌았다. 떡이 넘어가지 않으면 그 다음 부터는 먹는 척하면서 주머니에 넣었다. 그렇게 쑥인절미, 대추 한두 알, 가래떡 등을 주머니에 넣고 맨 마지막에 가는 집이 시운아저씨네 집이었다.

시운아저씨네 집은 대부둑에서 내려오는 길에서 첫 번째 집으로 동네 입구 우측 편에 있었다. 처마가 낮은 초가지붕 아래 방 한 칸과 부엌과 돼지막이 붙어 있는 아주 작은 집이었다. 지붕이 낮고 부엌 옆에 돼지막이 있어서 돼지 똥 썩는 냄새가 항상 코를 찔렀고 주먹만 한 마당에 자질구레한 땔감들이 가득 쌓여 있어서 사람들이 가까이하지 않는 집이었다. 게다가 시운아저씨네 엄마가 사납고 싸움 잘하기로 유명해서 우리 아이들은 인사하는 것조차 겁내었다. 평상시에 그 앞을 지나갈 때 눈치를 힐끗 보고 후다닥 지나다녔지만 설날만은 달랐다. 설날에는 그 어르신이 정갈하게 옷을 입고 우리 아이들을 다정하게 맞아 주셨다. 그리고 세배가 끝나면 덕담을 하고 세뱃돈으로 일원씩 꼭 주셨다. 낭자머리에 주름살이 많은 왈순아지매 같은 얼굴이 세뱃돈을 줄때는 인자한 할머니로 변하였다. 우리들은 일원을 주신 할머니에게 코가 방바닥에 닿도록 다시 인사를 드리고 나오며 일원의 무게로 무지무지 행복하였다.

세뱃돈 일원을 주머니 속에 넣고 만지작거리며 무엇을 살까 행복한 상상을 하다가도 막상 유강리 점방에 가면 습관처럼 풍선을 사곤 하였다. 풍선을 불며 집으로 돌아올 때는 마음이 두둥실 떠올랐고, 풍선을 실로 묶어서 높이 들고 나가면 나는 동화 속의 주인공처럼 둥둥 하늘을 날 것 같았다.

시운 아저씨네 엄마는 수십 년의 세월이 지난 지금도 세뱃돈 일원과 함께 내 기억 속에서 살아계신다. 할머니는 당신께서 주신 그 일원으로 한 아이가 얼마나 행복하였는지 모르셨을 것이다. 그 어르신과 그 아들 시운 아저씨는 세상을 떠났고 그 집터는 지금 새로 난 도로로 들어가서 사라졌지만 나는 고향 입구에 들어서면 아직도 그 집 대문간에서 세배를 드리려고 서있는 어린 꼬마가 된다. 그 어른이 계셔서 나의 설날이 풍선과 함께 하늘 여행을 떠날 수 있었다.

설날이면 은숙이와 서분언니네 대문간 음식, 큰엄마의 환대가 주마등처럼 스쳐 지나간다.

그 때를 기억하며 시운 엄마처럼 인도와 네팔의 고아들이 풍선을 살 수 있도록 일원의 용돈을 주고 있다. 명절에 맛있고 기름진 음식을 되도록이면 많이 차리도록 인도와 네팔 몇 곳에 특별 경비를 보내고 있다.

이제 남은 일은 큰엄마처럼 음식을 만들어서 맛있는 음식을 기다리는 아이들을 직접 대접하는 일이다. 그런 일을 할 수 있는 장소와 상황이 주어지길 기도한다.

혼자 외롭게 집을 지키며 설을 쇠었던 어린 시절이 인도와 네팔의 선교 사역을 따스하고 풍성하게 가꾸어 주고 있다.

물 긷는 아이

요즈음 부쩍 기억의 창고에 들어가서 영사기를 자주 돌린다. 오랜 세월이 흘러 모든 것이 동화책 속으로 들어갔다. 아름답지 않은 것이 없다. 나를 힘들게 만든 사건과 사람들조차도 이제는 정겹고 고맙다.

진지꽃, 개망초 들판을 거니는 아이, 자운영과 질경이, 쑥과 나숭개를 캐던 아이, 놀이터와 그네 타는 아이, 두루미를 따라서 우렁 캐던 아이, 메뚜기를 잡던 아이, 만경강에서 조개를 잡던 아이, 달빛 그림자 밟으며 놀던 아이가 너무 사랑스럽다.

초가집과 굴뚝, 황금들판, 보리밭과 찔레꽃, 통시못과 둠벙, 괭이방죽과 도레미방죽, 하씨방죽과 만경강, 놀이터와 대부둑, 호남선 철도와 학교 등이 다 동화 책 속에서 나를 반겨 준다.

어린 아이가 큰 수대에 물을 넘치도록 담아 낑낑거리며 질질 흘리며 집으로 돌아오고 있다. 그 물은 아버지의 세숫물이고 오빠와 동생들의 세숫물 이다. 물을 큰 놋대아에 부어 놓고 다시 길러 간다. 다시 길어 온 물 한 수대면 식구들의 세숫물이 족하다.

데칸고원 광야에서 빨강, 노랑, 파랑 원색의 사리를 입은 여인네들이 호리병 모양의 물 항아리를 한 개는 머리에 이고 한 개는 옆구리에 끼고 물을 흘리지 않으면서 걷는 모습이 신기하고 신비롭기 그지없다. 데칸고원 시골마을에 가면 우물가에서 차례를 기다리며 죽 늘어서 있는 울긋불긋한 항아리 행렬을 어디서나 보게 된다. 그리고 그 항아리 주변에서 차례를 기다리며 놀고 있는 맨발에 펀자비 드레스를 입은 가녀린 소녀들도 일상적으로 보게 된다. 소녀들이 아침에 길은 물은 "짜이"가 되고 저녁에 길은 물은 카레나 국물이 되어 나온다. 소녀들의 물 긷기는 결혼 전까지 계속 된다.

농촌의 소녀들은 어른들처럼 머리에 이지 못하고 항아리를 한 쪽 엉덩이를 옆으로 내밀어서 골반에 항아리를 바치고 옆구리에 끼어 나른다, 아기를 볼 때도 등으로 업지 않고 옆구리에 끼고 본다. 그래서 대부분의 소녀들의 골반이 한 쪽으로 약간씩 기울어져 있고 허약하다. 그럼에도 불구하고 여자 아이들은 보호받지 못하고 땔감을 줍거나 염소를 모는 일 등에 동원되고 있다. 참으로 놀랍게도 인도 체류 십여 년 동안 시골마을에서 물 긷는 남자를 본 적이 없고 땔감을 줍거나 김을 매는 남자를 본 적이 없다.

우리 마을은 24세대에 공동 우물 두개가 있었다. 하나는 동네 입구 귀니네 집 앞마당 우측 옆에 있는 작두샘 이었고 다른 하나는 우리 옆집 서분네 집 탱자 울타리 앞에 있는 두레박 우물로 마을 큰길에서 안으로 조금 들어가 있었다. 작두샘은 물이 펑펑 나오지 않아서 펌프질이 쉽지 않았지만 맑기 때문에 바로 먹을 수 있는 식수가 되었다. 그러나 우물물은 깊었고 우물 속에서 갯벌 흙이 나오므로 물이 흐려서 가라앉혀서 먹어야 했다.

　우리집 부엌에는 식수를 저장할 수 있는 항아리 두개가 있었다. 찬장 아래 땅 속에 묻혀 있는 대여섯 동이가 들어가는 큰 항아리 한 개와 부엌 구석과 공상 사이에 한두 동이 정도 들어가는 독이 있었다. 4학년 겨울 방학 때 동네 새 집으로 이사를 갈 때까지 학교 수업이 끝나고 집에 돌아오면 항아리에 물을 채우는 것이 나의 일이었다. 일이 없는 농한기나 겨울철보다 농사철이 시작되어 엄마가 논밭에 가서 일하실 때와 엄마가 특별히 몸져 누워계실 때 물 긷기는 일은 맏딸의 몫이었기에 나는 으레 물 긷는 일을 당연한 것으로 알고 수대, 양동이와 두레박을 잘 챙겼다. 물을 길을 때 수대는 들고 다니기가 비교적 수월하지만 물을 많이 담을 수 없어서 여러 번 다녀야 하므로 일부러 큰 양동이를 들고 갈 때가 많았다. 일하기 싫을 때 꾀를 부리며 양동이를 들고 갔다. 물을 다 받아 놓고 집으로 와서 오빠를 불러댔다. 오빠는 내 청을 거절하지 못하였고 고리에 작대기를 끼워 함께 날랐다. 작두샘은 용쓰면서 펌프질을 하면 물이 그런대로 나왔지만 두레박으로 물을 푸는 일은 쉽지 않았다. 우물에 괴어있는 물이 부족해서 두레박에 물이 반도 차지 않을 때가 많아서 양동이에 가득 채우는 데 시간이 꽤 걸렸다. 두레박질을 하다가 실수로 두레박을 빠트리면 새끼줄에 매단 쇠갈고리를 우물 속으로 던져서 끄집어 내야했다. 끈 떨어진 두레박을 꺼내는 일은 게임처럼 아슬아슬하고 재미있었다. 모가지를 길게 빼서 우물을 바라보며 쇠갈고리를 묶은 끈을 이리저리 움직여서 두레박을 낚는데 어떤 때는 단숨에 낚기도 하고 어떤 때는 십여 분 걸리기고 했다. 어쨌든 나는 물장수처럼 열심히 땅속에 묻힌 항아리에는 두레박 우물을 길어 채웠고 독아지에는 작두샘 물을 길어 날랐다.

우물가 그늘에 앉아서 친구들과 핀 따먹기를 하였고 공깃돌 받기와 동서남북 등의 게임을 하였다. 때로는 푸성귀를 씻기도 하고 빨래도 하였다.

한번은 아기를 업고 친구가 빠트린 두레박을 건지는 것을 구경하며 훈수를 두며 고개를 빼서 우물 속을 들여다보고 있는데, 포대기가 헐거워졌고 아기가 내 머리 위로 쑥 올라왔다. 순간 등줄기에서 땀이 솟았다. 아기가 우물로 떨어질 아슬아슬한 찰나에 나는 고개를 재빨리 재껴서 아기가 뒤쪽으로 떨어지도록 만들었다. 다행히 아기는 우물 지붕을 바치고 있는 기둥에 부딪혀서 떨어지지 않았지만 자지러지게 울었다. 혼비백산이 된 나는 새파래진 아기를 업고 집으로 돌아왔다. 아기를 달래며 혹이 난 머리 뒤통수를 만지는데 가슴이 쿵쿵 뛰었다. 생명이 십년감수한 날이었다.

아침에 작두샘에 가서 순서를 기다리며 아이들과 놀다가 늦게 집에 돌아와서 야단을 맞은 적도 있고 놀이에 팔려서 정신이 없는데 동생이 찾으러 와서 간 적도 있었다. 그러나 나의 물 긷기는 4학년 겨울 방학과 동시에 끝이 났다.

우리 가족은 마을에서 가장 큰 새 집으로 이사를 갔고 부모님은 우물이 멀어진 것을 생각하여 부엌 앞마당에 작두샘을 파셨다. 처음 판 복숭아나무 아래서 물이 나오지 않아 조바심을 했는데 부엌 앞 토방 아래 가까이에서 물이 나왔다. 작두샘에서 물이 나오는 것이 꿈만 같았다. 펌프질을 하면서 나는 만세를 불렀다. 더 이상 졸린 눈을 부비며 물을 길러 다니지 않아도 되고, 아침부터 수대를 들고 오면서 질질 흘리는 물에 옷과 신발을 적시지 않아도 되고, 물 아껴 쓰라고 잔소리를 하지 않아도 되기에 너무 기뻤다. 우리 집 작두샘은 우리 마을에서 박동규 영감네 집 뒤를 이어

개인 집 마당에 판 두 번째 샘이었다. 나는 나의 일감을 덜어준 작두샘이 너무 고마웠고 자랑스러웠다. 부모님은 인근 사람들이 우리 작두샘을 사용할 수 있도록 대문을 일찍 열고 늦게 닫는 배려를 하였다. 이웃들과 함께 작두샘을 사용하면서 우리 집 마당은 아침저녁으로 수런거렸고 나는 물 긷기에서 해방되어 쾌재를 불렀지만 넓은 마당을 쓸어야 하는 새 일에 직면하였다.

오랜 세월이 지나 데칸고원에 와서야 비로소 내가 길은 물이 아버지의 세숫물이었고 우리가족들의 밥물이며, 국물이며 숭늉이었다는 사실을 깨달았다. 비록 나이가 어렸지만 물을 길어 나른 것이 어린 나의 사랑이었고 섬김이었다는 사실에 스스로 감동하며 행복하였다. 농사짓는 집 맏딸로 태어난 책임과 의무가 커서 때로는 논밭이 없는 집 아이들과 언니가 있는 친구들이 부러웠지만 그 축복 덕분에 일찍부터 섬김을 배운 것이 얼마나 다행스러운가! 어린 나이에 고된 훈련을 훈련인지도 모르고 받은 것이 하나님의 특별한 축복이었음을 고백하지 않을 수 없다.

동화가 된 어린 시절이 있어서 행복하다.
동화 속에서는 모든 것이 황홀하고 달콤하고 아름답다.
슬픔도 상처도 다 무지개가 되어 빛을 발한다.

아빠와 쇠 부지땡이

아빠는 이리 철도청에서 엔지니어로 평생 일을 하셨지만 우리 집은 논 농사가 많았고 농사를 즐겨하셨던 엄마 덕분에 나는 맏딸로서 일찍부터 부엌일을 시작하였다.

가마솥에 밥을 짓거나 고구마를 찔 때 엄마는 자주 맏이인 나를 불러서 아궁이에 불을 때게 만들었다. 아궁이에 마른 볏짚을 조금씩 넣어서 불을 꺼트리지 않고 밥물이나 고구마물이 솥단지 아래로 넘칠 때 까지 불을 땐다. 밥의 구수한 냄새나 고구마의 달콤한 냄새가 나기 시작하면 엄마의 지시대로 부지땡이로 잿불을 뒤지다가 짚 몇 줌을 더 넣어 마지막 불이 화끈하게 타게 해주면 밥 짓기나 고구마 삶기가 끝이 났다.

초등학교 2학년 때의 일이다.

그날은 엄마가 꿈자리가 사납다며 부엌에 절대로 들어가지 말라고 신신당부하고 논에 일을 하려 가셨다. 오후 서너 시경, 마당에 널어 말린 짚들을 묶어서 부엌 구석에 쌓아두고 나니 갑자기 밥을 짓고 싶은 생각이 들었다. 대충 물을 맞추고 불을 때는데 고래가 막혀서인지, 바람이 거꾸로 불어서인지 연기가 나가지 않고 부엌으로 들어왔다. 부엌 안이 매캐한 연기로 가득차서 캑캑거리다 부지땡이를 들고 뒤 안으로 나왔다. 그때 손에 쥐고 있었던 나무 부지땡이 끝이 불에 타고 있었는데 나는 그것도 모르고 숨을 몰아쉬며 눈을 비비다 그만 담장 위 이엉에 나도 모르게 불을 붙였다. 눈을 뜨고 보니 이엉에 붙은 불이 작은 소쿠리만큼 타고 있었다. 놀란 나머지, 부지땡이로 이엉을 두드려서 불을 끌 생각을 하지 못하고 부엌에서 한 바가지 물을 퍼가지고 나오니 불이 곧 지붕으로 올라갈 심산이었다. 혼비백산해진 나는 하얗게 질려서 "불이야!"라는 말도 하지 못하고 발만 굴렀다. 그 때 마침 두 양동이에 물을 가득 채워서 지게로 짊어지고 가던 앞집 춘자 언니가 불을 보고 담장 아래 멈추어 섰다. 그 순간, 뒤집의 정자 언니가 일을 보려고 방에서 바깥으로 나왔다가 우리 집 담장에 불이 붙은 것을 보고 맨발로 뛰쳐나오며 "불이야!"라고 소리를 질렀다. 그리고 잽싸게 춘자 언니가 지고 온 물동이의 물을 쏟아 부어서 불을 껐다.

앞집, 뒷집 언니들 덕분에 초가삼간이 화재를 모면하고 진정 되었다. 언니들이 자초지종을 물어 풀죽은 작은 목소리로 부지땡이 끝에 불이 붙은 줄 몰랐다고 대답하였다. 언니들은 내가 운이 좋아 마침맞게 자기들이 가까이에 있어서 큰 화재를 면했다며 다행이라고 위로해 주었다

그러나 문제는 허물어진 담이었다.

정자 언니가 물 두 동이를 부어서 불을 끄고 있을 때 "불이야!" 하는 소리를 듣고 달려온 이웃 아저씨가 불이 번지는 것을 막는다며 쇠스랑으로 집 벽에 붙어 있는 담을 허물어 버린 것이었다. 아저씨가 담을 허물어서 불똥이 지붕으로 옮겨 붙지 않게 해준 것은 고마운데 무너진 담 때문에 부모님께 야단맞을 생각을 하니 가슴이 콩닥거렸다. 미리 논에 가서 이실직고를 할까 생각하고 있는데 집에 불이 났다는 소식을 전해 들으신 부모

님께서 허둥지둥 달려 오셨다.

엄마는 꿈자리가 사나웠다는 말을 반복하시며 액땜을 하셨다고 하였다. 꿈인즉슨 시냇가로 빨래를 하러 갔는데 분홍저고리를 빨다가 놓쳐서 저고리가 둥둥 떠내려갔다는 것이다. 저고리를 잡으려고 물속으로 들어갔다가 물살이 너무 거세서 도로 나와서 "내 저고리! 내 저고리!" 라고 소리를 지르며 발을 구르다가 꿈에서 깼다는 것이다.

아빠는 불이 나게 된 자초지종을 다 듣고 나신 뒤, 부엌에서 나올 때, 항상 부지땡이를 살피라고 주의를 주셨다.

다음 날 퇴근하고 돌아오시는 아빠의 손에 쇠 부지땡이가 들려 있었다. 아빠의 쇠 부지땡이는 서너 개의 철근 토막을 용접해서 지팡이처럼 길게 만들어졌고 손잡이 부분이 적당이 구부려져서 쥐기가 편하였다.

아빠는 나 같은 아이가 나무 부지땡이를 사용하는 것이 위험하다고 생각하셔서 다음 날 바로 철근 토막을 손수 용접해서 쇠 부지땡이를 만들어 오신 것이었다. 그리하여 고등학교 졸업하고 고향을 떠날 때 까지 나는 그 쇠 부지땡이로 불을 땠다.

4학년 겨울방학 때 새집으로 이사를 가서 부엌 아궁이가 4개로 늘어나자 아빠는 쇠 부지땡이를 하나 더 만들어 오셨다.

볏짚으로 밥을 지을 경우, 하루에 한 번은 아궁이의 재를 퍼주어야 한다. 그러나 재를 퍼내기가 싫으면 쇠 부지땡이로 재를 마구 두드려 가루로 만들어 넓게 펴고 그 위에 그대로 불을 지폈다. 아무리 재를 두드려서 바닥에 얇게 펴도 재가 아궁이에 가득 차면 고래 속으로 밀려들어가서 고래가 막히게 되므로 이틀에 한 번은 꼭 퍼내야 했다. 재 퍼내는 일이 성가셔도 이삼일에 한 번은 당그레로 재를 긁어서 재 소쿠리에 담아 잿간에 쌓았다. 바람이 불거나, 비가 오거나, 눈이 내리는 날은 가급적 재를 퍼내지 않으려고 쇠 부지깽이로 아궁이 속을 마구 휘저으며 팍팍 두드렸다.

여름에 아궁이에 불을 지펴 밥을 짓는 일은 고역 중에 고역이었다. 되도록 불을 멀리 하는 것이 상수이므로 아궁이로부터 멀찍이 앉아서 긴 부지깽이로 짚을 밀어 넣으며 불을 조절하였다. 겨울에는 방에 앉아 있는 것보다 아궁이 앞에 있는 것이 따스하고 푸근해서 생각 없이 불을 때다가 밥을 태운 적이 한 두 번이 아니었다.

수년 전, 비자 문제로 인도에 들어가지 못하게 되었을 때, 은거하는 심정으로 고향 집에 머물렀다. 사람을 피하고 구석방에 둥지를 틀고 있을 때 아빠는 마루 끝에 있는 쇼파에 앉아서 먼 하늘을 바라보시다가 심심하면 나에게 커피를 부탁하였다. 아빠가 커피를 마시며 한 마디씩 해주는 말이 나에게 큰 위로와 힘이 되었다.

"소신껏 산 사람은 하늘이 알고 땅이 안다. 문이 닫히면 열릴 때 까지 기다리면 된다."

딸을 인정해주는 아빠의 마음에 눈물이 흐르고 있었다. 얼결에 아빠에게 물었다.

"아빠도 소신을 가지고 사셨지요?"

"소신? 허허 나 자신과 약속한 것이 있었지."

아빠는 세 가지 소신을 가졌다고 하셨다.

첫 번째 소신은 학교공부를 하지 못 한 아픔에서 비롯되었다.

할머니의 반대로 중학교 진학을 포기하면서 정식으로 공부를 할 수 없게 되자 아빠는 혼자 독학하기로 결심을 하였고 평생 동안 당신과의 약속대로 공부하며 사셨다.

어린 시절 우리 집에는 아빠가 강습에 가서 좋은 성적으로 수료하며 받은 상장이 수두룩하였다. 아빠가 세례를 받으신 후에 365일 가정예배서를 보내드렸는데 동화책처럼 재미있다고 말씀하셨다. 성경책도 곁에 두고 날마다 읽으셨다. 말년에 몸이 불편하셨을 때조차도 아빠는 아무 책이나 되는대로 독서를 즐겨하셨다.

아빠가 위대한 학자나 전문가는 아니셨지만 끊임없이 공부하며 노력과 성찰을 계속하신 분이라는 것을 알기에 아빠가 소신대로 사셨다는 것을 백퍼센트 인정한다

두 번째 소신은 가난 때문에 천대와 멸시를 받은 것과 관련되었다.
아빠는 자신을 무시하고 업신여기는 사람을 미워하며 다투는데 시간을 낭비하지 않고 주변의 가난한 사람을 존중하며 도우며 살기로 결심하였다고 하셨다. 그리고 소신대로 평생을 가난한 이웃들과 함께 평범하지만 비범한 삶을 사셨다.

명절마다 가난한 집에 쌀을 보내주었고 더 어려운 집은 따로 특별 배려를 하셨다. 특히 우리 동네 천덕꾸러기 이었던 "하나님"을 아빠는 각별하게 예우하셨다. 열 명의 자녀를 잃은 가난한 어머니, 미치지 않고는 살 수 없었던 불행한 어머니의 아픔과 슬픔을 잘 이해하였던 아빠는 그 분을 대우하며 물심양면으로 돌봐 주셨다.

아빠의 직장에서 일용직을 비공개로 채용할 때 마다 가난한 청년들에

게 기회를 주시고 싶어서 주변의 가난한 이웃들을 찾아가 소개해주셨다. 그러나 우리에게는 그런 말을 한 번도 한 적이 없어서 동네 어른이 말해주어서야 알았다.

세 번째 소신은 아빠의 정직한 양심과 관련되어 있었다.

아빠는 아무리 가난해도 양심에 부끄러움이 없이 살기로 십대에 다짐했다고 하셨다. 아빠는 십대 후반에 이리 철도청에 일용잡부로 취업하였는데 해방이 되고 전쟁의 혼란기를 지나면서 사람들이 저지르는 많은 부정과 부패를 직접 목격하셨다.

해방 직후, 한국전쟁 직후, 이리 역전 광장 옆의 야적장에 산더미처럼 쌓여있는 석탄과 자재들을 '먼저 팔아먹는 사람이 임자'라고 하면서 직원들이 밤에 트럭을 대놓고 훔쳐 팔 때 아빠는 그들에게 따돌림 받으면서도 그 그룹에 끼지 않고 자기 소신을 지켰다.

아빠는 40 평생을 한 직장, 한 자리에서 일하였지만 초등학교 졸업장 때문에 항상 진급의 기회를 놓치고 낮은 직급으로 일하셨다. 아빠는 군이 돈을 써서 진급하려고 하지 않으셨고 자기에게 주어진 일들을 묵묵히 감수를 하시며 자기의 책임을 다하셨다.

그러나 아빠는 은퇴 후에 돈 쓰는 일에 인색하지 않으셨다. 이웃동네 사람들과 술자리를 할 때도, 마을 사람들을 모시고 축제에 참석하실 때도, 모처럼 친구들과 만나 한 잔 나누실 때도 아빠는 돈 내는 것을 즐거워 하셨다. 친구나 이웃들이 돈을 빌려 달라고 하면 돈만 빌려주는 것이 아니라 밥도 꼭 사주었다는 이야기를 아버지 장례식을 마치고 돌아오는 길에 직장 후배 되시는 어른에게 들었다.

아빠는 자신이 하나님의 도움으로 사리사욕 없이 깨끗하게 살았다고 자부하셨다. 아빠는 큰 부를 이룬 것은 아니지만 굶주리는 이웃들을 배려하며, 돈을 빌리러 오는 사람들을 외면하지 않으며 살았다는 감사와 자부심을 가지고 계셨다.

나는 아빠의 평생에 걸친 소박하고 단순한 삶, 겸손하고 근면하고 정직한 삶을 알면서도 일부러 돌직구를 날려 보았다.

"제가 어렸을 때 아빠가 쇠 부지땡이 만들어 오셨는데요?"

"쇠 부지땡이! 아, 그 부지땡이 말이여. 쓰레기통에 버려진 철근 조각으로 만들었지. 그것은 훔친 것이 아니다. 쓰레기통에서 건져낸 쇠토막으로 만든 거지."

거의 반백년 전의 있었던 일을 기억하고 있는 나도 보통은 아니지만 쇠 부지땡이를 기억하는 아빠의 기억도 놀라웠다. 아빠는 그 때, 쇠 부지땡이를 만드시면서 자신의 행위가 바른지 그른지를 깊이 생각하셨던 것이다.

순간 나는 나의 소신이 아빠의 빵틀에서 나온 포장이 다른 빵에 불과하다는 사실을 깨달았다.

아빠의 소박한 소신을 나는 거창한 신학적 용어로 포장했을 뿐 아빠의 소신과 나의 소신은 다름이 없었다.

부엌이 집 안으로 들어오고 부지땡이가 사라진 시대이다.

아빠는 낮은 자리에서 작은 자로 크리스천의 삶을 이름 없이 빛도 없이 아름답게 사셨다. 아빠는 가셨지만 지금도 쇠 부지땡이와 함께 내 가슴에서 살아 계신다.

이장과 경운기

아버지는 40여 년 동안 기관차사무소에서 열차를 정비, 수리하셨다. 평생을 기름 치고 닦고 조이며 사셨기 때문에 은퇴하신 후에 그런 일에 대한 열망이 있었다. 아버지 꿈은 익산 시내 입구, 지약골에 워크숍을 열어서 경운기를 비롯한 오토바이 등 모터 달린 것들을 수리하는 일이었다. 그러나 모친의 만류의 뜻을 이루지 못하고 접으셨다.

아버지는 은퇴 후, 집안 농사뿐만 아니라 연세가 많으신 어른들의 농사, 거동이 불편하신 분들의 농사일도 자주 도와주셨다. 사람을 가리지 않고 도움을 주셔서 아버지는 동네 분들에게 후하고 다정하고 편한 이웃이었다. 당시 마을 사람들은 이구동성으로 아버지가 이장 직을 맡으시기를 원하셨으나 아버지는 농사일을 잘 모른다는 핑계로 이장 직을 고사하셨다. 한 번은 조용히 아버님께 물었다.

"아버지께서 이장 직을 맡으시면 잘하실 텐데 왜 맡지 않으세요?"

"아무개 어른이 그 일을 잘하고 계시는데 내가 한다고 나서면 되겠냐? 나는 기술자로 살았고 그 분은 평생을 농사를 지으신 분인데 아무래도 그 분이 나보다 낫지."

"마을 사람들이 아버지를 좋아하시잖아요."

"사람들은 마을 전체를 생각하지 않고 자기 좋고 편한 대로 말할 수 있다. 말은 누구나 다 쉽게 할 수 있는 것이니까 그러려니 해야지. 그에 따라서 춤추면 안 된다. 생각해 보아라. 작은 마을에서 이장 일을 서로 하겠다고 나서면 본의 아니게 서로 미워할 수 있고, 미워하다보면 친한 사람들끼리만 놀게 되고, 끼리끼리 놀다보면 사람들이 두 패로 나뉘게 되어 마을이 시끄럽게 된다. 누가 하든지 간에 이장의 일은 비슷비슷한데 다투면서 까지 할 일 없다. 아무리 소견머리가 부족하다고 해도 이장 일을 하겠다고 나대면서 마을 사람들을 불편하게 만들면 안 되지."

아버지는 마을 어르신이 이장 직을 무리 없이 잘하고 계시니 그 분이 하고 싶은 때까지 하시고 그만두는 것이 자연스럽다고 생각하고 계셨다. 아버지의 생각대로 그 분은 하고 싶은 때까지 하시고 건강에 문제가 생기자 그만 두셔서 아버지는 자연스럽게 이장이 되셨다.

아버지는 자전거를 타고 때로는 리어카를 끌고 면사무소와 보건소 그리고 농협으로 열심히 심부름을 다니셨다. 비료, 농약, 종자 구입과 나락 공출, 약 수발, 모판흙과 모 나르기 등등을 마다하지 않고 무엇이나 좋아하는 취미생활을 하는 것처럼 하셨다. 심지어 아버지는 시내에 가실 때 사람들이 부탁하는 장보기까지도 기꺼이 해주셨다.

어느 해인가 집에 갔더니 마당 가운데에 경운기가 있었다. 웬 경운기인가 했더니 아버님이 리어카 끌고 다니기 힘들어서 사셨다고 하셨다. 60대 후반인 아버지는 경운기 운전하는 법을 혼자 익히셨고 한참 후에는 이앙기도 사셨다. 아버지는 면소재지로, 시내로, 논밭으로 경운기를 몰고 다니면서 신바람이 나셨다. 때로는 사람들을 태우고, 때로는 나락가마를 싣고 때로는 모를 나르면서 즐거워 하셨다. 내 눈으로 볼 때는 논이 더 늘어난 것도 아니고 그렇다고 아버지가 농업 비즈니스에 뛰어들어서 다른 분들과 일 따내기를 다투실 분도 아닌데 관리가 솔찬히 까다로운 경운기를 사시고 신바람 나서 일하시는 모습이 좋기도 하였지만 한 편으로는 은근히 염려가 되는 대목이 있었다.

"아버지, 경운기로 사업하시게요?"

"허! 사업은 무슨 사업? 리어카로 일하는 것이 힘들어서 경운기로 하려는 거지."

"무슨 일이 그렇게 많아요?"

"우리 일만 하면 많지 않지만 이장이라서 할 일이 많다."

"무슨 일이 그렇게 많아요?"

"비료도 동네 분들을 대신해서 몽땅 사와야 되고. 농약도 그렇고. 나락 공출도 그렇고, 농약 주고 물대는 것도 우리 것 만하고 나 몰라라 할 수 없을 때가 많다."

"애고, 그럼 아버지 동네 일하려고 경운기 사셨네요."

"허허, 우리 일 하면서 시간이 되면 함께 하는 거지."

"고장 나면 고쳐야 되고, 휘발유도 들어가고 경제적으로는 도움이 안 될 것 같은데요."

"휘발유는 농업용이라서 싸고. 고장 난 것은 내가 손을 본다."

감가상각비를 따지면 경운기 구입은 경제적으로 손해였다. 그러나 경운기는 아버지의 자가용이었으며 사람들에게 편의를 제공하고 싶은 아버지의 마음이었다.

아버지는 이장으로서 동네서 십리가 조금 안 되는 면소재지에 가서서 농사에 필요한 모든 물품을 공동 구입하시면서 줄곧 리어카를 이용하셨다. 그러나 리어카를 끌고 다니면서 인도도 제대로 없는 좁은 도로에서 차들이 속도를 위반하고 고속으로 달리는 일로 인하여 안전에 위험도 느끼셨고 힘도 부치셨던 것이다. 아버지는 궁리 끝에 사람들이 심부름을 편하게 맡길 수 있도록 하고 본인도 좀 수월하게 일하고자 경운기를 사셨던 것이다. 그리고 경운기를 산 김에 논을 갈고 모를 심는 것 까지 배우시며 최선을 다하여 신명난 농부이자 이장으로 사셨다.

평생 모터에 대해 공부하시고 그 작동의 원리를 알고 계시는 아버지에게 경운기는 장난감이었다. 그래서 하루는 아버지께 차를 사시라고 운을 떼었다.

"아버지, 경운기도 좋지만 운전을 배우셔서 차를 몰고 다니는 것은 어떠세요?"

"어! 차, 좋지!"

"아빠! 운전 배우세요. 아버지는 평생 모터를 공부하셨으니 조금만 노력하시면 금방 운전면허 따실 수 있을 거예요."

아버지께서 평상시에 차에 대하여 많이 생각해보신 듯이 이내 말씀하셨다.

"운전 배우면 좋겠지만 여기까지만 할란다. 사람이 멈출 줄도 알아야 하지."

아버지는 80대 중반까지 경운기 운전 중에 실수로 몇 번인가 땅에 떨어져 허리를 다치기도 하셨고 논에서 일하시는 중에 곤두박질치기도 하셨다. 그래도 용감하게 경운기를 몰고 다니셨는데 어느 날 집에 갔더니 경운기가 사라졌다. 경운기를 다루는 일이 더 이상 무리라고 생각하신 아버지께서 경운기가 더 낡기 전에 필요한 사람에게 주었다고 하셨다. 이앙기도 그렇게 해서 필요한 사람에게 주었다고 하셨다.

어디서든 경운기를 보면 캡을 쓰고 이장 잠바를 입고 신바람으로 일하셨던 아버지 생각이 난다. 지금도 아버지는 하나님 나라에서도 경운기를 몰면서 나무 묘목을 이리저리 옮기고 계실지도 모른다. 아마 아버지는 하나님의 뜨락을 신나게 가꾸고 계실 것이다.

자신의 할 일을 아셨고 한계를 아셨던 아버지, 무리하게 욕심 부리지 않고 경쟁하지 않으며 사람들에게 상처를 주지 않으며 선하게 사셨던 마음 여린 아버지 생각에 눈시울이 뜨거워진다. 아버지 1주기 추모예배를 드리면서 마지막 예배가 될 수도 있다는 생각에 소중한 기억들을 메시지로 나누었지만 누구의 가슴 속에 심어졌을지 모르겠다.

아버지! 아버지가 우리 아버지인 것이 자랑스럽습니다.
아버지를 아버지로 주신 하나님께 깊은 감사를 드립니다.

쑥 한 바구니의 추억

지난 5월에 진도 녹진에 가서 말린 쑥을 선물로 받았다. 적당히 자란 쑥을 깨끗하게 채취하여 손질을 잘해서 향도 좋고 잡티가 없어서 차로 다려 마시기에 제격이었다. 뿐 만 아니라 차로 우려 마신 쑥이 오래도록 향을 머금고 있어서 버리기가 아까워 쑥국을 끓여 먹고 있다. 차를 마실 때마다 쑥 한 잎, 한 잎에 들어간 정성을 올올이 느끼며 쑥을 캐신 분의 따스한 마음과 섬기는 교회를 떠올리며 감사드린다.

20여 년을 해외에서 지냈기 때문에 쑥이나 냉이국 등 향토 음식을 잊은 지가 오래 여서, 지인들이 직접 캐서 정성스럽게 말린 쑥차는 언감생심 마실 생각조차도 해본 적이 없다. 그러나 코로나19 덕분에 발목이 잡혀서 봄 삼 개월을 고스란히 한국에서 지내게 되니 지인들을 따라서 쑥도 캐고, 지인들 집에 가서 쑥국도 먹고 쑥떡도 먹는 호사를 누렸다. 게다가 욕심을 부려서 김제 어느 시장 거리에서 어르신들이 파는 쑥을 두어 차례

사서 삶아서 저장까지 해두었다.

　서너 달 정도 마실 쑥차가 있고 삶아서 저장해 둔 쑥이 있어서 인지 집 안에 봄 향기가 물씬 나는 것 같고 어린 시절의 고향을 그리워하는 애틋한 마음이 다소 가라앉은듯하였다.

　우리가 어렸을 때는 어른들이 설날 전에 쑥국을 세 번 먹으면 일 년 내내 고뿔에 걸리지 않는다고 말하며 나물 캐는 것을 권장하였다. 그 때 쯤 되면 긴 겨울 방학에 얼음지치기에 싫증이 날만 할 때이므로 여자 아이들은 너나 할 것 없이 나물을 캐러 다녔다. 냉이도 있고 다른 나물들도 있었지만 나는 쑥과 나숭게, 영감똥걸레라고 부르는 벼룩나물, 꿩나물이라고 부르는 나도점나물, 초롱잎이라고 부르는 소루쟁이를 주로 캤다.

　동네 언니들이 나물 캐는 곳은 주로 동네 뒤에 있는 전군가도 양쪽 경사면인 대부둑과 백구정에 가까운 새미티와 만경강둑 언저리였다. 그러나 나는 금주네 밭, 몽주네 밭, 덕자 언니네 밭 그리고 동네 서남쪽에 자리한 통시못 주변도 자주 돌아다녔다. 언니들을 따라다니며 나물 이름도 익히고 먹는 풀과 못 먹는 풀에 대하여 많은 이야기를 주워들었다.

　초등학교 1학년 겨울방학 때의 일로 기억이 난다. 하루는 언니들이 나물을 캐서 이리시내로 팔러 간다고 하였다. 귀가 번쩍 뜨여서 시내에 따라갈 욕심으로 열심히 나물을 캤다. 당시 장갑도 없었지만 손이 터서 아픈데도 언니들을 따라서 시내에 갈 마음에 부지런히 나물을 캤다.

　당시는 시내버스도 드물었지만 그나마 버스비가 없어서 나물바구니를 옆에 끼고 시오리를 걸었다. 당시 차비가 1원이거나 오십 전이었는데 언니들이 시내 사람들이 가격을 물어오면 무조건 "10원"이라고 대답하라고 하였다. 나물바구니를 머리에 이고 인화동구시장 쪽으로 떼 지어서 걸어가는데 아니나 다를까 거리거리에서 아주머니들이 나물 가격을 물어오셨다. 어느 분의 물음에 떨리는 마음으로 "10원"이라고 대답을 했더니 쳐다보지도 않고 그냥 가셨다. 어느 분은 바구니 속을 뒤적거리며 "쑥은 별로 없고 웬 티끌이 많어!" 하면서 사지 않으셨다. "나물 사세요!"라는 말을 작은 소리로 옹알거리며 삼십 여분 지났을까? 먼저 나물을 판 언니들이 구시장까지 갈 필요 없이 돌아 나가는 길에 팔라고 하였다. 언니들 말을 듣고 돌아서 오는데 찬바람에 손은 꽁꽁 얼고 배는 고픈데 나물바구니를 그냥 가지고 돌아갈 일을 생각하니 마음이 실망하여 고뿔에 걸릴 것 같았다.

평화동 입구가 보이자 나물을 못 팔고 그냥 돌아갈 것 같아서 눈물이 나오는데 일본식 나가야 집 앞을 지날 때 어떤 아주머니가 나를 불렀다. 10원이라고 말하면 안 팔릴 것 같아서 "3원이요!"라고 말했더니 아주머니가 2원을 주고는 나물을 덥석 집어가지고 가셨다. "1원 더 주세요"라는 말이 목에서 나오지 않아서 문으로 들어가는 아주머니 뒷모습만 멍하니 바라보았다. 아주머니가 야박스럽기는 했지만 그래도 나물을 팔았다는 안도감에 걸음을 재촉해서 대열에 합류하였다.

평화동 로타리, 길 한가운데서 온차 장사가 온차를 팔고 있었다. 춥고 떨려서 그냥 갈 수 없어 온차를 마시기로 했는데 "1원"이라고 하였다. 순간 망설이고 있는데 아저씨가 재빠르게 온차를 내미는 바람에 할 수없이 받아 마셨다. 1원을 온차 값으로 내고 남은 1원을 빨간 고리땡 우와기 주머니에 넣고서 털레털레 걸어서 집으로 돌아 왔다.

집 앞에 도착하여 숨을 죽이며 조용히 들어가려고 살며시 대문을 밀었는데 그 날 따라서 대문이 잠기어 있었다. 대문을 조심스럽게 두드렸는데 하필이면 엄마가 문을 열러 나오셨다. 부모님께 온다간다 아무 연락도 없이 나가서 늦게 들어왔다고 야단맞고 굶은 채로 잠자리에 들었다. 그러나 어린 내가 걸어서 이리 시내에 다녀왔다는 사실과 돈 1원이 있다는 사실에 흥분하여 잠이 오지 않았다.

줄줄이 서있는 기와집들과 드문드문 보이는 이층집들, 널찍한 큰 도로와 많은 택시들, 금은방, 유기점과 포목점 그리고 여러 옷집들과 식당이 주마등처럼 지나갔다. 나는 크고 화려한 도시로 가는 꿈을 꾸며 잠들었다.

매일 동전을 만지작거리며 설날을 기다렸다. 그 돈이면 동그란 풍선 두 개 또는 길쭉한 풍선 다섯 개를 살 수 있었으므로 생각만 해도 기뻤다. 그런데 설날을 하루 이틀 앞둔 날에 주머니에서 동전이 잡히지 않았다. 울상이 되어서 싸둔 책보와 책상 서랍을 다 뒤졌지만 없었다. 집안과 마당, 거름자리까지 다 헤쳐 보았으나 동전은 나오지 않았다. 돈 찾기를 포기하고 마음을 가라앉히는데 큰집에 심부름 가면서 옷을 바꾸어 입은 생각이 났다. 주머니를 살펴보니 살짝 터져있었다. 큰집에 가는 길 어디선가에서 땅에 떨어졌을 돈을 찾으러 제트기처럼 달려갔다. 그리고 풀 섶과 그 옆의 도랑까지 다 뒤졌지만 끝내 찾지 못하였다.

동그란 왕 풍선 두 개가 하늘로 날아 가버렸다. 풍선이 내 작은 기쁨을 뒤로하고 멀리 떠나버려서 안타까웠다. 그날 밤, 꿈속에서 하늘로 날아간 풍선을 찾아 다녔다.

지금도 봄이 오면 아련한 기억이 떠오르고 바구니를 들고 나물 캤던 어린 소녀가 보고 싶어진다.

아버지! 아름다우신 우리 아버지!

큰집 언니가 우리 아버지는 머리가 나빠서 6학년 공부를 두 번이나 했다고 하였다. 당시 초등학생이었던 나는 언니의 말에 적지 않게 화가 났지만 아버지께 감히 여쭙지 못하고 오랜 세월 동안 가슴에 묻었다가 십여 년 전에야 말을 꺼냈다.

"아버지, 큰집 언니가 그러는데 아버지는 공부를 못해서 소학교 6학년을 두 번이나 다니셨다면서요, 진짜로 6학년 공부를 두 번이나 하셨어요?"

아버지는 바로 대답하지 않으시고 한바탕 "허허" 웃으셨다.

"중학교에 합격했는데 할머니가 반대해서 못 갔다. 집에서 놀고 있는데 치문학교에서 소사를 뽑기에 소사로 들어갔고. 소사 일을 하면서 공부가 하고 싶어서 6학년 반에 또 들어가서 공부했지. 그래서 6학년 공부를 두 번 한 것이다."

아버지는 소사로 2년 일을 하시다가 당시에 일어난 만주 붐을 타고 일자리를 찾아 만주로 떠나셨다. 만주로 떠날 때 나이는 16세였다. 아버지는 서울, 평양, 신의주를 거쳐서 단동으로 들어가신 것까지는 분명하게 기억하셨지만 그 다음 행선지 장춘에 대해서는 기억이 흐릿하셨다. 왜 1년을 다 넘기지 못하고 돌아오셨느냐는 나의 질문에 아버지는 날씨가 너무춥고, 일하러 간 사이에 도둑이 들어서 살림을 몽땅 훔쳐갔고, 떼놈들이너무 괴롭혀서 돌아왔다고 하셨다. 빚만 왕창 지고 만주 대모험을 실패로끝낸 아버지는 할머니 눈치를 보면서 지내다가 결혼한 여동생을 보러 간다고 핑계를 대고 고산과 대둔산 일대에서 두어 달 머무셨다. 그리고 그후 1944년, 18세에 평생직장이 된 이리기관차 사무소에 노무자로 취직하셨고 1985년 은퇴하실 때까지 한 곳에서 일하셨다.

아버지는 늘 공부를 하셨다.

아버지는 평생에 걸쳐서 한결같은 자세로 노력하셨다. 비록 초등학교공부로 학교공부는 끝이 났지만 늘 스스로 공부하셨다. 내가 어렸을 때아버지가 독학하셨던 영어 책과 한자 옥편을 가지고 놀았다. 소원하던 대로 공부를 못했던 안타까움 때문일까? 아버지는 책을 가까이에 두셨다.머리맡에 책을 두고 주무시기 전에 꼭 읽으셨고 아침에 일어나시자마자읽으셨다. 내가 알기로 아버지의 독서와 공부는 몸을 가늘 힘이 없어서눕기 전까지 계속되었다.

아버지의 직업이 기관차 정비와 수리였기 때문에 새로운 기관차와 모델이 나올 때 마다 아버지는 기능과 구조, 작동법과 원리 등등을 강습 받으러 다니셨다. 그러나 한 번 공부하고 만족하며 끝내는 법이 없으셨다.강습에서 배운 교재를 마르고 닳도록 읽으셨고 숙지하셨다.

중학교 1학년 5월경에 서울 삼촌 댁에 갔다. 그 날 용산에서 강습을 받고 계셨던 아버지가 삼촌 댁으로 오셔서 우리와 합류를 하였다. 아버지는 우리를 보자마자 강습 성적표를 보여 주셨다. 평균 100점에 가까운 좋은 성적이었다. 강습회에 가서 첫날에 주 강사가 미국인이라는 사실을 알고 아버지는 도중하차하려고 하셨다. 그러나 못 배워서 모르는 것을 부끄러워하지 않기로 마음먹고 강의실에 들어가서 통역관의 통역에 귀를 기울이셨다. 아무리 들어도 이해되지 않는 것들은 젊은이들에게 묻는 것을 창피스럽게 여기지 아니하고 반복해서 묻고 정리해서 밤샘을 하며 디젤기관차의 원리와 구조를 익히셨다. 아버지는 한 달여 시간의 피나는 노력 끝에 자신이 수료시험에서 철도고등학교를 졸업한 수재들보다 더 좋은 점수를 받은 것을 무척 자랑스럽게 여기셨다.

아버지는 은퇴를 하시고 난 후에는 다양한 책들을 읽으셨는데 특히 농사에 관련 서적과 성경 읽기를 즐겨 하셨다. 때로는 손녀들의 영어 동화책도 열심히 읽으셨고 내가 보내드린 신앙서적과 묵상집도 날마다 읽으셨다. 내가 해외선교관련 잡지에 몇 년 동안 글을 쓴 적이 있었는데 아버지는 그 잡지 속에서 내 글을 꼭 찾아서 읽으시고 기뻐하셨다. 첫 번에 출판한 책을 드렸을 때 아버지는 "고맙다! 고맙다!"는 말을 여러 번 반복하셨고 아버지가 주신 교훈에 대한 나의 글을 자주 읽으셨다.

구순이 되어서 지적 능력이 떨어지기 시작하자 아버지는 그림책을 주로 읽으셨고 때로는 책을 거꾸로 들고 계시기도 하였다.

아버지는 사람을 좋아하고 사랑하셨다.

우리 마을에는 "하나님"이라고 불리는 정신이 조금 온전치 못한 어르신이 계셨다. 그 할머니는 키가 작고 체격이 왜소했으며 얼굴이 주먹만 하였다. 얼굴엔 언제나 하얀 분을 바르셨고 낭자한 머리에는 아주까리기름을 곱게 바르셨다. 눈이 작기도 했지만 가늘게 실눈을 뜨고 다니셨고 항상 혼잣말을 하고 다녀서 사람들이 귀신에 들렸다고도 하였다. 할머니는 동네 개구쟁이들의 놀림감이 되곤 하였는데 한겨울에 아이들이 돌멩이를 넣어 만든 눈뭉치를 할머니에게 던졌다. 한번은 그 눈뭉치에 맞은 할머니가 비명을 질렀다. 나는 당시 아이들 뒤에서 눈을 뭉쳤지만 할머니에게 던지려고 뭉친 것은 아니었다. 할머니가 우는 것을 본 순간 마음이 싸하니 아파서 살그머니 집으로 돌아 왔다. 집에 들어서자마자 아버지께서 "하나님"의 울음소리가 들렸다며 누가 돌을 던졌냐? 고 물어 오셨다. 아버지는 동네 내리배기 길에서 아이들이 할머니를 싸게 놓는 것을 먼발치로 보고 계셨던 것이다. 나는 "저는 아녀요. 동네 오빠들이 그랬어요." 라고 대답하고 입을 다물었다. 아이들이 눈뭉치 속에 돌멩이를 넣었다는 말을 하려다가 혼날 것 같아서 그만 두었다. 아버지는 어린 나에게 그 분이 몸도 약하고 많은 고생을 해서 마음도 아픈 분이므로 우리가 관심을 가지고 보살펴야하며 마을에서 뵐 때 마다 인사를 드리라고 하였다. 아버지는 자전거를 타고 가시다가도 그 분이 보이면 내려서 인사를 드리곤 하셨다.

　어느 해 가을 벼를 벨 즈음에 하나님이 우리 집 마당에서 메끼를 만들고 계셨다. 그 모습이 어설프고 힘들어 보여서 아버지께 하나님은 일을 잘 못하는 데 왜 부르셨냐고 여쭈었다. 아버지는 남편이신 최영감님이 아프셔서 일을 못하시므로 대신 할머니에게 일감을 주신 것이라며 그냥 돕는 것보다 일을 시키고 돈을 드리는 것이 좋다고 하셨다.

　하나님은 농한기에 복숭아, 참외, 토마토를 팔고 다녔는데 해질 무렵에 우리 집에 들러서 떨이를 하고 가셨다. 그분이 놓고 간 과일은 한 번도 성성한 적이 없었고 언제나 곯고, 시들어 있었다. 하루는 아버지께 하나님이 우리 집을 봉으로 알고 나쁜 것만 가지고 온다고 불평하였다. 아버지는 나의 불평 소리를 들으시고 천천히 설명해 주셨다.

"그분이 약한 몸으로 열심히 살려고 노력하는 것이 얼마나 고맙냐? 만약에 그분이 일을 하지 않고 누워 계시면 우리가 봉양을 해야 한다. 그런데 그 어르신이 남에게 신세지지 않고, 피해를 주지 않으려고 무거운 바구니를 아침부터 이고지고 다니며 애쓰시는데 아무리 곯고 썩었다 해도 우리가 당연히 사야지. 안 그러냐?"

아버지는 사람들이 우습게 여기고 상대하지 않는 하나님 같은 사람을 있는 그대로 사랑하셨다. 무엇보다 가난하고 약한 사람들의 마음을 깊이 헤아렸고 그러기에 그 분들의 자존심을 지켜주고 싶어 하셨다. 무엇이 우선인지 알기에 자존감을 가질 수 있도록 일감을 주셨고 열심히 일하시는 모습에 감동하시며 무조건 격려하시는 것이었다.

나는 아버지의 대답을 통해서 하나님의 음성을 들었다. 사회적 약자, 천덕꾸러기, 걸인에 대한 편견과 선입관이 없는 아버지의 밝고 따스한 눈에 한없이 감동하였다.

동생 원택이가 시위 주모자가 되어서 재판을 받을 때였다. 초범으로 집행유예기간 중에 시위를 주도했기 때문에 가중처벌이 예상되었다. 주변의 판사와 검사들에게 변호사 선임에 대하여 자문을 구하였다. 모든 분들이 똑같이 재범이고, 정치범이기 때문에 형량이 이미 정해져 있다며 국선 변호사를 쓰라고 권면해주었다. 사실을 확인하고 아버지에게 말씀을 드렸다.

"아버지, 아무리 좋은 변호사를 써도 형량은 이미 정해져 있다고 합니다. 군이 일반 변호사를 비싸게 돈 주고 쓰지 마시고 국선 변호사를 쓰도록 하지요."

아버지는 일말의 주저함도 없이 말씀하셨다.

"형량이 정해져 있다고 해도 고생하는 아들을 위해서 좋은 변호사를 쓰고 싶다. 자식 사랑이 무엇이냐? 자식이 사지에 있을 때 되든지 안 되든지 가지고 있는 것을 다 바쳐서 구해주는 것이지. 돈 아깝다고 국선 변호사를 쓰고 나서 두고두고 후회하며 살고 싶지 않다."

아버지는 은퇴비로 받은 돈으로 논 몇 필지 사셨고 남은 기천만 원을 아들의 변호사비와 옥바라지 비용으로 아낌없이 쓰셨다.

아버지는 참으로 돈 보다 사람을 사랑하셨다. 자신보다 아들을 더 사랑하셨다. 감옥 속에 있는 아들에게 "아들아 힘내라!" 라고 격려하며 사랑하시느라 남은 생애에 쓰셔야할 은퇴자금을 다 쏟아 부어버리셨다. 그리고 지인들과 선술집에서 막걸리 몇 잔 마시면서 술값 치루는 일로 어머니의 눈치를 보며 사셨지만 평생 아버지의 도리를 다 한 것을 후회하지 않으셨다.

아버지는 포기한 자신의 생각이나 상처 등의 감정을 가슴 깊이 묻으시고 표현하지 않으셨다.

오빠가 돌아가신 후 나는 매주일 집에 들러서 어머니를 위로하려고 노력하였다. 그러나 어머니는 나의 위로를 거부하셨고 나에게 말도 안 되는 애먼 소리를 자주 하셨다. 애먼 소리에 가슴이 아팠지만 오죽이나 견디기 힘들면 그러실까 싶어서 가슴에 깊이 파묻고 못 들은 척, 안 들은 척하고 웃었다. 어머니를 보살피느라 아버지를 배려할 시간이 거의 없었다. 그러나 다행스럽게도 곁에서 지켜 볼 때, 아버지는 고통을 잘 이기고 계셨고 어떤 때는 초월한 사람처럼 보였다. 아버지는 사람들을 만날 때 오빠의 죽음으로 인한 충격과 고통이 전혀 없는 사람처럼 행동하셨고 위로하는 주변 사람들보다 더 의연하고 명랑하셨다.

"올 때는 순서가 있지만 갈 때는 순서가 없어요. 부자의 인연이 여기까지인 것 이겠지요. 슬퍼 울고 탄식해서 자식이 돌아온 다면 그렇게 해야겠지만 산 자식들을 보살피는 것이 우선이지요."

철이 농사철이기도 했지만 아버지는 아무 일이 없었던 것처럼 모심고 보리를 베는 일에 정신이 없으셨다. 하루는 아버지께서 화단의 꽃들을 물끄러미 바라보고 계셨다. 나는 얼결에 아버지에게 "아버지! 진짜 괜찮으세요. 마음이 아프지 않으세요."라고 물었다. 아뿔싸! 내 말이 비수가 되어서 아버지의 심장을 찔렀다. 순간 나를 바라보는 아버지의 얼굴이 고통으로 일그러졌고 눈에 눈물이 가득 괴었다.

"네 엄마가 죽겠다고 애자진하며 누워 있는데 나까지 그러면 너희들이 어떻게 사냐? 자식을 가슴에 묻은 아버지가 어찌 아프지 않겠느냐? 너희들을 위해서, 가정을 위해서 다 참고 견디며 힘들게 하루하루를 산다. 그것이 살아 있는 생떼 같은 내 자식들을 보호하기 위한 아비의 도리다."

아버지는 죽은 자식을 애도하는 것이 살아 있는 자식을 괴롭히는 일이 될까봐 스스로 삼가고 절제하며 자신의 슬프고 아프고 쓰린 감정을 가슴 깊숙한 곳에 묻어 두고 계셨다. 아버지는 자녀들이 걱정되어 자기감정과 생각을 일체 삼가신 것이었다.

아버지는 은퇴하고 난 뒤에 기술을 살려서 작은 사업을 하실 꿈을 가지고 계셨다.

아버지는 자신의 자격증과 기술로 하는 일이므로 많은 자본이 필요한 것도 아니고 은퇴 자금이 넉넉하게 있으므로 당시 지약골이라고 불렸던 평화동 변전소 위쪽의 허름한 집을 사서 농기계 수리를 하실 계획을 가지고 계셨다. 아버지는 자기 사업을 하신다는 생각에 가슴이 부풀었지만 어머니의 극렬한 반대에 직면하였다. 어머니는 편히 살고 싶다며 논을 더 사기를 바라셨고 아버지는 자신의 기능을 살려서 사업을 하면 성공할 승산도 있고 농부들과 애환을 나눌 수 있는 농기구 수리 사업을 택하셨다. 그러나 어머니는 한치도 양보하지 않으셨고 드러누우셨다. 아버지는 아들의 죽음으로 충격을 받은 어머니가 극력 반대를 하는 사업을 하면서 상처를 주는 것이 바람직하지 않다고 판단을 내리시고 사업 계획을 접으셨다. 그리고 어머니의 뜻대로 논을 샀고 아버지는 은퇴 후에 농부의 삶을 사시게 되었다.

출근하는 일에 익숙했던 아버지, 평생 기계를 만지며 기계 속에 피가 흐르는 느낌을 가졌던 아버지는 벼농사가 끝나는 11월 초에서 다음 해 4월 초까지 일이 없기 때문에 몸살을 앓으며 사셨다. 그러나 아버지가 일체 말이 없었기 때문에 나는 아버지 내면에 그런 부대낌이나 갈등, 좌절이 있었다는 사실을 전혀 알지 못했다. 아버지는 포기한 자신의 꿈, 생각, 감정을 가슴 깊이 묻고 아무에게도 일체 보여주지 않으셨던 것이다.

나는 아버지가 사업을 할 만한 충분한 능력과 자금이 있는데도 사업을 하지 않으셨기 때문에 사회생활 일선에서 은퇴하기에 젊은 60 여세에 왜 새로운 모험이나 도전을 하지 않았는지에 대하여 가끔 궁금해 하곤 하였으나 물어 보지는 않았다. 공업에 종사하셨던 아버지의 천직이 농업으로 바뀌고 나서 이십 여 년의 세월이 흐르고 난 뒤에 마음속에 품고 있었던 궁금증이 뛰쳐나왔고 그래서 당시 아버지께서 꾸신 꿈을 알았던 것이다.

"아버지, 은퇴하신 뒤에 사업하실 줄 알았는데 왜 하지 않으셨어요?"

아버지는 "허" 하고 웃으시면서 입을 여셨다.

"은퇴 후에 지약골에 작은 공장을 세울 준비를 했는데 네 오빠 죽고 난 후라서 네 엄마가 극력 반대하는 것을 이기지 못했다. 나 혼자 생각으로 공장을 했다가 가정이 불화하면 서로가 고통이니 내가 힘들어도 꿈을 포기하는 것이 나을 것 같아서 접었다."

"애고, 아버지 그런 좋은 생각은 아버지가 끝까지 밀고 나가셨어야지요. 그 때 그 자리에 땅을 샀으면 지금쯤 아버지는 중소기업의 사장 정도는 되었을 텐데요."

"네 오빠만 죽지 않았어도 내 계획을 밀고 나갈 수 있었을 텐데. 그것이 내 운명이었겠지."

아버지 가슴 속에 꿈이 있었다는 사실을 확인하면서 기뻤지만 펼치지 못한 아버지의 꿈이 슬펐다. 그리고 내가 아버지를 닮아서 사람들에게 받은 상처와 아프고 슬픈 감정들을 가슴 깊이 잘 묻는다는 사실도 알았다.

호구를 자청하신 아버지

십여 년의 기도 끝에 어머니를 전도한 뒤 비로소 아버지를 위해서 눈물로 기도를 시작하였다.

길 잃은 고아를 위해 할 수 있는 가장 큰 일은 부모님을 찾아주는 것이다. 맛있는 과자, 재미있는 장난감, 좋은 옷을 사주는 것보다 부모님을 찾아주는 것이 고아를 사랑하는 사람이 해야 할 가장 큰 일이듯이 나는 인생 나그네살이를 하고 있는 모든 분들이 창조주 하나님 아버지를 만나 동행하는 행복한 삶을 살기를 간절히 바란다. 언제나 묵묵히 희생하시는 아버지가 주님과 함께 행복하게 살기를 바라는 나의 간절한 기도가 응답 되었다.

어느 날 꿈에 생명책이 나타났다. 빛나는 손이 나타나서 생명책을 한참 넘기다 멈추었는데 멈춘 페이지에 아버지의 이름이 적혀 있었다. 나는 너무 기쁜 나머지 "감사합니다!"를 연발하며 눈물을 흘리다 깼다. 꿈이라 해도 너무 생생해서 기쁜 소식을 아버지에게 전하려고 바로 고향집에 내려갔다.

"아버지! 제가 꿈을 꾸었는데요. 꿈속에 생명책이 나타났고 그 책 속에 아버지 이름이 적혀 있는 것을 보았어요. 하나님께서 아버지를 알고 찾고 계시니 다음 주에 교회에 가서 등록하세요. 이리 교회로 가시는 것이 불편하면 이웃 동네 교회로 나가셔도 괜찮아요."

내 말을 진지하게 듣던 아버지께서 뜻밖에 자신의 초등학교 시절 이야기를 들려주셨다.

"초등학교 시절에 교회에 다녔는데 항상 네 할머니가 화를 내시며 야단을 쳐서 힘들었다. 교회에 나가자니 어머님께 불효가 되고 교회에 안 나가자니 하나님께 불효가 되어 이래도 힘들고 저래도 힘들었다. 그래도 야단을 맞으며 몰래 다녔는데 어느 날 네 할머니가 엄마 말을 듣지 않는 불효자식은 필요 없다고 꾸짖으며 교회에 다니고 싶으면 집을 나가서 나가라고 하였다. 그 때 무척 마음이 아프고 힘들었는데 하나님께 어머니 때문에 당분간 교회에 가지 않겠다고 말씀을 드렸다. 그리고 하나님께 약속을 하였다. 교회에 나가지 않더라도 하나님 말씀을 지키며 하나님의 아들로 살겠다고"

아버지는 이야기를 멈추고 천천히 힘을 주어 말씀하셨다.

"그 뒤로 비록 교회에 나가지 않지만 지금까지 나는 하나님의 아들로 살았다."

어린 시절을 기억하는 아버지 얼굴에 화색이 돌았다. 나는 재미있는 동화를 듣는 것처럼 아버지 이야기를 들었고 너무 기쁜 나머지 맞장구를 쳤다.

"아! 아버지는 하나님 없이 하나님의 아들로 살았네요! 그러니까 하나님께서 애통해하는 제게 슬퍼하지 말라고 아버지 이름이 생명책에 쓰여 있는 것을 보여주신 것이지요."

"고맙다. 네가 나를 위해서 간절히 기도하니까 그런 꿈을 꾸었지. 참 고맙다."

생명책 꿈 이후로 나는 아버지에게 교회에 출석이나 예배를 강권하지

않았다. 옆에서 지켜 본 아버지의 삶이 반듯하였고 성실하였으며 아름다
웠기 때문이다.

당시 우리 마을에 크리스천으로 신앙생활을 하는 집이 세 가정이었는
데 그 집들이 다 가난하였다. 그래서 그분들이 복음을 전하면 마을 사람
들이 비웃었다. 하나님 믿으면 축복을 받아서 부자가 되어야 하는데 왜
가난하냐고? 그러나 우리 아버지는 그분들이 가난해도 훔치거나 악하거
나 게으르지 않고 바르게 열심히 사는 것이 보기 좋다고 하셨다.

아버지는 그 때 바로 교회에 등록하지 않으셨지만 십 여 년 후에 이웃
마을에 있는 교회에 자진해서 등록을 하셨고 걸음걸이가 불편해지실 때
까지 그 교회에 몸담으셨다. 매주 예배 시작하기 한 시간 전에 가서 예배
드릴 준비를 하셨고 구역예배에 참석하시며 아침마다 성경말씀을 묵상하
셨다.

아버지는 술을 즐겨 드셨다. 막걸리나 소주를 마셨는데 아버지에게
술 드시는 나름대로의 원칙이 있었다. 멀리 가지 않으시고 이웃 동네 선
술집에서 드시는 것, 그리고 함께 마신 사람들의 술값을 혼자 다 내시는
것이었다. 술이 얼큰하게 취해서 기분이 좋으시면 아버지는 콧노래를 부
르셨다. 때로는 돌아오는 길에 돌부리에 채여서 넘어지기도 하셨다.

어머니는 아버지에게 "예수 믿는 사람이 술 마시면 죄로 가요!" 또는
"예수 믿는 사람이 술 마시면 덕이 안 돼요!" 라는 말로 아버지의 음주를
힐책하셨다. 그러나 아버지는 어머니 말을 전혀 귀담아 듣지 않으셨다.

"우리 하나님 아버지가 그렇게 쩨쩨한가! 아들이 술 한 잔 마시고 기분

이 좋으면 아버지도 기분 좋으시지. 아들이 즐거워하는데 야단치실 아버지가 어디 있어?"

어머니는 사람들이 아버지를 술값 내는 호구로 여긴다고 속상해 하셨다. 용돈을 드리면 바로 그 날, 술값으로 다 쓰고 오시면서 길에다 돈을 흘리고도 모른다고 하셨다. 젊었을 때 두 개의 직장에서 일할 정도로 열심히 일하셨던 아버지가 돈이 아까운 줄 모르는 분도 아니고 해서 아버지께 여쭈었다.

"아버지! 왜 아버지 혼자 술값을 내요. 나누어서 내셔요."

"야, 그 중에서 내가 최고 부자인데 내가 내야지 가난한 사람들에게 내라고 할 수 있나?"

아버지는 늘 자신이 부자라는 생각과 맏형의 의식을 가지셨다. 아버지의 대답에 할 말이 없어진 나는 어머니의 말대로 사람들이 아버지를 호구로, 봉으로 본다는 사실을 지적하였다.

"아버지! 사람들이 아버지를 술값 내는 봉으로 안대요. 사람 좋은 호구 있잖아요. 호구!"

"허허, 봉이라니? 어느 젊은이가 나 같은 노인네하고 술을 마시냐? 나보다 10년 20년 젊은 사람들이 나랑 함께 술을 마셔주는 것만도 고마운데 술값은 당연히 내가 내야지. 내가 당연히 봉 되고, 호구가 되어주어야지. 그게 뭐 대수냐? 생각해 봐라. 젊은 사람들이 돈을 내면 내 마음이 부담스러워서 함께 계속 술을 마실 수 있겠냐? 근데 봉은 무슨 봉이냐?"

우리 마을이나 이웃 마을의 아버지 또래의 어르신들이 일찍이 소천을 하셔서 아버지는 외롭게 지내셔야 했다. 일은 혼자해도 술은 여럿이 함께 마셔야 맛이라며 아버지는 이웃 마을의 십 년, 이십년 아래 젊은이들과 어울려 술을 마셨다. 아버지는 몸의 거동이 불편해지실 때 까지 계속 젊은이들과 어울려 술을 마시며 외로움을 달랬고 사람들과 부비며 사는 기쁨을 맛보셨다. 아버지는 술 마시는 것 때문에 신앙적으로 갈등하거나 고민하지 아니 하셨고 술 때문에 신앙적으로 시험에 빠지지 않으셨다.

주 안에서 술 마시며 행복했던 자유로운 영혼의 아버지를 꿈속에서 뵙고 싶다. 아버지를 모시고 선술집에 가서 술 한 잔 대접하고 싶다. 아 사랑하는 아버지! 아버지시여!

아버지의 잠바를 입고

이렇게 겨울비가 내리고 낙엽들이 나무 밑에 모여서 서로 의지하며 잠을 자는 모습이 사랑스럽고 평화롭게 보인다. 아직도 이파리를 달고 있는 나무들이 아버지의 마음처럼 느껴진다. 아버지는 세상을 떠났지만 내 가슴에 살아 계시기에 보고 싶으면 언제든지 나타나신다. 나를 바라보는 아버지의 눈빛은 따스하고 고요하다. 아버지의 피가 심장에서 맥박 친다. 나직한 목소리로 아버지께 말을 건넨다.

"아버지! 제가 지구별에 아버지의 딸로 온 것이 큰 행운이었습니다!

저희를 위해서 30대와 40 대에 철도청과 군산 미군부대, 얼음공장에서 일하셨지요.

군산의 일들을 그만두셨을 때부터는 직장의 일과 농사짓는 일을 겸하셨고요.

그러나 한 번도 아버지 당신의 수고와 희생을 말하신 적이 없었지요.

말없이 베푸시고 품는 아버지의 큰 사랑과 수고가 저의 피와 살이 되었습니다.

아! 아버지 이런 날 아버지와 함께 커피를 마시며 도란도란 이야기를 나누고 싶어요.

아버지, 제가 인도에서 돌아와 곁에서 아버지의 청년시절 이야기를 듣고자 했을 때 아버지는 이미 많은 기억을 잃으셨지만 그래도 옛날을 더듬어 주셨지요.

아버지, 다행스럽게도 저는 맏이였기에 아버지에 대한 따스하고 다정했던 기억이 많아요.

아버지! 어제는 친구들에게 아버지 이야기를 들려주면서 함께 파안대소 했어요. 친구들이 아버지가 도통한 사람 같다고 했어요.

저는 아버지가 저의 별이며 천사였고 아무도 모르는 성자였다는 사실을 알아요. 아버지 맏딸은 지금 아버지의 삶을 추억하며 행복합니다."

아버지 삼우제를 지내고 동네와 아버지께서 농사 지으셨던 들판을 돌고 와서 아버지의 유품을 정리하였다. 아버지를 가슴에 모시기 위해서 모자 4개와 가을 잠바 2개, 사진 몇 장과 오래된 수첩 1권을 챙기고 안방 벽에 걸려 있는 아버지 사진 앞에 큰 절을 올리고 나왔다. 마지막이라는 심정으로 동네 안길로 들어가 집들을 구석구석 살피고 이리시내로 가는 버스를 탔다. 시아에서 고향마을이 사라지는데 그리도 다정하고 친근했던 집이 휑하게 나간 집처럼 보였다. 나의 동화이며 꿈의 동산이었던 너른 들판도 외로워보였다. 어인일인가? 놀랍게도 고향에 대한 사무치는 정이 안개처럼 풀어졌다.

아! 아! 아버지가 계시기에 고향이 고향이었던 것이다.

아버지는 마음이 여리고 정이 많으셨다.

하루는 아버지가 "메리"라고 부르는 갈색 털을 가진 늠름한 개를 데리고 오셨다. 이리 철도청 관사에 사는 친구가 건강이 좋지 않아서 개를 키울 수 없다는 말을 듣고 잠시 돌보아주기로 하고 개를 데려 온 것이었다. 나는 메리에게 한 눈에 반해서 그 날부터 개를 데리고 동네방네를 뛰어다녔다. 다행히도 순동이 메리는 나를 잘 따랐다. 나는 메리를 위해서 자주 꼬리와 등을 만져 주었고 뼈다귀나 가시 등 개가 좋아하는 것들을 잘 챙겨 먹였다.

그 날은 메리와 달리기를 마치고 돌아와서 마루에 앉아서 쉬고 있는데 아버지가 들어오시더니 메리의 등을 쓰다듬으며 작은 소리로 말하였다. "네 주인이 죽었다. 네 주인이 죽었어."

아버지의 눈 끝에 눈물이 고였고 나의 눈 끝에도 눈물이 고였다.

나는 개밥을 잘 챙겨 주었고 학교에서 돌아오면 메리와 함께 놀며 행복하였다. 나는 개를 너무 좋아한 나머지 자주 작은 뼈다귀나 가시들을 손바닥 위에 놓고 메리가 핥아 먹도록 하였다. 그날은 아버지의 직장계가 우리 집에서 있었다. 아버지랑 친구들이 함께 먹고 마시며 상다리를 두드리며 신나게 노래를 불렀다. 맛있는 음식이 상다리가 부러지게 차려진 것을 본 것은 태어나서 그 날이 처음이었다. 닭 뼈다귀, 소 뼈다귀, 돼지 뼈다귀를 비롯해서 생선뼈들도 많이 나왔다. 나는 뼈들을 닭장 앞으로 가지고 가서 손바닥에 올려놓고 메리가 먹도록 하였다. 메리가 허겁지겁 먹느라 내 손을 콱 깨물어서 피가 났다. 나는 울지도, 소리 지르지도 않고 떨면서 아버지에게 달려가 "메리가 손을 물었어요"라고 말씀드렸다. 아버지는 피를 닦아주셨고 이내 병원에 가실 차비를 하였다. 그리고 계 친구들에게 "우리 딸이 개에게 물려서 부득불 병원에 다녀와야겠으니 양해를 바랍니다. 제가 없더라도 마음 편히 즐겁게 노세요."라고 정중하게 인사를 하고 나를 자전거에 태워 이리시에 있는 김외과에 데리고 가셨다. 아버지는 나 때문에 잔치를 일찍 파하셨건만 단 한 마디의 꾸중도 아니 하셨고 "다음부터는 개밥을 줄 때 손 위에 놓아주지 말라."고 당부하셨다.

어느 날, 학교에서 돌아오니 메리가 보이지 않았다. "메리!" "메리!" 라고 부르며 애타게 찾는데 옆집 평화네 할머니가 개가 수숫대 울타리 밑에서 쥐약을 먹고 죽었다고 알려 주었다. 메리가 두 다리를 쭉 뻗고 옆으로 누워있었다. 나는 메리의 머리를 쓰다듬으며 눈 뜨라고 기도하며 울었다. 개가 죽었다는 말을 들은 마을 어른이 와서 보더니만 개가 죽은 지 얼마 되지 않기 때문에 먹어도 된다며 가져 가셨다. 개를 묻지 않고 잡아먹는다는 말에 마음이 더욱 아팠다. 내가 사랑하는 개를 가져간 어른들의 끔찍한 행위에 아무 소리도 하지 못하고 오후 내내 메리를 생각하며 눈물을 찔끔거렸다. 퇴근하고 돌아오신 아버지가 메리의 소식을 들으시고 안타까워하셨다.

"메리가 죽었다니 마음 아프다. 일구네 집에 그대로 두었으면 죽지 않았을지도 모르는데."

나는 울먹이며 말했다. "아빠. 근데 사람들이 메리를 잡아먹었어요."

내 마음을 아신 아버지는 말없이 고개를 끄덕였다. 아버지는 개의 주인인 일구를 걱정하였다.

"그래, 속상하지. 아빠도 속상하다. 일구가 메리를 보고 싶다고 해서 조만간 데리고 가서 보여주려고 했었단다."

아버지는 죽은 친구의 아들인 "일구"에게 개를 보여주겠다고 약속을 하셨던 터라서 메리의 죽음을 못내 안타까워 하셨다.

아버지는 딸의 자존심과 약속을 지켜주셨다.

고등학교 2학년 시절에 잠깐 이리시내로 나가서 자취생활을 하였다.

부모님께 받은 수업료를 내려고 돈을 계산해 보니 돈이 모자랐다. 자취방 책상 위에 두고 잠깐 방을 비운 사이에 손이 탄 것이었다. 어머니에게 알리면 야단과 꾸중을 돈 받을 때 마다 들을 것 같아서 혼자 속으로 끙끙 앓았다. 얼마나 스트레스를 받았는지 위통에 시달렸으며 턱이 계속 곪아서 상처가 낫지를 않았다. 그러면서도 남은 돈을 곶감 빼먹듯이 야금야금 썼다. 대책이 없이 하루하루 엄청난 스트레스를 받으면서도 될 대로 되라는 심정으로 그냥 버텼다. 그러는 사이에 수업료 납기일이 지나자 이를 이상하게 여긴 담임선생님이 아버지를 학교로 호출하였다. 아버지는 내가 수업료를 납부하지 않았다는 담임선생님의 말에 내심 크게 당황하셨으나 수업료를 일찍이 보냈다는 말을 하지 않으셨다. 가타부타 아무런 변명도 하지 않으시고 그 자리에서 바로 수업료를 내주셨다. 조금 후에 도서관 앞에서 아버지와 둘이만 남게 되었을 때 조용히 물었다.

"무슨 일이 있었느냐?"

"수업료 일부를 누가 훔쳐갔어요. 그래서 내지 못하고 가지고 있다가 조금씩 썼어요."

"그럼 빨리 집에 알려야지. 가만히 있으면 문제가 절로 해결되는 것이 아니잖아."

"알아요. 근데 엄마가 알면 가만히 두지 않을 것이고 날마다 꾸중하실 것 같아서 겁이 났어요."

"엄마한테는 말하지 않을 것이나 두 번 다시 이런 일이 없도록 해라."

"예 아버지, 오늘 아버지를 창피하고 불편하게 만들어서 죄송해요. 두 번 다시 이런 일이 일어나지 않도록 명심하겠습니다."

나의 마음은 땅바닥에 넙죽 엎드려서 큰 절을 드리고 싶었다. 아버지의 굵은 손마디와 가문 논바닥처럼 갈라진 목덜미의 주름을 보면서 눈물이 핑 돌았다. 언제나 딸을 배려해주시는 넉넉하고 따스한 아버지의 품안에서 나는 책을 읽고 사색하며 일기와 시를 쓰면서 행복한 청년, 가슴이 깊고 뜻이 드높은 청년 그리고 자유로운 영혼으로 성장할 수 있었다.

아버지는 과연 입이 무거우셨다. 집에서 나를 수치스럽게 한다거나 나의 잘못을 지적해서 꾸짖는 이야기를 단 한 번도 하지 않으셨다. 여느 아버지 같으면 수업료 이야기나, 학교 호출로 놀라고 수치스러웠던 이야기를 심심풀이 안주삼아서 하련만. 그렇다고 아버지는 그 일로 나를 문제아로 취급한다거나 불량 학생으로 취급하지 않았고 오히려 사람들에게 "사내대장부 보다 더 마음이 큰 딸" "마음씀씀이가 크고 착한 딸" 이라고 칭찬해 주셨다.

우리 학창시절에는 학교와 집 이외에는 갈 곳이 없었지만 나는 독서 서클에 가입을 한 덕분에 여름과 겨울수련회를 비롯하여 야외 집회에 다녔고, 교회에 다녔기 때문에 교회행사에도 가끔씩 참여하였다. 그러나 교통비 외에 받는 쥐꼬리만큼 작은 용돈으로는 다 참석할 수가 없었다. 당시는 아르바이트라는 것도 없고 해서 돈이 없으면 꼼짝할 수가 없었다. 어머니에게는 애시 당초부터 씨알이 먹히지 않으므로 아버지에게 손을 벌리러 가야 했다. 집에서 말씀을 드리다 혹시 어머니에게 들키면 야단을 맞아야 되어서 아버지가 근무하시는 철도역으로 돈을 타로 가곤 하였다.

아버지가 근무하는 곳은 기차 정비소였기 때문에 좋은 소파나 사무실 집기가 거의 없었다. 책상과 의자가 있었지만 기름때가 묻어 있었다. 아버지는 항상 기름때가 묻어있는 짙은 남색 청바지 색깔의 작업복을 입고 계셨고 내가 가면 언제나 웃는 얼굴로 맞아 주셨다. 그리고 동료들에게 "우리 딸이요. 큰 딸이요."라고 자랑스럽게 소개를 하곤 하셨다. 그리고는 사람이 없는 곳으로 데리고 나왔다.

"무슨 일이냐?"

"아빠, 수련회 가는데 돈이 없어요."

"어디로 가는데?"

"부안으로요."

"며칠이냐?"

"2박 3일요."

"얼마면 되니?"

"삼천 원 정도요."

아버지는 결코 훈계하거나 꾸짖거나 안 된다고 하지 않으셨다. 돈을 주시면서 "잘 다녀오라"고 한 마디 하시면 그것으로 끝이었다. 고등학교 시절부터 시작하여 대학교를 졸업하고 일터로 떠나기 전 7, 8년 동안 아버지는 조용히 말없이 나의 특별활동을 위한 비상금 창구가 되어 주셨다.

241

서울에서 새살림을 시작한 지 얼마 안 되어서 양식이 떨어져 버렸다. 교통비만 겨우 남겨두고 있어서 쌀을 사지 못하였다. 견디다 못해 부모님께 연락드렸다. 부모님은 그 날로 쌀 서너 말을 가지고 밤기차로 올라오셔서 이른 아침에 봉천동 사글세방에 도착하셨다. 어머니는 방에 들어서자마자 먹고 살 대책도 없이 결혼했냐며 야단을 치셨다. 아버지는 사람이 살다보면 돈이 떨어져 궁할 때도 있는 것이라며 어머니의 입을 막으셨다. 아버지는 울상이 된 나에게 어렵고 힘들 때 머뭇거리지 말고 바로 연락하라고 하셨다. 어머니는 하고 싶은 말을 다 쏟아놓고 바로 나가셨다. 아버지는 마음 고생하는 딸이 불쌍해서 천천히 걸으며 연신 뒤돌아보며 손을 흔드셨다.

그 후, 내 마음의 상처를 아시는 아버지는 만날 때 마다 어려웠던 당신의 청년시절의 이야기를 들려 주셨다. 인생이 "공수래공수거" 이니 물질 때문에 마음 상하거나 마음을 잃지 않는 것이 지혜로운 자의 삶이라고 위로해 주셨다. 아버지는 가난한 나의 자존심을 위해서 나의 생활을 일체 거론하지 않으셨다. 아버지는 내가 착하고 충성된 일꾼으로 많은 사람들을 사랑하며 섬기는 위대한 삶을 살기를 빌었고 인도로 떠날 때도 나의 장도를 한없이 축복해주셨다.

수십 년 전의 빛바랜 사진을 꺼내보면서 딸을 누구보다 믿고 사랑해주신 아버지의 마음을 절절하게 느낀다. 눈물이 고인다. 인도에서 나와서 2년 몇 개월 동안 아버지 곁에서 재롱을 부리며 지낸 일로 위안을 삼지만 더 일찍이 더 자유롭게 아버지와 많은 이야기를 나누지 못한 것이 못내 가슴 아프다. 아버지는 침묵과 밝은 웃음과 넉넉함과 낙천적인 사고로 나의 인생의 기초를 놓아 주었다. 사람 사랑의 길과 하나님을 경외하는 삶의 길을 친히 보여 주셨다.

해가 바뀌는 오늘, 따스한 아버지 품이 그리워 아버지의 잠바를 입고 털모자를 썼다. 아버지의 마음이, 아버지의 따스한 가슴이 나를 싸고돈다.

4부

외치는
자의
소리

코로나19의 선물

　코로나19 앞에서 세계인들의 탄식과 감상이 쏟아져 나온다.

　카톡에서 회자되고 있는 글과 동영상 중에 대표적인 것으로 아프리카 오지의 나라, 챠드의 아름다운 문인 무스타파 달렙과 빌 게이츠의 글이 있다. 그들의 글은 코로나19가 실제로 우리에게 무엇을 가르치고 있을까? 라는 질문에 답하고 있다. 그리고 이름 앞에 '세계적 석학'이라는 말이 붙는 유발 하라리의 코로나바이러스 이후 세계는 어떤 모습일까? 라는 글도 있다.

　과연 코로나19로 인해서 인류의 생활방식과 생존의식이 달라질까? 신자유자본주의의 깃발을 높이 든 다국적기업들이 5대양 6대주의 대기오염과 자연파괴에 앞장을 섰던 자신들의 과잉생산에 대한 과오와 탐욕을 겸손히 인정하고 무한 경쟁과 무한 소비를 촉진하는 시장조작과 주가유지를 비롯한 금융자본의 세계지배를 포기할까?

　대부분의 글들이 코로나19 때문에 연쇄적으로 일어난 국제적인, 국가적인, 기업적인, 사회적인, 학교적인, 시장적인, 가정적인, 개인적인 차원에서 멈춤으로 일어난 사건과 상황, 사태에 대하여 앞을 다투어 환상적으로, 감상적으로 말하고 있다.

코로나19 때문에 전쟁, 전투가 중지되었다. 기업들, 시위와 조합들이 조정하지 못한 가격 낮추기, 사회보장 강화 등이 이루어 졌다. 오염도가 낮아지고 공기가 깨끗해졌다. 가족들이 서로를 알게 되었다. 깨지고 병든 서로의 관계를 돌아볼 시간을 갖게 되었다. 인간의 약함을 깨달았다. 평등성을 체험했다. 사람들은 서로 연결되어 있으며 한 개인이 다른 사람에게 큰 영향을 미친다. 오염된 식수가 건강에 나쁘다. 삶은 무한한 것이 아니고 짧다. 직업보다 더 중요한 것은 서로 보살피는 것이다. 자아를 점검하도록 상기시켜 주었다. 지구가 아프다는 것을 알려 주었다. 코로나19로 인한 재난은 끝이거나 새로운 시작이다. 코로나19를 통해서 교훈을 얻을 수 있는가 여부는 우리의 결정에 달려 있다. 코로나19를 "교정자"로 보고 싶다. 과학기술과 의료발달의 한계를 겸손히 인정한다는 내용들이었으며, 코로나19 극복 후에 치료를 위해 비상으로 사용한 인간감시에 대한 것이 일상화되면 안 된다는 것 등이었다.

글의 내용들이 코로나19로 인해 나타난 지극히 단순하고 초보적인 유치한 표피적인 내용과 무한 경쟁의 속도를 줄이거나 정지한 상태에서 일어난 현상에 대한 스토리텔링에 불과하다. 우리는 문인이니, 대사업가요 대부호니, 대석학이니 라는 그들의 이름 앞에 붙어있는 호칭에 압도당해서 그들의 메시지를 그들의 회개와 반성 그리고 변화를 위한 시도로 착각하고 있는 듯하다. 또한 글을 읽으면서 공감을 형성하는 자신이 마치 그렇게 자각하며 변화하려고 노력하는 것처럼 인식하는 듯하다. 코로나19 앞에서 지구공동체와 인류문명이라는 것을 생각하는 몇 개의 글이 카톡방에 떠돈다고 해서 다국적기업, 국제금융자본, 군산복합체, 항공모함과 잠수함으로 세계를 감시하며 약소국을 괴롭히는 폭력국가들이 일시에 쉽게 변화할 수 있다고 참으로 믿는 것인지?

속도를 늦추는 것으로, 잠시 쉬는 것으로 자연 파괴의 문제가 해결될 수 있는가?

편리를 포기하지 않으면서 대기, 대지, 하수, 해수의 오염을 근본적으로 막을 수 있는가?

풍요를 마음껏 누리면서 수많은 동식물의 종이 사라지는 것을 막을 수 있는가?

자연 수탈의 결과인 과소비를 일상화하면서 코로나바이러스19를 비롯한 많은 미생물들의 이상 번식과 변종을 막을 수 있는가?

빼앗기 위해서 전쟁, 폭력, 약탈, 방화, 파괴를 일삼는 물질문명이 78억 인류의 평화와 안정을 가져올 수 있는가?

화학무기, 생화학무기로 지구생명체들을 괴롭히면서 미생물과 대자연의 선순환을 기대하는가?

이기적인 생존방식을 고수하면서 지구에 닥쳐오는 대 충돌과 자연의 저항을 막을 수 있는가?

자연과 사회정화의 한계를 무시한 인간의 자연과 약소국에 대한 수탈과 폭력행위는 탐욕이며 죄악이다. 참된 변화는 인간의 탐욕과 죄악에 대한 인식과 참회에서 온다.

코로나19 앞에서 무한 개발과 발전, 무한 생산과 소비, 무한 경쟁과 속도, 무한 탐욕과 무한 소유를 죄악으로 인식하고 참회하는 개인, 기업, 기관, 단체, 국가를 아직 보지 못했다. 인간이든 기업이든, 국가든, 민족이든 무한을 추구하는 것 자체가 죄악이다. 죄악은 선한 열매를 결코 맺을 수 없으며 인류를 공생, 공존의 길로 이끌어 갈 수 없다.

세계은행에 따르면, 2017년 민간 다국적기업 500개가 제조업, 상업, 금융업, 서비스업 등 모든 분야를 통 털어서, 세계 총생산의 52.8%를 장악하였다.[1]

2017년, 세계 85명의 억만장자들이 가난한 사람 35억 명이 소유한 부를 합친 것만큼의 부를 소유했다.[2]

85명의 억만장자, 그들은 코로나19 앞에서 요지부동이다. 그들은 자신들이 부를 얻는 방식을 결코 회개하거나 바꾸지 않을 것이다. 시시각각 전 세계 기업에 투자하면서 저인망으로 치어까지 다 잡아버리는 것처럼 부를 더 끌어 모을 것이다.

500개의 다국적기업 또한 요지부동하다. 그들의 기업은 24시간 깨어서 생산하며 판매한다.   다국적 기업들의 공장이 아메리카에, 아시아에, 아프리카에 있기 때문에 그들의 공장은 24시간 해가지지 않는다. 그들은 24시간 지속적인 생산으로 지구 75억 인류에게 소비를 강권하며 인류를 소비자로 전락시킨다.

세계적인 부호 몇 사람들이 코로나19 백신과 약을 만들기 위한 연구기금으로 거금을 기증했다고 해서 그들이 변화되었다고 생각하는가?

천만의 말씀이다.

그들은 주식투자와 거래를 결코 포기하지 않을 것이다. 주식거래, 선물 거래, 독점 거래를 결코 포기하지 않을 것이다. 그들은 자기들의 과점과 독점을 보장하는 신자유주의 경제노선을 포기하지 않을 것이다. 그들은 연구비라는 명목의 지적소유권을 결코 포기하지 않을 것이다. 그들은 과세를 피하기 위해서 과세가 저렴한 나라로 이동한 본사의 위치를 결코 바꾸지 않을 것이다. 그들은 진출 장벽이 높은 나라들의 깨끗한 정부를 보이지 않는 힘으로 무너뜨리는 일을 결코 포기하지 않을 것이다. 그들은 언제든지 인건비가 보다 저렴한 나라로 공장을 이동하는 일을 포기하지 않을 것이다. 그들은 자기들의 이익이 되는 것이라면 로펌을 이용해서 작은 기업과 약소국가를 상대로 비열하게 재판하는 일을 결코 포기하지 않을 것이다. 그들은 국제기구를 이용해서 자기들의 뜻을 관철하기 위해 국제적인 결의를 방해하거나 자기들이 유리한 방향으로 유도할 것이다.

금세기 최고의 부호, 빌게이츠의 유튜브에 떠도는 글을 다시 한 번 잘 읽어보시길 바란다.

그의 글은 신선하고 멋지고 감동적인 것 같지만 이미 많은 사람들이 해온 이야기를 자기 말로 반복하고 있을 뿐이다. 그가 세계 제일의 부호이기에 사람들은 맹목적으로 무조건 감동한다.

그가 진실로 인류를 걱정하고 코로나바19로 인한 지구촌의 폐쇄와 정지, 가난한 자들의 고통과 질병을 염려한다면 먼저 자신의 재산과 재산을 독점하는 방법을 포기해야 할 것이다.

예수 그리스도를 만나서 회개하고 "재산의 절반을 가난한 사람에게 주고, 누구의 것을 속여 빼앗은 일이 있으면 네 갑절로 갚겠나이다." 라고 결단한 삭개오처럼 그가 행동을 했다면 그의 말은 진실로 인류를 사랑하며 염려함에서 나온 것이라고 볼 수 있다.

혹자는 그가 1천 수백억을 기증했으니 그게 그것이 아니냐고 반문할 것이다.

결코 아니다. 풀을 벤다고 풀이 죽는 것이 아니듯이 그가 몇 푼의 돈을 그것도 자기 재단에 기증한다고 해서 그의 재산이 사라지는 것이 아니다. 그는 작은 기부로써 세상에서 사회적인 고난에 관심을 가진 "선한 부자"라는 명예를 얻을 것이다. 그의 부는 바닷물과 같은데 한 바가지 퍼준다고 해서 결코 마를 일이 없다. 그의 부가 마이크로 소프트웨어에서 만든 모든 프로그램의 독점과 주식 거래에서 오기 때문이다. 신자유의자본주의 최첨단에서 서있는 그는 앞으로도 계속해서 구조적인 이익과 혜택을 고스란히 누리는 현대판 마이더스 인데 그의 몇 푼의 기부와 몇 마디의 감상적인 글로 그의 부의 축적 방법이 달라지겠는가?

석학이라는 유발 하라리의 글, 코로나19라는 비상상황에서 일반적인 사람에 대한 감시가 허용되었는데 그것이 상시화 되는 것에 대한 우려를 표명하였다. 이미 과거에 영악한 독재자에 의한 인간의 감시와 조종은 일어났고 앞으로도 일어날 수 있으므로 우려할 수 있다. 그러나 그가 진정으로 인류에 대하여, 개인의 사생활 침해를 우려한다면 먼저 자기 조국 이스라엘이 분리장벽을 쌓아서 팔레스타인 사람들을 감시하며 학대하는 일을 일상적으로 자행하고 있는 것에 대하여 깊은 반성을 해야 한다. 팔레스타인들을 일상적으로 학대하고 감시하면서 장차에 있을 수 있는 인류의 사생활 침해에 대한 걱정을 한다는 것은 앞뒤 말이 맞지 않다.

아프리카 오지의 나라 챠드의 문인은 코로나19 때문에 전쟁, 전투, 기타 시위가 멈추어졌으며 평화와 각종 좋은 일이 일어났다고 감탄을 하고 있다. 그의 감탄대로 전쟁, 전투, 시위 등이 일시적으로 멈추어진 것은 사실이다. 그러나 코로나19가 극복된 이후에 다시 전쟁, 전투, 시위가 없으리라는 보장은 없다. 잠시 휴전 상태일 뿐이지 영구적인 종식은 아니다. 만약에 코로나19가 인간의 탐욕을 죽였다면, 전쟁과 전투, 시위는 지구상에서 영원히 사라질 수 있을 것이다. 그러나 안타깝게도 인간의 탐욕을 성화시키거나 무화시킨 것은 아니므로 언제든지 폭력과 수탈은 재발될 수 있으며 나라와 민족, 지구촌은 있는 그대로 다시 강자들의 무대가 될 것이다.

챠드 문인, 무수타파 달렙의 글은 코로나19가 가져온 평화, 고요, 회복에 대한 감사와 경이로 가득 차 있다. 아름답다. 그러나 자기 조국 챠드가 프랑스 식민지로 100 년 정도 고난을 당하였으며 1960년 독립된 이후에도 프랑스의 그늘 아래 있음을 인식하고 있다면 그의 글은 좀 더 치열했을 것이다. 또한 가해자인 현대문명과 서구사회를 향해서 피해자로서 책임과 회개를 촉구하였을 것이다. 그리고 자국민들이 깨어나서 코로나19 사태를 함께 극복하고 가난하지만 굶주림이 없는 아름다운 나라를 만들어가자고 호소했을 것이다.

코로나19에 대한 많은 글들이 유튜브와 카톡방에 떠돈다. 우리를 깨닫게 하며 성찰과 변화를 권고하는 글들이다. 깊은 성찰을 통해서 우리 사회에 대대적인 변화가 일어나길 간절히 바란다. 개인이, 가정이, 사회가, 교회가, 교육이, 종교 집단이, 정치가, 기업이, 문화와 문명이 생명에 대한 사랑과 관심으로 변하길 바란다. 물질문명, 소비문명, 과학문명, 개발문명, 향락문명, 경쟁문명, 강자문명, 엘리트문명, 증권문명, 투자문명에 변화가 오길 간절히 빈다.

코로나19가 우리에게 무엇을 가져올 것인가?

사람들은 코로나19 이후, 우리 사회가 저절로 엄청나게 변할 것으로 기대하고 있는 분위기이다. 그러나 단언하건대 결코 코로나19가 우리의 생활습관과 가치관, 행동을 바꾸지 못한다. 우리 사회를 개혁하지 못한다.

그렇지만 코로나19는 아주 분명하게 우리에게 몇 가지를 가르쳐 주었다. 과학이 만능은 아니라는 것과 인간의 개발과 발전이 자연 생태계를 교란시켰으며 결국 이것은 인간에게 재앙이 된다는 것 그리고 앞으로 생태계의 교란과 오염, 파괴와 혼란은 국지적인 재앙이 아니라 세계적인 재앙이 될 것이며 지구는 하나의 생태 및 생명 공동체라는 사실이다. 자연의 일부인 인간이 결코 자연을 정복할 수 없으며 정복했다는 착각으로 하는 모든 연구와 실험들이 인류를 멸망으로 이끌어 갈수 있다는 사실이다.

또한 코로나19는 피동적이기는 하지만 우리에게 몇 가지 행동을 하게 만들었다. 바쁜 생활을 정지하게 만들었고 어쩔 수 없이 쉬게 만들었다. 그리고 사람들로 하여금 미생물 앞에 무력하고 나약한 인간의 과학과 문명에 대하여 성찰하게 만들었다. 그리고 문명과 오염, 탐욕과 현대인의 삶에 대하여 고민하게 만들었다.

그렇다! 코로나19가 우리에게 변화할 수 있는 기회를 주었다. 그가 우리에게 준 위대한 선물은 변화할 수 있는 좋은 기회이다.

지금 지구촌에 일어난 몇 가지 좋은 변화를 일시적인 것으로 끝내지 않고 지속적인 것이 되게 하려면 우리는 힘든 결단을 해야 한다. 먼저 깨달은 사람들이 개인적으로 결단을 하여 실천하는 중에 깨어있는 시민들과 서로 연대해야 한다.

불편할 각오를 해야 한다.

손해 볼 마음가짐을 갖추어야 한다.

힘들게 살 생각을 해야 한다.

쉽게 돈 버는 일을 포기해야 한다.

세상의 고통에 예민하게 반응해야 한다.

생명을 고통스럽게 만드는 불의, 부정, 폭력에 맞서야 한다.

진리를 위해 고난 받는 것을 기뻐해야 한다.

생활을 축소해야 한다.

차별의식을 버려야 한다.

성공의식을 극복해야 한다.

평등의식을 가져야 한다.

경쟁의식을 극복해야 한다.

권력지향성으로부터 자유로워져야 한다.

생명이며, 생명을 보전시키며, 생명을 치유하는 자연 앞에 겸허해야 한다.

모든 생명의 생명권을 존중해야 한다.

우주와 지구에 가하는 폭력을 중지해야 한다.

공생공존을 방해하는 일에 예민하게 반응해야 한다.

바람직한 좋은 변화는 거저 오지 않는다. 세상은 구호로 달라지지 않으며, 인간 또한 구호로 변화되지 않는다. 지구차원의 변화가 요청되는 지금 진실로 개혁과 대 변화가 일어나게 되길 빈다. 좋은 변화를 기도한다. 좋은 세상을 꿈꾸며 기도한다.

전쟁 없는 평화로운 세상을! 우주적인 식탁이 배설되어 굶주림이 없는 세상을! 지구촌의 모든 일이 차별 없는 직업과 섬김이 되길! 나라와 민족, 사상과 이념, 철학 종교를 넘어선 피조물 공동체로 형제자매가 되는 세상을! 하나님을 겸허히 경외하는 공동체를! 서로 감사하며 존중하며 배려하며 사는 세상을! 정의, 사랑, 평화, 생명을 위해서 서로 십자가를 질 수 있는 세상을! 인간의 탐욕으로 오염 없는 세상을! 과잉생산과 과잉소비가 없는 세상을! 과잉 경쟁과 과잉 속도가 없는 세상을! 생명이 최고의 가치로 추구되는 세상을!

---

1. 장 지글러 저《왜 세계의 가난이 사라지지 않는가》, 106,107쪽, 시공사

2. 앞의 책, 108, 109쪽

기도는 사라지고

인도로 떠나기 전 8년 동안 어르신들을 섬기는 부양관에서 일을 했다. 여신도회 전국연합회 본부에서 대부분의 예산을 지원하였지만 그래도 일부는 모금으로 충당해야 했다. 모금을 하면서 후원자와 후원교회를 위해서 날마다 기도드렸고 기도가 응답될 때마다 임마누엘 하나님께 감사와 영광과 찬미를 바쳤다.

부양관에서 일을 시작한 이래 삼십여 년 동안 전적으로 사람들의 자비와 긍휼, 후원금으로 살게 된 나의 인생은 불가능을 가능케 해주신 하나님께 대한 의존과 순종이었다. 하나님의 마음과 뜻을 이해하며 하나님을 의지하고 순종하는 것은 말씀 묵상과 기도를 통해서만 가능하였기에 나의 하루는 기도로 시작해서 기도로 끝이 났다.

기도는 피조물이 창조주 하나님을 만나는 영적인 공간이며 시간이었다. 기도는 나의 전존재를 충만하게 고양시켰다. 하나님께 귀를 기울이며 땅의 사정을 아뢰며 하나님과 동행하는 삶은 신비였고 은총이었으며 모험이었다. 기도를 통해서 하나님의 뜻을 분별하며 순종하며 나아갈 때 하나님께서 공급하시며 책임져주시는 것을 무시로 체험하였다.

인도 선교현장에서 프로젝트도 없고 영어 실력도 별로이고 사람들이 선망하는 재주나 재능도 없고 가족들이나 단체, 교회의 막강한 후원이 전혀 없는 나 같은 사람이 한국교회에서처럼 폼이 나게 할 수 있는 일은 아무것도 없었다. 밑천 없이, 돈 없이 할 수 있는 일은 단 한 가지! 내 전 존재를 하나님께 맡기는 것이었다. 그 분 안에 거주하며 울며 기도하는 것이었다. 바보처럼 울며 기도를 드린 이십여 년 세월에 하나님의 일하심을 목격하며 하나님 종으로, 증언자로 신명나게 살았다.

그러기에 비자문제로 인도에 들어가지 못하는 5년 동안, 아시아와 아프리카 그리고 중국과 한국을 오가면서 두고 온 고아원, 공동체 그리고 학교를 지원하는 일을 계속할 수 있었다. 뿐 만 아니라 하나님께서 영역을 넓혀주셔서 네팔에 고아원을 세우고 교회 건축하는 일과 꿈에도 생각해 본적이 없는 곳에서 새 일들을 할 수 있는 기회도 받았다.

새로운 환경에서 새 일을 맡기시는 하나님의 뜻과 계획을 생각하며 필요할 것으로 예상되는 준비를 하고자 개인, 교회, 각종 기독교 단체, 기관 등등을 수시로 방문하였다. 몇몇 단체들과 함께 일할 수 있는 가능성도 타진해보고, 서로 협력하는 시스템도 구상하며, 서로 교류하며 섬기는 일을 함께 하고 싶었다. 결론부터 말한다면 하나님의 도움을 믿고 무식하게 모험하며 도전하는 나는 조직화 되고 전문화 된 교회들과 기독교단체, 시민단체들과 당당하게 어깨를 겨룰 수 있는 능력과 자격을 갖춘 사람이 아니라 무언가 모자라는 사람이라는 것이었다.

무엇보다 교회와 기독교 단체, 시민단체들이 벌이는 각종 복지사업, 문화와 예술 활동, 다문화지원 활동, 대안학교, 평화교육, 통일교육, 각종 상담활동, 직업훈련, 사회적 기업 등의 다양성과 규모에 놀라지 않을 수 없었다. 단체들이 재정문제에 허덕거리지 않고 정부나 지자체 또는 공동모금회의 지원으로 운영된다는 사실에도 놀랐다. 그리고 같은 계통의 활동가들이 연대해서 함께 공동의 이익을 도모하며 국내외 단체들과 교류하는 것에 감탄하였다. 또한 활동가들이 자기 분야와 일터 속에서 열심히 일하는 대로 직급이 올라가며, 능력과 헌신을 인정을 받아서 지자제나 정부로부터 상을 받으며 존경받는 모양도 좋아 보였다. 부지런하고 열심이며 헌신적인 복지사들, 교사들, 활동가들이 모두 존경스러웠다.

기본이 보장되는 다양한 활동가들의 조직적이고 체계적인 활동에 비해 나의 일은 너무 유치해보였다. 헌신적인 교우들의 관심과 기도에 의존된 활동, 안전과 보호 장치 부재, 한국에서나 외국에서나 아웃사이더로 살아야 하는 고독과 고난 등을 감수해야 하는 삶이 너무 누추하였다. 다 같은 일꾼인데 누구는 수월하게 일하고 누구는 재정과 사업과 모금을 혼자 감당하며 일하는 것이 부당하다는 생각이 들어 하나님께 자주 이의 제기를 하였다.

그런데 받아 놓은 밥상을 먹으며 편하게 일하는 사람들의 입술에 기도와 찬미가 없었다. 감사가 없었다. 역동적인 에너지와 하나님께 쓰임 받는 감동과 감격이 거의 없었다. 하나님을 향한 기대, 하나님 나라에 대한 희망과 열정도 없어 보였다.

모든 일들이 책상머리에서 기획되었으며 프로그램 진행은 원만하고 아름다워 보였다. 사람들의 섬김 활동도 편하고 무리함이 없어 보였다. 각 전문가들은 저마다의 오래된 경력을 자랑하였으며 사회적 관계와 능력 또한 출중하였다. 그래서 일까? 어디에서도 기도 소리가 들리지 않았다. 아무도 자신이 몸담고 있는 일터와 사회 문제 해결을 위해 하나님께 아뢰지 않았다.

교회에도, 교회가 만든 비영리법인에도, 일반 기독교단체에도 기도가 없었다. 기도로 준비된 모임, 기도로 준비된 프로그램, 교육, 활동이라는 느낌이 전혀 없었다. 기도가 빠졌다. 활동의 모양은 있지만 능력도 감동도 없었다. 영혼을 울리며 사람을 참회와 변화에로 이끄는 뜨거움, 간절함, 절박성이 없었다. 하나님 부재의 공허와 인간의 공명심이 메아리치고 있었다.

성서는 하나님 없는 인간의 활동과 노력이 헛수고이며 인간 스스로 구원하지 못함을 말하고 있으나, 사람들은 자기 뜻대로 하고 싶어서 자신들의 활동영역에서 하나님을 은밀하게 추방하였다. 기도하지 않아도 예배가 가능하고 하나님 없이도 프로그램이 진행되며 조직 운영에 전혀 문제가 없기 때문이다. 교회나 기독교 단체마저도 하나님의 나라와 그 분의 뜻에 초점을 맞추지 않고 사람을 끌고 인기를 모으기 위한 프로그램을 위한 프로그램, 사업을 위한 사업, 자기 영광과 명예를 추구하고 있었다. 지도자로 명성을 날리며 공고한 조직을 가질 수 있고 또 그 것으로 정치적 진출을 꾀할 수 있으며 안정된 생활이 보장 되는데 굳이 기도에 힘쓰며 시간을 낭비할 일이 없어 보였다. 교회와 기독교 단체나 기관들이 기도를 버렸다. 하나님을 교회 밖으로 추방하였다. 기도가 사라졌지만 기도 없이도 교회와 기독교 단체들은 번영을 구가하는 듯이 보였다. 사람들이 기도

대신 무언가를 하고 있었다.

사람들이 기도 대신 로비활동을 하고 있었다.

정부가 선한 의도로 복지와 교육 분야의 크고 작은 일들을 민간단체에 위임하며 경제적인 지원을 하게 된 것이 교회와 기독교단체들의 기도를 실종시키고 하나님을 교회에서 추방하는 계기가 되었다. 교회와 기독교 단체들이 많은 일을 위임받아 집행하면서 하나님보다 정부관계자, 고위 층을 우선 찾으며 그들로부터 현실적인 도움을 받게 되면서부터 기도보 다 로비활동을 우선하게 되었다. 처음에 교회나 단체들은 요양시설이나 어린이집이나 복지시설을 하고자 하나님께 뜻을 물으며 정부로부터 위탁 받기 위하여 기도하였을 것이다. 그러나 해가 지나면서 기도보다 지자제 나 정부부처의 책임자를 찾아서 로비활동을 벌이는 것이 더 효과적이라 는 사실을 알았고 그 방법으로 쉽게 일처리를 하게 되어 굳이 기도할 필 요가 없게 된 것이다.

현재 중앙이나 지방의 각종 NGO(비정부기구)나 NPO(비영리단체)들이 정부 부처와 지자제로부터 예산을 책정받기 위하여 인간관계를 총동원하 고 있다. 그래서 행정부 고위직과 의회에 연줄이 있는 사람들을 단체장으 로 세워 로비활동을 통하여 국민의 세금인 정부의 예산을 자기들의 사업 비로 따낸다. 여기에 기도가 설 자리가 없으며, 하나님의 개입도, 성령의 감동 감화도 필요하지 않다. 오직 치열한 로비활동이 있을 뿐이다. 기도 는 시간 낭비에 불과하다. 참으로 기도 없이 하나님의 일을 하는 것은 교 회의 머리가 되시는 그리스도와 무관한 종교 비즈니스이므로 예수님께서 성전 정화를 하신 것처럼 정화하실 것이다.

사람들이 기도대신 프로포절(사업계획서)을 쓰고 있었다.

기도하는 것보다도 프로포절을 잘 써야 지자체나 정부부처에 좋은 프로젝트로 선발되기 때문에 많은 교회와 기독교단체들은 물론이고 일반단체들도 프로포절 쓰는 것에 생명을 건다. 연말이 되면 각 단체의 사무총장이나 직원들, 활동가들은 여러 개의 프로포절을 작성해서 지자체. 정부부처, 여러 기업에 제출한다. 다다익선이기 때문에 많이 써서 많이 받으려고 하니 동종 활동 간에 경쟁도 치열하여 서로 갈등과 견제가 있을 수밖에 없다. 진정성, 열정, 책임감과 경험보다 프로포절을 잘 쓸 능력이 우선적이 되므로 테이블에서 구상하는 자들이 브레인으로 실세가 될 것이다. 프로포절을 받는 지자체와 정부부처는 눈앞에 있고 하나님은 멀리 있으며, 정부부처의 결정은 신속하고 하나님의 응답은 느린데 누가 기도하겠는가! 프로포절은 자료와 경험을 모아서 부처가 원하는 방식으로 써서 제출하면 되는데 기도는 막연하고 추상적이며 비합리적이며 부자연스럽고 때로는 구차하다. 사람이 머리를 써서 할 수 있는 일을 굳이 하나님께 맡기고 무릎 꿇고 애원한단 말인가!

사람들이 기도대신 홍보, 광고, 선전을 하고 있었다.

국제적인 규모의 NGO(비정부기구) 와 잘 알려진 NPO(비영리단체)들이 TV와 인터넷을 통하여 홍보하고 선전하여 모금을 많이 한다. 유명인, 배우, 탤런트들을 출연시켜 홍보하거나 그들의 자원봉사를 받아서 선전하는 효과가 골방 기도와 비교할 수 없기 때문이다. 자본주의 사회는 오른

손과 왼손이 한 일을 숨기지 않고 세상에 널리 알려서 명예, 영광, 후원을 얻는 것이 자랑스러운 세상이므로 일반단체는 물론이고 교회와 기독교단체도 최선을 다하여 선전하며 광고한다. 다양한 매스미디어를 통해서 직접 사람을 상대하여 알리는 것이 쉽고 효과도 빠른데 굳이 기도할 필요가 있겠는가! 과학의 시대, 심리학의 시대, 경영학의 시대는 기도를 믿지 않는다. 철저하게 신문, 잡지, 라디오, 인터넷 매체를 통해서 지속적으로 대량 선전, 홍보를 하며 사람들의 감성을 자극하여 쉽게 후원 받을 수 있는 전략을 구사한다. 성공적인 홍보 기획과 전략을 세우는 사람들이 인기가 있으며 부러움의 대상이 된다. 그러니 누가 바보처럼 기도하며 기다리겠는가!

코로나19로 한국 체류가 길어지면서 여기저기서 목격한 것이 기도하지 않는 교회와 법인들의 활동이다. 기도가 사라진 교회와 기독교단체들의 눈부신 활약에 감탄하면서도 실망을 많이 하지 않을 수 없었다. 그럼에도 불구하고 각 단체들이 누리고 있는 안정된 운영과 튼튼한 조직과 연대들, 사회적인 인정과 명예 등이 먹음직하고 보암직하다.

20여 년의 긴 시간 동안 로비활동 없이, 프로포절도 없이, 적극적인 홍보나 선전도 없이 기도 하나로 유지해온 우리의 작은 활동이 구태의연하고 초라해 보인다. 더구나 코로나로 인하여 사회가 불안해지며 민심이 각박해지는 세상에서 기도로 모금하며 하나님의 뜻을 살아내며 활동할 수 있는 전망이 점점 불확실해지므로 무언가 변화하지 않으면 도태될 것 같아 초조해지며 불안에 휘둘리기도 한다. 게다가 각 분야의 전문가들이 나와서 코로나 이후 시대에 살아남으려면 달라져야 한다고 목청을 돋우고 있으니 변화해야 한다는 강박관념에 시달리게 된다.

　변화하자는 강박에 시달리면서도 호두알만한 내 작은 두뇌는 아무런 대안이 없다. 그렇다고 로비활동, 프로포절, 대량 선전에 무관심한 것은 아니다. 그러나 지금까지 살아 온 대로 주인에게 아뢰며 주인께서 주시는 대로 섬기면 되는 것이니 앞장서서 주인 노릇하지 말라는 내면의 소리가 나를 견제한다. 송충이가 솔잎을 먹듯이 살아온 습관대로, 부족한 대로 기도하며 감사함으로 거하라고 한다.

　호두알 내 작은 두뇌는 온갖 상념에 잠기다가도 하나님 앞에서 두 손을 높이 든다.

　"내 뜻대로 마시고 당신의 뜻대로 하시옵소서!"라고 기도하며 푸른 초장이나 사망의 음침한 골짜기까지도 주님과 동행하기를 다시금 다짐한다.

　코로나19 이후 시대가 아무리 불확실하고 불안해도 후원하는 교우들과 교회, 기업과 단체들과 함께 하나님 나라 행보를 위해 기도한다. 그들의 평화와 행복, 열매와 축복을 위해 어머니처럼 무릎 꿇는 일을 그대로 계속하기로 한다. 기도하며 안과 밖의 도전과 온갖 장애를 극복하며 끝까지 허락된 종의 삶을 그대로 살고 싶다. 십자가를 잘 지기 위해서 그리고 원수 사랑을 위해 기도하며 세상을 이긴 자유인으로 살련다.

　기도가 수상한 것으로 의심받는 시대에 기도로 숨쉬기를 기도한다.

하나님을 도구로 사용하는 자가 아니라 하나님을 사는 자가 되길 기도한다.

하나님의 이름이 거룩히 여김을 받으며 하나님의 나라가 임하길 기도한다.

사람들이 하늘과 땅 위와 물속에 있는 모든 생물과 함께 평화롭게 살기를 기도한다.

사람들이 창조주이신 하나님을 경외하며 임마누엘의 은혜로 살기를 기도한다.

안식일이 성수되어 사람들이 참된 쉼과 안식을 누리게 되길 빈다.

면제년법과 희년법이 실현되어 불의한 전쟁과 폭력, 악한 수탈과 착취가 사라지길 빈다.

고아와 과부, 병든 자와 장애우, 난민과 나그네들이 살만한 세상이 되길 기도한다.

온 세상에 하나님을 아는 지혜와 지식이 충만하길 기도한다.

교회와 기독교 단체의 잃어버린 기도가 열심이 회복되길 기도한다.

목회자들과 교우들의 생명을 건 기도와 간구가 회복되길 기도한다.

교회가 만민의 기도하는 집이 되며 세상의 소금과 빛이 되길 기도한다.

교회가 나라와 민족의 문제를 위해 기도하며 각자 받은 은사대로 힘껏 헌신하길 기도한다.

목회자들이 주의 종으로서 각자의 자리에서 은혜로 십자가를 지게 되길 기도한다.

교우들이 초대교회처럼 모이며 나누며 섬기며 예배드리며 하나님의 자녀로 살기를 기도한다.

교회가 하나 되게 하는 성령의 역사 안에서 분열을 극복하고 한 몸이 되길 기도한다.

그리스도의 몸 된 기관과 단체들이 하나님의 나라와 의를 위하여 봉사하길 기도한다.

교회가 반생명적이고 반 평화적인 세상의 폭력과 불의에 맞서 고난당할 수 있길 기도한다.

교회가 세상에서 하나님 나라로 존재하며 세상을 향해 하나님의 메시지가 되길 기도한다.

교회가 세상에 있지만 은혜와 사랑의 법으로 세상을 지도하는 영적 파워가 있길 기도한다.

마라나타! 주여 오시옵소서.

주님, 부족하지만 기도로 살았고 살고 있으며

앞으로도 그렇게 살기를 소망합니다.

저의 남은 여정에서 하나님 나라를 바라며 사는 기도의 사람들을

많이 만날 수 있도록 축복해주시고 저 또한

끝까지 하나님 나라를 바라며 살 수 있도록 은혜를 베풀어 주십시오.

주님! 부족한 사람이 기도로 사는 은혜와 축복을

이 땅에서 충만히 누리게 하옵소서.

아무도 회개하지 않는다

　12월 중국 우한의 어느 수산시장에서 시작되었다고 하는 코로나19 팬데믹으로 각국이 국경봉쇄, 로크아웃, 셧다운으로 대응하고 있지만 바이러스의 활동기세는 아직도 여전하다. 그로 말미암아 세계가 휘청거리고 있다.

　일찍이 미국의 수의학자 마크 제롬 월터스는 〈에코데믹, 새로운 전염병이 몰려온다〉에서 "인류의 지구환경 및 자연의 순환 과정 파괴가 신종 감염병의 등장과 확산의 주범"이라고 지적하였으며 장차에 지구 환경파괴로 발생하는 새로운 질병들을 〈환경 감염병〉이라고 불렀다.[1]

　우리는 2000년대에 들어서 세계적으로 유행하기 시작한 〈사스〉, 〈메르스〉, 〈조류 인플루엔자〉, 〈살인진드기 바이러스〉, 〈신종플루〉를 기억한다. 이들은 코로나19처럼 로크아웃과 국경봉쇄를 일으키지 않았지만 코로나19의 전주곡들이었다. 우리는 이 전주곡을 들으면서 불편하며 불안에 떠는 시간을 보냈지만 절망하지는 않았다. 우리는 현대 과학문명의 힘으로 환경 감염병도 완벽한 퇴치가 가능할 것이라고 낙관하였었다. 아무도 전주곡이 지구 차원의 전염병을 쓰나미처럼 몰고 오리라고 예상하지 못하였던 것이다.

양심적인 전문가의 소리는 신자유주의 자본가들의 논문과 인터뷰, 정치인들의 선동에 잊혀지고 뭉개진다. 깨어 있는 시민들의 저항과 활동도 정치와 경제 논리에 파묻히며 조롱을 당한다. 과학 우상과 쾌락의 문화에 젖어 사는 평범한 인류는 사회적, 국가적, 세계적인 팬데믹과 경제 불황의 파도를 눈곱만큼도 자기 탓이라고 생각하지 않는다. 지구환경과 세계에 대하여 책임을 져야할 지식인들과 전문가들 또한 그럼에도 불구하고 자신들의 투자와 성공, 쾌락과 오감만족에 만족한다. 정치인들은 파워게임을 하는 자들이기 때문에 정말로 기대할 것이 없는 최악의 부류의 인간이 아닌가 싶다. 물론 양심적으로 임하는 예외적인 정치인들은 이 시간에도 최선의 길을 찾고자 몸부림치고 있을 것이다.

어쨌든 20세기 말과 21세기 초에 다양한 종교와 종교인들도, 기독교와 기독교인들도 무한 경쟁과 개발이 탐욕이며 죄악이라고 선포하지 아니하였다. 다국적 기업, 다국적 언론, 다국적 금융 자본 및 증권 자본, 다국적 방어시스템과 핵무기 등이 전 세계를 마구 파헤치며 전쟁을 일으키고, 기아와 난민을 양산해도, 약소국과 빈민들을 향해 횡포와 폭력을 부려도 종교인들은 침묵하며 눈을 감았다. 세계 교육, 언론, 종교가 침묵하며 강자들의 행진을 묵인한 까닭에 세계는 500개 다국적 기업의 수중에 떨어졌고, 85명의 재벌들이 인류 35억 명의 부를 독점하는 세계적인 대 재앙에 이르렀다.

〈환경 감염병〉은 누가 뭐라고 해도 극단적인 경쟁체제를 통해서 극단의 이익을 추구하는 신자유자본주의가 촉진시킨 질병이다. 고삐 풀린 인간의 탐욕이 지구의 자정 능력을 넘어선 파괴와 개발 그리고 공장 가동,

267

자동차 운행과 기타 등으로 자정될 수 없는 오염물질들이 대기, 땅, 수질과 동식물을 덮은 결과인 것이다. 그러므로 신자유주의 자본주의에 입 맞추며 그들의 비위에 맞는 논문이나 글, 강연이나 연설로 단물을 얻어 마시며 인류를 재앙과 재난으로 이끈 사이비 과학자들, 경영 및 경제학자들, 정치인들, 종교인들, 각종 언론들, 출판물들, 대학교수들은 자기의 거짓에 대한 인정과 회개가 있어야 한다. 특별히 강대국들과 재벌과 재벌기업들이 지구오염의 책임이 큰 만큼 그들의 탐욕과 기만에 대한 인정과 참회가 있어야 한다.

환경 감염병은 1) 자연개발·생태계 파괴로 야생동물 서식처의 변화와 접촉 증가, 2) 지구온난화로 모기, 진드기 등 질병 매체의 증가, 3) 세계 절대 빈곤층의 열악한 위생 상태, 4) 환경오염에 의한 인간의 면역기능 약화, 5) 토양과 물, 대기 오염 등과 같은 환경변화가 원인이 되어 갑자기 발생이 증가하거나 새롭게 생겨난 전염병이므로[2] 인류 문명에 대한 자성과 참회 없이는 어떤 대책도 일시적인 미봉책에 불과하다.

안타깝지만 하나가 끝이 나면 더 강력한 바이러스가 쓰나미처럼 몰려올 것이다. 그리고 인류는 일상생활에서 날마다 바이러스와 사투를 벌이게 될 것이다. 그러나 아직도 강대국의 정치인들이나 학자들, 재벌이나 재벌기업들이 코로나19 팬데믹에 대하여 자기들의 과오와 죄악을 인정하고 바른 대책을 세우겠다고 다짐하는 양심적인 발언이 나오지 않았다.

몇 몇 사람과 집단과 정부가 인간의 과오와 책임을 인정하고 지구생명체를 존중하며 함께 생존해야 한다는 발언을 했을지도 모르지만 아직까지 내가 찾아 본 공개매체를 통해서 그런 자성의 소리를 확인하지 못하였다.

미국과 중국의 서로에 대한 책임전가는 환경 감염병 문제 해결에 아무런 도움이 되지 않는다. 아직도 종교인들의 자기반성과 회개에 대한 말도 듣지 못하였다. 아마도 자기들의 직접 행위로 일어난 일이 아니기에 감을 잡지 못하고 있는 듯하다.

코로나바이러스19가 인류에게 무엇을 요구하는가?

"너 자신이 피조물임을 알라"는 것이다.

인간이 피조물임을 알고 피조물인 다른 생명체와 지구와 하나님 앞에서 겸허해 질 때 비로소 문제를 해결할 수 있다는 것이다.

피조물인 인간이 만물의 우두머리로서 지식과 기술로 자연을 무제한 개발하며 변화시키며 통제하고 조정하는 것이 도를 넘어서면 재앙이 된다는 것이다.

피조물인 인간이 패권 다툼을 위해 강력한 무기와 자본으로 제삼국의 사람들을 노예화하고 짓밟고 괴롭히는 행위가 재난이 된다는 것이다.

피조물인 인간이 과학과 인문 지식으로 하나님의 자리에 앉아서 지구와 우주를 지배하려 하는 것이 인류를 멸망의 길로 이끈다는 것이다.

피조물인 인간이 인간의 탐욕과 독점을 위해서 같은 피조물인 살아 있는 동물과 식물을 개조하며 변형하는 것이 결국 종의 소멸 뿐 아니라 인류의 재난을 야기한다는 것이다.

우주와 지구의 번영과 생육, 평화의 원리를 깨면서 세상에 재앙과 재난이 없기를 바라는가?

하나님은 〈코로나19〉로 고난을 당하며 불안에 떠는 인생들을 바라보며 가슴 아파하신다. 살길을 택하지 않고 죽을 길을 택하는 인간의 교만, 선을 택하지 않고 악을 택하는 인간의 무지, 생명을 택하지 않고 자본을 택하는 인간의 탐욕을 아파하신다. 하나님은 탕자의 귀가를 기다리는 아버지처럼 인간의 회개를 기다리는데 아무도 회개하지 않는다.

콜럼버스가 아메리카에 도착한 이래로 서구인들이 무기와 문명의 도구를 들고 아메리카, 아시아, 아프리카를 찾아가 침략, 살인, 약탈, 방화한 그들의 범죄는 수 백 년이 지났지만 결코 용서된 것이 아니다. 서양이 주도하는 세계사는 그들의 죄를 문명화로, 도전에 대한 응전으로, 인문주의 발전으로, 승리로, 영광으로 미화시켰지만 하나님의 나라, 정의와 진리의 세계, 양심과 복음의 세계는 그들의 죄악을 기억하고 있다.

지금이야 말로 침략과 약탈, 파괴와 방화로 세계를 장악한 서구문명과 백인 문화가 회개할 때이다. 소위 선진국이라고 말하는 G7과 G20에 속하는 나라들이 베옷을 입고 재를 뒤집어쓰고 하나님과 자연 그리고 약소국 앞에서 참회해야 할 때이다.

하나님께서 우리 시대에게 코로나19로 인한 억울한 희생과 죽음에 대하여 그 죄의 값을 반드시 물을 것이다. 회개가 코로나19를 극복할 수 있는 지름길임을 세상이 속히 깨닫길 빈다.

---

1. 세계일보 특별기획취재팀 저,《지구의 미래: 기후변화를 읽다》163~164쪽,

2. 앞의 책,161~162쪽,

빛으로 지은 교회

누구를 위해서 왜 빚으로 교회를 지어야 하는가를 고민한다.

힌두교의 핵심은 계급 질서인 카스트와 업을 뜻하는 카르마와 윤회를 의미하는 삼사라이다. 철학자들이나 종교학자들은 천 가지 만 가지 말로 이들의 관계를 설명하고 미화하지만 그 바탕에 깊숙이 맘모니즘이 깔려 있다. 20세기 초에 전 세계 혁명을 선포하며 세상을 열광시켰으며 지금까지도 우리의 삶을 고무시키면서도 인간 존재를 대립의 각으로 몰아간 공산주의, 사회주의 사상도 내 눈에는 배금주의의 또 다른 표현이다. 자본주의를 개발과 인류 복지 향상으로 미화하든, 자유와 번영으로 설명하든 간에 그 바탕에는 배금주의가 있다. 현대인들의 일상이 되어버린 스크린, 스포츠, 섹스도 그 깊이에 배금주의가 깔려 있다.

현대사회를 다양한 사상, 종교, 철학이 자유롭게 공존하는 다원사회라고 말하지만 배금주의가 그 중심에 있다. 배금주의가 지배하는 세상에서 빚으로 지은 교회 또한 배금주의의 또 따른 모양일 뿐이다.

"빚으로 지은 교회"라는 제목의 표현에는 문제가 있다. 교회는 신도들의 공동체이므로 결코 돈으로 지을 수가 있는 건물이 아니기 때문이다.

그러나 오늘날 사람들이 "교회"하면 우선적으로 건물을 연상하기 때문에 어쩔 수 없이 그런 표현을 사용한다.

이십년 전에 호주 애들레이드에 가서 몇 개월 머문 적이 있었다. 숙소 부근에 술집을 겸한 카바레가 있었는데 교회 간판과 십자가가 입구에 그대로 남아 있었다. 나는 그 곳을 지나갈 때 마다 모독감과 수치심을 느꼈지만 호주 크리스천들은 아무런 감흥이 없는 듯 했다.

한국으로 돌아왔지만 술집으로 바뀐 호주교회의 인상이 너무 강렬해서 잊히지 않았고 마음속에 우리 한국교회에도 그런 일이 일어날 수 있을 것이라는 우려가 생겼다. 그러나 한국교회를 향한 하나님의 계획과 뜻이 있으므로 당분간 아니 최소한 내 생애 안에는 그런 안타까운 일이 발생하지 않을 것이라고 믿었다. 그런데 나의 믿음과는 다르게 빚으로 지은 교회의 도산 소식이 여기저기서 들려 왔다. 아! 시작이구나 하는 탄식과 함께 호주교회가 떠올랐고 가슴이 아릿아릿 아파왔다.

내가 속해 있는 교단 소속의 중소도시에 있는 교회들이 은행 빚을 갚지 못해서 팔렸다는 소식을 가장 먼저 들었고 그 후로 도처에서 줄줄이 이단이나 타 종교기관에 팔렸다는 교회 도산 소식을 들어야 했다. 고향 인근에 있는 교회가 빚 때문에 팔렸다는 말을 들었을 때 그 교회의 사정을 알기 때문에 안타까움과 충격이 더 컸다.

그럼에도 불구하고 오랫동안 밖에서 일했던 나는 빚으로 지은 교회의 문제가 그렇게 심각한 줄 몰랐다. 그러나 한국에 장기간 머물면서 이 문제가 몇 개 교회의 문제가 아니라 많은 교회의 문제라는 사실을 알게 되었다. 그리고 한국교회의 현재를 진단하고 미래를 위해 제언한 어느 책에서 이미 500여 개의 교회가 빚으로 도산을 하였고 앞으로도 계속 도산할 것이라는 경고음을 들었다. 그 저자는 적극적 사고방식의 대명사였던 로버트 슐러목사의 수정교회가 빚으로 도산하였으며 그의 몰락은 빚으로 지은 모든 교회에 대한 예표라고 하였다.

오늘날 교회와 목회자가 우리 사회의 중심 화제가 되었다는 것은 그 만큼 우리 사회에서 교회가 차지하는 역할과 비중이 커졌다는 반증일 것이다. 그런데 문제는 선한 화제가 아니고 악성 화제가 활개치고 있는 것이다. 특별히 슈퍼대형교회 목회자들이 주역이 되는 악성 화제는 그대로 넌크리스천들에게 한국교회를 공격하고 비난하며 부정하고 조롱하게 만드는 악성바이러스가 되고 있다. 특별히 인구에 회자되고 있는 빚으로 지은 교회 도산의 문제는 사람들로 하여금 교회에 대하여, 기독교에 대하여 냉담하게 만들고 있다. 그런데도 불구하고 목회자들은 아직도 대형교회와 대형건물에 대한 환상을 버리지 못하고 있다.

빚으로 지은 교회의 도산은 단순히 한 개 교회의 도산의 문제가 아니고 그리스도의 몸 전체와 관련이 되어 있어서 교회를 병들고 지치게 만들며 죽음에 이르게 한다. 빚으로 지은 교회는 세상으로 하여금 하나님의 이름을 망령되게 부르게 만들어 하나님의 이름을 조롱거리로 만들고 있다. 빚으로 지은 교회가 하나님의 영광을 온전히 가리고 있음에도 교회 지도자들이 그런 사실조차도 깨닫지 못하고 있다. 뿐만 아니라 빚으로 지은 교회는 복음 전파를 방해하며 교회 공동체를 분열시키고 선교를 중단케 만든다.

교회 도산이 빛는 부정적인 영향에도 불구하고 교회가 존재하는 한 건물은 계속 지어질 것이다. 성령의 인도 아래 믿음으로 지어지는 교회라면 염려할 것이 없다. 아름다운 교회가 세워질 것이고 교회를 통해서 하나님은 영광을 받으시고 세상은 구원의 기쁜 소식을 듣게 될 것이다. 그러나 대형교회를 지향하는 종교적인 허영과 탐욕으로 짓는 교회는 도산에 이르며 영적인 파탄과 죽음을 몰고 올 것이며 세상에 하나님의 이름을 욕되게 할 것이다.

교회의 도산이 가져오는 악영향을 심각하게 인식한 후부터 교회 건축 계획이 있는 교회 지도자를 만날 때 참으로 건방지게 충고 아닌 충고를 하였다.

대규모의 은행 빛으로 교회 건축을 해서는 안 된다.

빛으로 지을 경우라면 교회 완성 후에 늦어도 5년 안에 빛을 갚을 수 있을 정도여야 한다.

빛으로 지을 계획이라면 가능한 규모를 축소하여 빛을 적게 지는 것이 좋다.

건물 교회를 짓는 것보다 사람교회를 짓는 것이 우선되어야 한다.

건물 교회를 짓는 것보다 복음을 전하며 세상을 섬기는 것이 우선되어야 한다.

세상이 교회 건물을 보는 것 같지만 실제로는 사람 성전을 본다.

70여 억 원 규모의 교회를 기획하고 있는 어느 교회 젊은 지도자를 만나서 규모를 축소하는 것이 바람직하지 않겠느냐고 물었을 때 그는 대략 30억 원은 준비되었고 20억 원은 건물이 완성된 후에 현재 건물을 팔아서 갚을 것이며 나머지 20억 원은 앞으로 온 교회가 협력하며 갚아 가면 문제가 없을 것이라고 하였다. 그의 희망에 찬물을 끼얹고 싶지 않아서 입을 다물었지만 나는 하나님의 영광과 복음전파를 위해서라면 빚으로 굳이 그런 건물을 지어야 할 이유가 없다고 말해주고 싶었다. 그는 하나님의 영광과 선교를 말했지만 그의 생각은 대형교회에 있었으며 그의 낙관은 새로 입주하는 아파트지역으로 들어가기 때문에 새로운 교인들이 많이 증가할 것이라는 전망에 초점이 있었다.

그러나 현재 그 교회는 건축 후유증으로 분열되었고 기대만큼 새 교우들이 증가하지 않아서 교회 전체가 몸살을 앓고 있다는 소식이 들려온다.

한번은 어느 교회가 수백 억대의 건물을 지으면서 건축비의 절반을 은행에서 융자를 받을 계획이라고 하는 소문을 들었다. 나는 큰일 났다는 생각에 그 교회를 찾아 갔다. 미치광이 취급받을 각오를 하고 지도자들이 듣든지 말든지 그런 교회 건축을 하나님께서 기뻐하지 않으신다는 말을 전하고 싶어서였다.

아뿔싸! 교회는 임시건물로 이전을 하였고 옛 건물 자리는 이미 파헤쳐져있었다. 판자로 높게 담을 친 건축 현장 앞에 수십 층의 건물 조감도와 건축기간, 규모 등이 적혀있는 팻말이 당당하게 서있었다. 순간 긴장이 풀리고 허탈한 웃음이 나왔다. 빨간 글씨로 써진 '민원으로 작업이 중단'되었다는 경고표지판 읽으며 하나님께 불쌍히 여겨주시라는 기도를 바쳤다. 터덜터덜 돌아오면서 부흥과 하나님의 영광이라는 이름으로 고층 임대 사무실들과 함께 지어지는 교회가 과연 교회로 존재할 수 있는가하는 질문과 함께 바벨탑에 대한 묵상을 하지 않을 수 없었다.

275

아무리 외쳐도 일개 초라한 선교사의 말에 귀를 기울일 교회가 없겠지만 임금님 귀는 당나귀 라고 외친 이발사처럼 빚으로 세워지는 교회는 하나님께서 기뻐하지 않는다고 외치는 것이 교회에 대한 나의 사랑이라는 확신에 감히 외쳐 본다.

물론 빚으로 지어지는 교회가 다 바벨탑이라는 말이 아니다. 그러나 오늘날 빚으로 세우는 교회들이 바벨탑 방향을 지향하지 않으면 살아남기 어렵다는 이유로 빚을 내어 대형건물을 짓기 때문에 빚으로 진 교회가 위험하다는 것이다. 처음에는 빚이나 믿음으로 세우는 교회의 출발이 비슷하므로 진위가 불분명하지만 과정과 열매는 결코 같지 않다. 하나님과 재물을 겸하여 섬길 수 없고 가시나무가 무화과 열매를 맺을 수 없기 때문이다.

빚으로 짓는 교회는 비단 개인의 신앙생활은 물론 교회와 기독교계 뿐만아니라 사회와 국가에 미치는 영향이 막대하므로 충분히 검토되어야 하며 지양되어야 한다.

첫째 빚으로 지은 교회는 교우들의 현재와 미래의 수입을 담보하여 앞당겨서 사용한다는 점에서 문제가 심각하다.

교회와 공동체가 결정하고 의도한 대로 건축이 순조롭게 끝나고 교우들이 서로 협력해서 빚을 변제해 가고 신입 교우들의 숫자가 기하급수적으로 증가하여 빚 부담을 나누어지고 빚을 완전히 상환하게 되면 은혜롭다. 그런 교회는 하나님께 영광을 돌리며 지역사회에서도 긍정적인 영향을 미치게 된다. 그러나 건축 후에 교회가 서로 갈등하며 싸우며 갈등하느라 이자만 겨우 내는 상황에서 원금을 전혀 상환하지 못한 채 10년, 15

년, 20년 질질 끌게 되면 교회 활동이 위축 되고 교인들도 영적인 피로감에 빠지게 된다. 건축 후 5년이 지난 뒤에도 대책이 없는 교회 빚은 교회 자체에게도 치명적이지만 개개인들의 신앙생활에도 악성 바이러스가 되어 영적인 무관심과 냉담, 죽음에 이르게 할 수 있다.

둘째로 빚으로 지은 교회는 해결하기 어려운 갈등 구조를 교회에 정착시킬 수 있는 위험성이 크다.

그런 교회는 영적인 지도자에게 수적인 부흥과 양적인 발전을 요구하며 목회자를 교인의 숫자와 헌금 증가를 기준으로 초청하거나 아내는 악순환을 일반적인 교회보다 쉽게 반복할 수 있다. 교회 부흥이 안 되고 은행 빚 독촉에 쫓기게 되면 100명 교회를 하루아침에 1,000명 교회를 만들어낼 목회자를 찾게 되고 또 뜻대로 안 되면 추방하고 또 다른 사람을 찾아서 세우는 일을 반복한다. 세상에 그런 목회자도 없지만 그런 목회자에 대한 환상으로 목회자를 자주 교체하는 사이에 교인들은 영적 골병이 들게 된다. 교회에는 반드시 억울하게 쫓겨나는 힘없는 목회자를 지지하는 그룹과 무능한 목회자를 나가게 하려는 지도자를 지지하는 그룹이 생기기 마련이다. 두 그룹은 서로 갈등하며 정죄하며 다투느라 영이 마비되고 교회는 중병에 걸린다. 사탄은 이런 갈등 구조를 부추기며 분열의 틈새를 파고들어서 교회를 삼켜버린다.

셋째로 빚으로 지은 교회는 교회 내 서열화를 촉진시켜서 카스트 구조를 새롭게 형성한다.

처음 조선 사회에 복음이 전파될 때 교회는 남녀의 차별, 사농공상의 차별, 종과 천인들의 카스트를 깨면서 해방의 기쁜 소식이 되어 조선 양반 유교 사회에 파문을 일으켰다. 하나님 앞에서 남녀노소, 빈부귀천이 평등하다는 복음이 조선사회를 흔들었고 근대사회와 근대시민 형성에 큰 기여를 하였다. 그러나 지금은 사람들이 교회를 아무나 누구나 갈 수 있는 곳으로 생각하지 않는다.

기독교인들이 아닌 사람들조차도 부자들이 주로 다니는 교회, 고학력자들의 교회, 출세한 자들의 교회, 진보 지식인들로 이루어진 교회들을 알고 있다. 이런 특수한 계층의 교회도 존재 할 이유가 있고 그런 현실적인 필요에서 출발되었겠지만 교회가 만민의 기도하는 집이라는 측면에서 볼 때는 닫힌 교회, 카스트 교회라고 볼 수밖에 없다.

목회자 사이의 서열화, 장로들의 서열화도 문제지만 교인들 안에 형성된 카스트 구조는 교회를 배타적이고 폐쇄적인 집단으로 만들어서 교회의 몰락을 재촉할 것이다.

특별히 빚으로 지은 교회는 교회 생존을 위해서 헌금을 많이 내는 사람을 더 환대할 수밖에 없게 되고 사회적으로 힘 있는 자를 교인으로 만들려고 힘을 쓰게 되므로 수 십 년 동안 성실하게 봉사하면서 교회를 섬긴 보통 교우들보다 부자와 유력자를 장로나 교회의 요직으로 세우는 일이 비일비재하게 일어나게 된다. 그리하여 교회 내에서 부자, 권력자, 고학력자가 우대를 받으며 상층 그룹을 형성하고 가난하고 힘이 없고 특별한 재능이 없는 갑남을녀들은 교회의 하층그룹으로 존재하게 되는 복음에 대한 반역, 이율배반, 모순이 일어난다.

교회 내부의 서열화, 교우들 간의 카스트 구조는 교회의 고혈압 현상으로 심혈을 기울여 치료하지 않으면 뇌졸중이 되어 교회를 마비시킬 것이다.

넷째로 빚으로 지은 교회는 십자가를 유보하며 맘모니즘으로 돌파구를 찾으려는 유혹을 받게 된다.

하나님의 나라와 정의를 선포하며 회개를 촉구하고 사회적인 책임을 강조하면 교인들이 듣기 싫어한다. 진리를 위한 고난과 희생, 자기의 십자가를 지라고 말하면 부담을 느끼는 교인들이 많다. 그러나 신자본주의 사회의 치열한 경쟁에서 이기고 모든 방법을 동원해서 돈을 버는 것이 하나님의 축복이라고 가르치어 양심의 부담을 덜어주면 교회가 대범하며 화통하고 은혜롭다고 한다. 그러니 빚을 갚아야 하는 교회로서는 교인들의 마음을 거리끼게 하는 말씀과 교육보다 교인들이 마음 편하게, 기분 좋게 신앙생활 할 수 있도록 코미디 쇼 같은 말씀과 감성을 터치하는 감미로운 찬양으로 즐거운 예배를 기획하며 이 땅에서 받는 축복을 더 강조하지 않을 수 없게 된다.

계속되는 축복의 강조는 배금주의를 지향하며 십자가를 교회에서 몰아내게 마련이다. 자신도 모르게 바벨탑이 되어가는 교회는 걸리적거리는 십자가를 한쪽으로 몰아내고 맘모니즘을 숭배하게 된다. 배금주의가 교회 중심에 자리를 잡게 되면 교회는 더 이상 그리스도의 몸이 아니다. 소금도 빛도 아니며 세상 속에 떨어져 썩어지는 한 알의 밀알이 될 수 없다. 세상을 더 이상 죄악의 어둠에서 해방시키며 자유롭게 하는 진리의 담지자가 될 수 없다.

교권을 장악하기 위해서 뒷거래를 하며 부자승계의 문제, 재산 분쟁, 공금 착복의 문제, 퇴직금 문제, 부정부패, 뇌물의 문제, 교회 지도자 선출의 문제 등으로 세상의 조롱거리가 되어서 교회가 오히려 부정부패 척결의 대상이 된다. 혁명을 일으킨 사람들이 세월이 흐른 뒤에 혁명의 대상이 되는 것과 마찬가지로 예수님께서 다시 오시면 내 집을 강도의 소굴로 만들었다고 채찍을 드실 것이다.

그렇다고 성서의 축복을 결코 부정하는 것이 아니다. 성서는 인간을 축복하는 하나님의 사랑의 편지이다. 그런 의미에서 성서는 축복의 책이요, 교회는 축복의 전이다. 그러나 성서의 축복은 하나님께 영광을 돌리고 세상에는 평화를 가져오며 함께 생육하며 번성하고 창대 하라는 하나님의 뜻을 성취하는 약속이다. 빚 때문에 십자가를 고의로 외면하게 되는 교회는 살았으나 죽은 교회가 되므로 신앙적으로 신학적인 문제를 야기하지 않을 수 없다.

다섯째로 빚으로 지은 교회는 종교 비즈니스를 하는 회사가 되기 쉽다.

목회자가 경영자로서 사장으로 고용되고 장로들과 기타 교회 지도자들은 이사가 되어 교권을 장악하고 교인들은 주주 겸 생산자, 소비자가 된다. 교인들이 전도할 때도 복음을 말하는 것이 아니라 교회에 나오게 되면 받게 될 이익과 좋은 점을 우선적으로 알린다. 그리고 목회자가 박사학위를 가지고 있고 방송출연하고 있으며 학교에 나가 강의도 하는 고학력자이며 장로 중에는 사장이 많고 사회적인 지위가 높은 분이 많다는 것 등의 비본질적인 것으로 사람들을 유인한다.

월급 사장으로 온 목회자도 빠른 시간에 빚을 갚기 위하여 비상수단을 강구하게 된다. 사람들의 불안 심리를 자극하여 저주와 축복을 상품화하고, 영혼 구원을 상품으로 만들어서, 값싼 은혜, 행복과 평화와 함께 판다. 그러다 보면 성령의 은사도 상품화하게 되고 예언과 방언, 신유의 은사도 대담하게 상품화하여 거짓 예언과 거짓 통역으로 사람들을 미혹한다. 은사를 판매하다 보면 하나님을 대신해서 회개 없는 용서도 남발하게 되고 대중이 좋아하는 심리상담과 행동과학과 마인드 컨트롤과 고래도 춤추게 한다는 칭찬과 아첨, 각종 인간 분석과 훈련, 최면술, 게임과 레크리에이션으로 사람들을 사로잡고자 한다.

성경은 뒤로 돌려놓고 종교 비즈니스 성공을 위해서 은사와 예언을 남발하여 교인들을 추종자로 만들어버리는 일은 아주 위험하고 비열한 종교 비즈니스의 일면이다.

그렇다고 종교 비즈니스를 자청하는 교회와 목회자가 다 빚 갚기에 성공하는 것은 아니다. 오히려 그런 목회가 불씨가 되어 교회가 소란해져 교회 도산이 앞당겨질 수도 있다.

여섯째로 빚으로 지은 교회는 지역사회 속에서 섬으로 고립될 수 있다.

빚을 갚기 위해서 긴축 재정으로 모든 지출을 줄이고 빚 갚기에 전념을 하다보면 지역사회의 애경사와 불우한 교회 이웃에 대하여 냉담하게 된다. 교회 안과 밖의 나눔과 섬김을 유보하고 빚을 핑계 삼아서 지역사회의 각종 행사와 국가와 사회문제에도 일체 반응하지 않고 참여하지 않는 시간이 길어지면 길어질수록 교회는 이기적인 존재로 주변에 비처지며 사람들은 교회를 섬으로 생각하며 외면하게 된다. 결과적으로 교회 주변의 사람들은 섬처럼 존재하는 인정머리 없는 교회에 머리를 흔들게 되고 섬이 말하는 복음에 냉담하게 된다.

교회가 빚 때문에 지역사회와의 친교와 만남과 나눔을 포기하는 것은 성령이 임하시면 땅 끝까지 이르러 복음을 전하라는 주님의 말씀과 대조적이다. 손으로는 교회 문을 굳게 닫아 걸으면서 입으로는 세상을 향해서 속히 오라고, 값없이 와서 영생의 말씀을 들으라고 초청하는 것이 얼마나 모순인가 말이다.

오늘날 빚으로 지은 많은 교회들이 같은 실수를 무수히 반복하고 있으면서, 밤낮으로 부흥을 주시라고 기도하고 있으니 하나님도 답답하실 노릇이다.

지금은 심각하게 빚으로 지은 교회에 대하여 한국 교회가 회개하며 반성할 시간이다.

감당할 수 없는 빚으로 교회 건물을 짓는 것을 믿음으로, 헌신으로 선포하며 강요했던 지도자들이 먼저 회개를 해야 한다. 빚으로 교회를 짓고자 했던 그 발상 배후에 맘모니즘이 없었는가? 그 배후에 영적인 영웅, 종교적인 스타가 되려는 유혹이 없었는가? 그 배후에 종교 비즈니스의 유혹이 없었는가? 그 배후에 실패한 목회를 만회해 보려는 만용과 욕망이 없었는가? 갈 갈이 찢겨진 교회 목회가 너무 힘들어서 교인들을 단합시키기 위한 비상의 수단으로 교회 건축을 시도하지 않았는가?

지금 이 시간에도 빚으로 지어진 교회가 어디에선가 팔리고 있으며 교인들이 중심을 잃고 흩어지고 있을 것이다. 하나님의 이름이 망령되게 일컬어지고 성도들이 영적인 혼란과 고난을 당하는 일이 앞으로 더 이상 없기를 간절히 바라면서 감당할 수 없는 빚으로 교회를 건축하는 일이 중단되길 간절히 바란다.

참으로 안타깝게도 대부분의 목회자들과 교우들이 자기들의 교회는 예외일 것이라고 생각하면서 빚으로 교회를 지을 계획을 세운다.

그러나 지금은 정치, 경제, 사회, 문화, 교육, 스포츠 할 것 없이 모이는 때가 아니고 다 흩어지는 시간이다. 사람들이 끊임없이 이동하며 일하는 시대는 흩어지는 사회다. 이제 교회도 이동하는 교회가 되어야 하며, 정착 교회에 대한 환상을 버리고 흩어지는 사회에서 복음을 전할 목회방법과 전략이 나와야 한다. 흩어지는 사회, 흩어져 사는 사람들에 대한 목회를 준비해야 한다.

한때 한국사회에는 빚으로 진 교회들이 대히트를 치며 대형교회가 되었던 호시절이 있었다. 그러나 지금은 결코 그런 때가 아니다. 우리 지금 그리스도의 몸 된 교회들이 그렇게 세워진 대형교회의 부작용과 부패, 영적인 독재와 폭력 때문에 싸잡아서 욕과 비난을 받으며 존재의 기로에 서서 몸살을 앓고 있다. 또한 대도시를 비롯한 중소도시들의 대형교회들이 독선과 부정부패, 정치적 보수성, 시대의 흐름에 거스르는 행위로 말미암아 한국사회 전반에 걸쳐서 지탄의 대상이 되어 호국 기독교 망국론이 심심치 않게 나오고 있다. 한국사회에서 호국기독교 망국론이 나올 정도면 한국교회가 그동안 정치경제사회의 부패에 많은 일조를 했다는 말인데 아직도 나는 그 말에 전적으로 동의하지는 않는다.

군부독재 치하에서 노동자와 농민의 인권, 민주화, 독재 타도와 평화통일의 문제 등등에 크리스천들이 고난을 자초하며 몸담고 활동했던 기억이 아직도 선명하기 때문이다. 그러나 그런 비판을 귀담아 듣고 회개 반성을 하면서 3.1운동과 독립운동을 주도했던 초창기 크리스천의 정신과 믿음으로 돌아가서 평화 공존의 시대, 통일의 시대를 준비하는 새 시대의 씨알로 살고 싶다.

단톡방의 사람들

　작년 여름부터 갑자기 많은 단톡방에 초청 되었다. 어느 특정 집단에 대한 호오(好惡)가 심하지 않기 때문에 예고 없이 초청 되어도 굳이 나오지 않고 그대로 눌러 앉아서 카톡 글을 읽기도 하고, 지우기도 하면서 1년 정도를 여러 개의 단톡방과 동행하였다. 처음에는 외국에서 온 낯선 사람을 단톡방으로 초대해준 것이 너무 고마워 열심히 읽고 공감하며 흥분하며 단톡방의 일원으로서 소속감과 목적의식을 느껴보았다. 그러나 지금은 단톡방이 권위적이며 계급화 된 세계로 정치적인 이해타산에 따라 움직이는 집단 카르텔의 도구로 변질되어 가고 있다는 사실에 큰 의미를 부여하지 않는다.

　언제 어디서나 자유롭고 평화로운 소통, 사통팔달의 민주적인 소통이 가능하다는 단톡방에 대한 신선한 기대가 헛된 개꿈이라는 사실을 아는데 그리 긴 시간이 필요하지 않았다. 어떤 사건이나 정책에 대하여 겸허한 대화. 진지한 경청과 합의, 공감과 이해의 과정이 철저하게 생략된 채로 단정과 배타, 폐쇄와 낙인의 장임을 단톡방 스스로가 말해 주었기 때문이다.

지난 1년 사이에 단톡방이 방장과 몇 사람의 주도자들이 자신들의 신념하는 정의와 진실이라는 이름으로 독선과 왜곡을 주입하는 아주 위험한 도구라는 사실을 그들이 올리는 유투브를 비롯한 소셜 미디어의 영상이나 글을 보면서 하나 둘 깨달았다. 단톡방을 독점한 몇 몇 사람들이 검증되지 않는, 영원히 검증될 수 없는 거짓 정보와 지식으로 사람들의 생각과 영혼을 공략해서 자칫 의심과 혼란에 빠트릴 뿐만 아니라 오토플레이로 자동적으로 떠오르는 과격한 동영상으로 시간을 낭비하게 만들고 자기와 다른 생각이나 의견을 가진 사람들을 의식이 없는 사람, 잘못된 사람으로 매도하며 사람들의 시간과 감정을 소모시키는 것을 보았던 것이다.

　단톡방의 사람들이 어떤 사건에 대한 사실과 진실을 알리기 위하여 유투브나 페이스북, 트위터, 네이버 등등 소셜미디어에 올라온 동영상이나 칼럼이나 기사를 자주 이용한다. 이유는 검증할 수 없고, 영원히 검증될 수 없는 내용이지만 유투브 또는 페이스북에서 십만 회 또는 수십만 회 클릭되었기 때문에 진위를 막론하고 어마어마한 대중적인 숫자에 뭔가 있을거라는 막연한 느낌이 사람들에게 어필되기 때문이다.

　대부분의 사람들이 단톡방에 올라오는 유투브, 페이스북, 트위터의 기사나 영상을 사실 그대로 신뢰하고 있는데 최근의 연구들이 발표한 내용에 의하면 85% 정도가 거짓이라고 한다. 이 말은 곧 거짓 정보를 유포하는 소셜미디어를 이용해서 자기논리와 주장을 펼치는 것이 위험하다는 뜻이기도 하다.

　단톡방의 사람들은 수십만 명의 클릭한 유투브 동영상이 사실과 진실을 말한다고 생각하며 자기주장을 선전하기 위해서 널리 퍼뜨리는데《노모포비아 스마트폰이 없는 공포》의 저자 만프레드 슈퍼처는 그것이 수십만 번의 클릭이 사실이 아니며 광고 매출을 통한 수천억 달러의 광고 시장의 브레이크를 모르고 질주하는 암세포와 같은 것으로 본다.

15억 명이 이용하는 유튜브의 4분의 3가량이 이용자가 선택하는 것이 아니라 유튜브가 선택하고 제안하는 것이다. 이를 위해 유튜브는 특수 알고리즘을 사용한다. 유튜브 엔지니어들이 영상추천을 최적화한 지극히 정교한 산업 시스템 중 하나[1] 라고 부르는 알고리즘이다. 유튜브 시청은 현재 하루에 10억 시간이 넘는다.

유튜브는 표면적으로는 이용자 본인이 처음 선택한 것과 비슷한 동영상을 오토플레이를 이용해서 추천 영상으로 제공한다. 그러나 이 알고리즘 시스템의 진짜 목표는 이용자들을 가능한 오래 컴퓨터와 스마트 폰 화면에 묶어 두기 위한 것이다. 유튜브는 구글 소유이고 구글은 광고 수입으로 유지되므로 사용자가 많을수록 수익이 커지므로 이용자를 최대한 화면에 묶어두는 기술을 개발하였다. 뿐 만 아니라 애플, 페이스북, 트위터 같은 다른 거대한 인터넷 기업들도 사용자들의 시간을 팔아서 광고로 기업을 유지한다.[2] 그러므로 계속 호기심을 자극하는 과격한 동영상을 추천하여 시청자를 화면에 묶어 두는 것으로 수익을 낼 수밖에 없다.

다음은 〈뉴욕타임스〉 2018년 3월 8일 표제기사이다.

"유튜브는 추천 기능이라는 명목 하에 이용자들을 음모론과 편향적 의견, 가짜뉴스를 퍼뜨리는 채널로 이끈다. 이용자들이 그런 문제 관심이 없어도 상관없다. 반면에 이용자가 직접 선택한 동영상이 정치적으로 색깔이 뚜렷하다면 유튜브는 일반적으로 그런 선입관에 일치하는, 아니 좀 더 극단적인 의견이 담긴 동영상들을 추천한다."[3]

"우리는 인간의 자연스러운 욕망이 테크놀로지에 의해 착취되는 것을 생생하게 목격하고 있다. 커튼 뒤에 숨겨진 것을 보고 싶어 하고 우리와 관계된 무언가를 좀 더 정확히 알고 싶어 하는 욕망이 그렇다. 우리는 클릭할 때 마다 사람을 흥분시키는 자극적인 내용에서 또 다른 자극적인 내용으로 넘어가고, 그와 함께 점점 더 많은 비밀과 진실에 접근하고 있다고 믿는다. 이런 심리를 이용해서 유튜브는 우리를 극단주의 미로 속에 밀어 넣고, 그 과정에서 구글은 광고로 떼돈을 번다."[4]

"이 상태는 용인할 수 없고, 피할 수 없는 것도 아니다. 한 회사가 무수한 사람을 극단으로 내몰고, 동시에 그에 따르는 사회적 비용까지 무한정 발생시키면서 그렇게 많은 돈을 버는 건 말이 안 된다."[5]

많은 연구들은 유튜브가 과격한 동영상으로 소비자를 화면에 붙잡아서 거짓 정보를 유포하며 거액의 광고 수입비로 돈을 번다는 사실을 밝혀냈으나 우리 한국의 이용자들은 클릭의 횟수를 사실과 진실로 착각하여 자기주장의 근거로 삼는 모순을 범하고 있다.

페이스북은 스스로 할 수 있는 성격 테스트 앱을 통해서 8,700만 건의 가입자들의 정보를 빼내서 맞춤형 광고를 제작하였다. 또한 포스트로 불리는 페이스북 게시물을 통하여 선거 시 유권자들의 태도에 영향을 끼쳤으며, 가짜 뉴스 조작으로 선거에 개입하여 그 사실이 폭로되어 2018년 3월 18일부터 25일 까지 일주일 동안 페이스 북 시가 총액 750억 달러가 증발하기도 하였다.

"지난 미국 대통령 선거 기간 중에 생성된 가짜뉴스 가운데 클린턴보다 트럼프에게 유리한 것들이 훨씬 많았다는 점을 고려하면 민주적 과정이 디지털 정보 기술에 의해 얼마나 위태로울 수 있는지가 명확히 드러났다. 게다가 이런 가짜뉴스가 외부 세력(러시아)에 의해 조종될 수 있다는 점까지 감안하면 그 폭발성은 정말 위험해 보인다. 이런 상황이 미국에만 국한된 문제라면 그나마 다행이겠지만 현실은 그렇지 않다."[6]

페이스북 사례는 정보수집과 확산을 통한 의도적인 선거 개입과 거짓과 왜곡이 가능함을 잘 보여주었다. 한국 또한 예외가 아닐 것이다.

매사추세츠공과대학교 학자들은 2006년부터 2017년 까지 트위터에 올라온 진짜 메시지와 가짜 메시지 12만 6천여 건이 300여 만 명에 의해 450만 번 넘게 퍼져나간 것을 조사했다. 트위터의 메시지들이 사실인지 가짜인지는 95~98퍼센트의 정확성을 자랑하는 여섯 개의 팩트 체크 전문기관이 판단했다.[7] 그리고 트위터 메시지를 내용별로 '자연 재앙', '테러리즘', '과학', '허구적인 일화', '현대판 전설', '경제 뉴스'로 분류했다.

그 결과 가짜 메시지는 진짜 메시지보다 더 빨리, 더 멀리, 더 깊이 전파되는 것을 확인하였다. 이를 〈뉴사이언티스트〉는 서문에서 아래와 같이 묘사했다.

"가짜 메시지는 ~중략~ 진실이 신발 끈을 동여매는 동안 벌써 지구 반 바퀴를 앞서간다."[8]

진실한 메시지는 가짜 메시지에 비해 1,500명에게 전파되는데 시간이 여섯 배 더 걸린다. 게다가 가짜 메시지는 다른 이용자들에 의해 공유될 확률이 진실한 메시지보다 70퍼센트 더 높다. 가장 빈번하게 확산된 가짜 메시지는 보통 1,000번에서 수십만 번까지 전송된 반면에 진실한 메시지는 1,000번을 넘는 경우가 드물었다. [9]

우리는 트위터가 전하는 뉴스를 진짜로 착각하고 이용하였지만, MIT의 연구자들에 의하면 트위터에 가짜 뉴스가 더 많았고 더 활발하게 퍼졌다.

단톡방의 글을 올리는 많은 사람들이 자주 사용하는 유튜브, 페이스북, 트위터 등의 소셜미디어의 영상과 뉴스들이 광고수익을 위해서 자동적인 과격화 메커니즘, 정보 수집을 통한 맞춤형 광고, 가짜 뉴스 유포, 체계적이고 자동적인 정치적 조작을 서슴지 않고 저지른다는 사실을 알았다면 앞으로는 더 이상 사건이나 사람에 관한 글을 유튜브, 페이스북, 트위터에서 자신 있게 인용하지 못할 것이다.

여담으로 들려주고 싶은 이야기가 있다.

유럽에서 시민의 40%에 해당되는 2억 명 가까운 사람들의 정보가 페이스북에 의해서 분석되고 있었다는 것이다. 페이스북이 수익을 극대화하기 위하여 개인별 맞춤형 광고를 보내기 위해서 개인들의 정보를 수집하였다.

맞춤형 광고의 진실을 처음 발견한 사람은 스페인 논문 저자의 한 사람이었다. 그는 어느 날, 자유롭게 동성애를 즐길 수 있는 호텔의 광고를 받았다. 그는 이미 동성애를 끊은 상태였다. 충격에 빠진 그는 페이스북이 자신의 예전 성적취향을 어떻게 알고 광고를 보냈는가를 조사, 연구하였다. 그는 유럽 페이스북 73퍼센트가 페이스북 알고리즘을 통해 탐지되어 광고 목적으로 사용된 것을 발견하였다. 페이스북은 개인정보보호법 위반으로 120만 유로의 벌금형에 처해졌다. [10]

지금까지 단톡방에 자주 올라오는 동영상, 글과 뉴스가 유튜브, 페이스북, 트위터 등에서 퍼온 것이 가짜이기 쉽다는 것을 말하기 위해서《노모포비아 스마트폰이 없는 공포》에서 실린 내용의 일부를 대충 나누었다.

이글을 읽는 분들에게 좋은 참고가 되길 바라면서 지금까지 단톡방의 참여를 통해 만난 사람들에 대한 소감을 나누고자 한다.

지난 1년 동안 단톡방에서 만난 사람은 대충 다섯 부류의 사람이었다.

첫째는 자기와 다른 생각을 가진 사람들을 무조건 심판하고 정죄하는 보스들이다.

그들은 자기가 지지하는 사람이나 정당, 그와 관련된 사건이 나오면 흥분하여 환성을 지르며 열광한다. 찬양하며 찬사를 바친다. 그들에게는 아군과 적군이 분명하며 생명을 걸고 지켜야 하는 성역이 있고 금기가 있다. 자기들의 우상, 영웅이 누군가에게 폄훼나 모욕을 당한다고 생각하면 즉각적으로 공격을 퍼부으며 육두문자를 쓴다. 흡사 그들은 자신들을 영웅의 신전에 있는 제사장과 문지기로 착각하고 있는 듯하다. 그들은 자기들의 신을 신성화하기 위하여 유튜브, 네이버, 페이스북, 트위터의 영상이나 글, 뉴스들을 선택적으로 활용한다.

그들이 올리는 글은 거의 고압적이며 독선적이다. 자기와 다른 생각과 견해들을 일체 우수마발로, 쓰레기로 규정한다. 다른 의견을 가진 사람들을 가차 없이 매도하며 심판한다. 자신들을 지지하지 않는 사람들을 어리석으며 의식이 없는 사람으로 깨져야할 사람으로 파악한다. 그들은 대화와 경청을 모르며 무조건 자기주장과 생각만 명령식으로 선포하며 주입시키려고 한다. 자신들이 사용하는 언어가 폭력임에도 불구하고 그것을 정의를 위한 헌신과 투쟁으로 착각하고 있다.

둘째는 타인의 말과 생각으로 소신을 피력하는 신중한 사람들이다.

그들은 자기 말이나 생각을 직접적으로 표현하지 않는다. 유명인사들의 말과 생각으로 자기 소신을 편다. 그들은 자기 의견을 직접적으로 말하지 않는다. 영향력과 설득력이 있어 보이는 각종 전문가, 세계적인 석학들의 유튜브 영상과 페이스북의 글들을 이용해서 자기의 뜻을 간접적으로 전한다. 그들은 다른 의견과 부딪혀서 스파크를 일으키지 않는다. 상대방의 시비로 갈등과 충돌이 발생할 경우 침묵하거나 최악의 경우 방에서 나간다. 그들은 다른 주장에 대해서 동의는 하지 않더라도 무조건 반대하고 배타하는 고집을 부리지 않는다. 그들은 열린 자세로 최소한 의견을 경청하며 단톡방의 대화가 몇 사람에게 독점되어서는 안 된다는 생각을 가지고 질서를 지키려고 하는 듯하다.

셋째는 자신들이 특별한 존재임을 밝히는 단톡방의 퍼스트클래스를 형성하는 사람들이다.

글을 올릴 때 교수라는 명함이 함께 올라온다. 그 분야에서 수십 년 동안 종사했다는 전문가의 이력이 나온다. 과거의 정치경력이 함께 올라온다. 이름에서 나오는 아우라 때문에 단톡방의 사람들은 그들에게 90도 각도로 허리를 굽힌다. 그들 또한 자기주장을 강화하기 위해서 때로는 유튜

291

브와 페이스북, 트위터의 영상과 글들을 이용한다.

단톡방 대부분의 사람들이 자기보다 학력이 높고 경력이 많은 사람이 어떤 주장을 펼치면 그들의 지식과 전문성을 높이 평가해서 이의를 제기하지 않고 그냥 엎드린다. 고학력과 전문가의 우월감과 평범한 사람들의 열등감이 상호교차하면서 평등한 소통 구조가 순식간에 파괴된다. 그들이 원하는 바는 아니겠지만 그들은 순식간에 비전문가와 저학력자들을 대화와 소통에서 제외시켜 버린다.

지식 권위주의는 남녀노소 빈부귀천, 갑남을녀의 소통에 바람직하지 않다. 우리는 평등한 소통을 원하면서도 아직도 조선시대 유학자들의 상명하달식의 소통에 익숙하다.

모든 사건과 정책이나 사회 문제에 대하여 전문가의 눈으로 재단할 것이면 굳이 대중적인 단톡방을 열 필요가 없다. 대중적인 단톡방을 열 때 특별한 카르텔을 형성하려 한 것이 아니고 바람직한 소통을 통해서 건강한 언론을 형성하여 정의롭고 균형을 이루는 사회 발전에 이바지하고 싶었다면 그런 식으로 소통을 해체시키는 지식인과 전문가들의 발언은 자제되어야 한다. 단톡방의 일원으로서 발언할 자유가 있지만 소통의 평등성과 자유를 폐기하는 것은 단톡방을 만든 취지에서도 벗어나는 것이다.

넷째는 강자들의 의견에 무조건 공감하며 동의를 표하는 대세지향형의 사람들이다.

그들은 보스형의 사람들과 전문가와 지식인의 발언에 맞장구를 잘 치는 사람들이다. 그들은 강한 자들을 지지하고 그들을 편들기 위해서 간혹 유튜브, 네이버, 페이스북, 트위터에서 비슷한 영상과 기사를 찾아서 올리는 기염을 토하기도 한다.

동서고금을 통하여 어느 시대나 주견 없이 상황과 이익에 따라 움직이는 사람들은 있었고 앞으로도 있을 것이다. 그런 부류의 사람들은 자기의 생각으로 생각하는 것이 아니라 판도를 읽으며 대다수가 지지하는 쪽으로 자기 생각을 정리하는 사람들이다.

다섯째는 누구의 의견이나 주장에도 일체 반응하지 않는 침묵의 사람들이다.

그들은 좌우나 동서에 치우치지도 않고 어떤 의견에도 가타부타 말이 없는 사람들이다. 그들은 어떤 주장이나 선전에 흥분하거나 냉소하지 않고 차분히 읽으며 내면화시키는 부류의 사람들이다. 그들은 카톡방의 주장에 때로는 공감하며 때로는 비판하지만 신중하며 조심스러운 나머지 침묵한다. 그들이 비록 침묵하지만 단톡방에 남아 있으므로 단톡방이 유지된다. 그들이 침묵한다고 그들을 생각이 부족하거나 주의 주장이 없는 사람이라고 생각하는 것은 큰 오산이다.

다양한 사람들이 함께 살고 있는 세상에서 그리고 단톡방에서 어떻게 소통하여야 할 것인가가 문제다. 사실과 진실의 왜곡 없이, 언어폭력 없이, 지식인과 전문가 사대주의 없이, 유튜브와 페이스북, 트위터 없이 얼굴과 얼굴, 눈과 눈을 마주치며 사람들을 만나고 싶다. 사람들의 가슴 속 이야기를 듣고 싶다.

부기

인간이 만든 모든 것에는 순기능과 역기능이 있듯이 단톡방 또한 순기능과 역기능이 있는 것이 당연하다. 단톡방에 걸었던 민주적인 언론 훈련의 기회, 남녀노소 빈부귀천을 초월한 소통, 함께 고민하며 성찰하며 문제를 풀어가는 집단 지성의 장이라는 모든 기대를 내려놓았다.

단톡방은 우리가 이용하는 시간으로 광고 수익을 얻는 인터넷 회사가 제공하는 무료 소통의 도구에 불과할 뿐이다. 선한 사람들이 선하게 쓰면 선한 도구가 되고 악한 사람들이 악하게 쓰면 악한 도구가 되는 것이다.

지난 1년 동안 여러 개의 단톡방에 열심히 참여해서, 적극적으로 의사 표현을 한 적은 없지만, 올려주는 유튜브와 트위터, 페이스북을 열심히 보았다. 그러면서 두 부류의 사람들에 의해 장악될 수밖에 없는 단톡방의 힘의 구조를 이해하였고 단톡방이 결코 민주주의가 꽃 필 수 있는 열린 구조가 아님을 확인하면서 단톡방에 대한 환상을 접었다.

1. 《노모포비아 스마트폰이 없는 공포》, 258쪽, 만프레드 슈퍼처, TIN, 2020년

2. 같은 책, 258, 259 쪽

3. 같은 책, 262 쪽

4. 같은 책, 263 쪽

5. 같은 책, 264 쪽

6. 같은 책, 273 쪽

7. 같은 책, 275 쪽

8. 같은 책, 275 쪽

9. 같은 책, 276 쪽

10. 같은 책, 277, 278 쪽

미세먼지

　3월 초, 카톡방의 단골손님은 3.1운동 100주년 행사와 미세먼지에 대한 글이었다. 전자에 대한 글은 3.1 운동 관련 글과 행사 소개였으나 후자에 대한 글은 미세먼지에 대한 불평, 짜증, 건강 염려증이 대부분이었다.

　언론 역시 시시각각으로 미세먼지에 대한 보도를 하면서 건강 불안증과 두려움을 증폭시켰다. 미세 먼지의 성분과 위해성을 설명하며 외출을 자제하라는 친절한 방송에 나는 감사는커녕 슬며시 역정이 났다. 뿐 만 아니라 중국에서 온 미세먼지에 대한 악의적인 표현과 한국에서 생성된 미세먼지에 대한 설명과 그들이 제시하는 해법이 비가 와서 씻겨 내리거나 바람이 불어서 미세먼지가 다른 곳으로 이동하는 것이 유일한 해결책이라는 코멘트에 실소를 금하지 않을 수 없었다.

　대부분의 사람들이 미세먼지에 대해 불평만 할 뿐, 자신이 미세먼지를 만든 장본인이라는 사실을 인정하지 않는다. 쉽고 편한 생활, 저렴하고 좋은 것, 맛있는 것과 빠른 것을 추구하는 자신들의 생활이 미세먼지를 만들었다고 고백하며 겸손히 성찰하는 사람을 여직 본 적이 없다.

　소위 전문가들, 말하기 좋아하는 사람들은 미세먼지를 중국이 만들었다. 낡은 자동차가 만들었다. 공장이 만들었다. 가정이 배출하는 가스가 만들었다고 과학적 근거를 제시하면서도 자신을 포함하는 인간이 주범이라는 사실에 대해서는 깊은 각성과 통찰이 없다. 인간이 만든 미세 먼지의 피해자가 인간뿐만 아니라 모든 피조물이라는 사실에 대하여서도 관심이 없다.

분명 미세먼지는 돼지나 소, 사자나 호랑이, 고래나 상어, 꽃이나 나무가 만든 것이 아니고 지구의 자원을 이용하며 부와 편리를 추구하는 사람들이 만들어낸 것이 분명하다. 그런데도 대부분의 사람들은 자신들이 미세먼지의 희생자라는 착각에 빠져 있다. 자기들이 만들어 놓고도 자기들이 만든 그 사실조차 잊어버리고 사는 인간의 존재방식이 자연의 모든 생명체에게 그야말로 재앙이다.

미세먼지 때문에 모든 피조물이 신음을 하고 있다. 나무도 꽃도, 풀도 호흡이 곤란하고 신진대사에 고통을 겪고 있다. 개, 돼지, 소뿐만 아니라 다람쥐, 산토끼, 족제비, 두더지, 지렁이도 미세먼지로 위협을 당하고 있다. 하늘 나는 새도, 바다의 물고기도 강과 하천의 물고기도 곤경을 치르고 있다. 인간이 미세먼지로 고통을 당하는 것은 자신이 저지른 죄 값을 받는 것이지만 지구상의 무죄한 동식물들이 당하는 고통은 너무 안타깝고 억울하다. 그럼에도 불구하고 인간은 자기 고통만 생각할 뿐 피조물의 신음소리를 들을 줄 모른다.

미세먼지를 해결하려면 미세먼지를 만든 생활과 문명에 대한 점검을 해야 한다. 자연의 정화능력이상으로 배출하는 이산화탄소, 황사, 오존,

라돈, 유독가스 등 대기 오염의 원인을 사실대로 파악해야 한다. 사실을 직시하게 될 때 해결의 실마리를 찾을 수 있기 때문이다.

미세먼지는 과학화, 산업화, 자동화시대의 부산물로 우리의 삶 속에, 대기 속에 당당하게 들어왔다. 과학화, 산업화, 자동화는 보다 편리하고 빠르고 쾌적한 신세계를 꿈꾸는 사람들의 연구와 열망, 경쟁과 모험으로 출발되었으며 20세기를 통과하면서 완숙하였다. 과학문명이 주는 혜택은 실로 환상적이다. 전기밥솥과 세탁기가 우리 여성들을 가사에서 해방시켰으며, 발동기와 트랙터가 남성들을 농업 노동에서 구해 주었다. 각종 편리한 기계가 일반화되면서 사람들은 더 빠르게, 더 편리하게, 더 재미있게, 더 맛있게, 더 풍요롭게 라는 구호에 익숙해졌으며 편리하고 쉬운 낙원에 정착하기 위하여 대량 생산, 대량 판매, 대량 소비를 지구적인 구호로 추종하며 추구하였다. 결과적으로 고삐 풀린 인간의 무한 탐욕, 살아남기 위한 무한 경쟁, 행복을 가장하기 위한 무한 소비가 고공행진을 하는 사이에 자연은 이산화탄소, 미세 먼지, 황사, 오존 등을 감당하지 못하고 누적시키며 병들어 버렸다.

대기오염의 문제를 해결하려면, 인간이 살 수 있는 쾌적한 환경을 만들려면 인간의 편리와 욕망에 비례해서 발생되는 오염 물질을 적정수준으로 줄일 수 있는 삶으로 전환해야 한다. 불편을 감수해야 한다. 속도를 조절해야 한다. 소비를 줄여야 한다. 재미와 맛, 멋에 대한 집념과 욕구를 어느 정도 포기해야 한다. 아무것도 포기하지 않은 채, 정부가 어떤 법의 규제와 정책으로 미세먼지의 문제를 해결해주기를 바라는 생각자체가 모순이고 이율배반이다. 국제환경단체들이 문제를 개선하거나 해결해낼 것이라고 낙관하는 것은 눈 가리고 아웅 하는 것이다.

미세먼지가 자신의 탐욕과 편리, 재미와 속도가 만든 부산물이라는 사실을 인정하고 자신의 삶의 터인 지구촌 자연 환경을 위해서 각자 친환경적 삶으로 부단히 전환을 시도해야 한다.

중국을 원망하는 사람들에게 말하고 싶다. 중국에서 오는 저렴한 물건 덕분에 마음껏 입고 먹고 마시며 적은 수입으로 풍요롭게 살면서 중국 미세먼지만 탓해서는 안 된다고!

공장을 탓하는 사람들에게 말하고 싶다. 편리하고 쉽게 살면서 편리한 기계와 생활도구를 만드는 공장만 탓해서는 안 된다고!

정부를 탓하는 사람들에게 말하고 싶다. 강력하게 규제하면 못살겠다고 아우성치고 느슨하게 제재하면 그 틈에 몰래 양심을 파는 행위를 하면서 정부에게만 책임을 전가하면 안 된다고!

지구의 건강과 평화를 기원하는 사람이라면 미세먼지가 우리의 병든 사고방식, 생활방식에 대하여 고발하는 소리를 들으면서 개인과 국가차원의 변화를 시도해야 한다.

코로나19는 예언자이다

지난 2월부터 코로나19와 계속 대화를 나누고 있다.

인간의 탐욕과 오만, 자본과 국가의 폭력과 경쟁이 만든 재앙인가와

창조질서를 파괴한 인간의 탐욕과 죄악에 대한 신의 심판인가? 라는 질문을 던지면서 계속 묵상하며 분투하였다. 코로나19의 출현에는 전자의 영향이 결정적이고 코로나19가 가져온 인간사회의 위축, 실업과 고통에는 후자의 속성이 아주 강하여서 어느 한 쪽이라고 딱히 결정을 내릴 수가 없다.

일각에서는 코로나19 창궐에 대하여 인류를 멸종시키려는 음모로 배후에 중국의 어느 연구소와 세계적인 부호가 있다고 주장한다. 그러나 일고의 가치가 없으므로 여기서는 거론하지 않는다.

만약에 인간이 만든 재앙이라고 생각하면 국제사회가 책임 규명을 해야 하며 상식적으로 생각을 해도 그 대부분의 책임이 소위 G7국가들에게 있기 때문에 그들에게 책임을 물으며 배상을 요청해야 한다. 무엇보다 G7 국가의 우산 속에 있는 다국적기업들에게 막중한 책임을 물어야 한다. 또한 후발로 G20에 속하게 된 나라들과 기업체들 또한 책임이 없다고 말할

수 없다. 그러나 지금까지 어느 누구도 강대국 책임을 논하며 책임을 추궁하는 자는 없다. 모두들 두루뭉술하게 지구 온난화, 생태 파괴와 환경오염이 원인이라고 말하며 보편 인류의 책임으로 떠넘기고 있다. 지난 500년 동안 남미와 아시아, 아프리카를 총칼로 정복하며 물질문명, 강자문명, 파괴문명을 전 지구에 이식한 서구 문명이 재앙의 중심에 있음에도 불구하고 코로나 담론에는 21세기 이야기만 나온다.

만약에 신의 심판으로 인정하게 되면 무엇보다도 먼저 하나님 말씀과 법도를 벗어난 인간의 교만과 죄악, 폭력과 불의가 무엇인지를 알아야 한다. 인류가 죄악으로부터 돌아서야만 문제가 해결되기 때문이다. 그러나 지금까지 살펴본 바로는 몇 몇 특정 종교인을 제하고는 그 어떤 정치인, 경영인, 전문가, 지식인도 코로나19를 신의 심판으로 생각하지 않고 있으며 어떤 담론도 인류의 삶과 존재방식에 대하여 철저한 회개와 성찰을 요구하지 않는다. 요란하게 문명사적인 변화가 올 것이라고 말하지만 누구도 과감한 개혁과 변화를 원하지 않는다. 아무도 죄와 책임을 묻지 않으며 신속하게 극복해서 속히 과거로 돌아가려는 전문가 집단의 진단과 제언, 권좌를 지키려는 정치인들의 번쩍거리는 아이디어와 정책이 밀물처럼 쏟아져 나오고 있다.

두 개의 시각을 오가면서 막막함에서 오는 분노와 무력감으로 한없이 부대꼈다.

하나님의 이름과 진리에 무지하고 냉담한 세상에서 선교사로서 계속 활동할 수 있는가?

종교 간의 화해와 공존을 지향하는 세계 흐름 속에서 선교사의 의미와 역할은 무엇인가?

아무리 소명으로 선교사직을 계속 수행하려 해도 나라들이 문을 닫으면 갈 수가 없는데 개인의 힘으로 어떻게 비자 문제를 돌파해야 하는가?

각 나라들이 문을 열어 개방하여도 실물경기가 회복되지 않아서 후원이 단절될 경우 어떻게 사명을 수행해야 하는가?

입국해서 들어갔을 경우, 코로나19 이전과 같은 신학으로 선교를 계속 수행할 수 있겠는가?

코로나 이전과 동일한 선교전략과 방법으로 일할 수가 있겠는가?

코로나 이후 코로나19 재발 방지를 위한 신학과 목회에로의 전환은 가능한가?

코로나19 극복을 위해 지금 당장에 교회와 신학이 무슨 일을 해야 하는가?

코로나19 극복 일체를 집권당의 정치와 정책에 맡기고 권력에 떠밀리는 소극적인 목회를 언제까지 계속할 것인가? 등의 코로나 시대에 교회와 선교사 존재 의미를 재확인하며 진통을 겪어야 했다.

한동안 코로나19가 아니었으면 벌써 여러 차례 현장에 다녀왔을 터인데 코로나19로 인하여 선교지 방문 일정과 행사를 연거푸 취소하게 되어 마음이 불편하고 무거웠다.

2월 초 중국행 비행기 일정이 취소되어 4월로 연기하였다. 결항소식이 떠서 6월 초로 바꾸었다. 6월에도 결항한다는 소식이 이태원사태 며칠 후에 날아 왔다. 얼핏 두려움이 스치며 앞으로 더 이상 선교사 직을 수행할 수 없을지도 모른다는 생각이 들었다.

티켓을 취소할 것인가, 다시 연기할 것인가를 고민한 끝에 한 번 더 미루어 보기로 결정하였다. 8월 말 정도에는 코로나19 문제가 대충 진정될 것이라 추측하며 출발일을 8월 말로 조정하였다. 그러나 항공사의 답변은 그 때도 취항여부가 불확실하니 티켓을 취소하라는 것이었다. 나의 의지와는 상관없이 각 나라들의 공항 폐쇄로 2020년 선교현장 방문과 기획했던 모든 일들을 다 내려놓게 되었다. 그 후 네팔과 인도 쪽의 비행기도 10월까지는 취항하지 않을 것이라는 소식이 왔다. 오랫동안 기다렸던 인도 방문을 연내에 할 수 없게 된다는 사실에 우울해졌고 거듭 길이 막히는데 대한 분노와 무력감으로 진이 빠졌다. 새로운 현장을 방문하고자 했던 네팔, 미얀마 그리고 파라과이를 비롯한 남미 방문계획을 어쩔 수 없이 내려놓으면서 하나님께 거세게 항의하며 코로나의 의미를 물었다.

코로나가 무엇이냐고? 왜 하필 지금 왔냐고? 인간이 만든 재앙이냐고? 당신의 심판이냐고? 당신의 심판이면 소돔과 고모라처럼 세상 사람들 모두가 한 눈에 심판이라고 인정할 수 있도록 강력하고 신속하게 일제히 벌을 내려서 당신의 존재를 온 세상에 알리시면 좋겠다고 아뢰었다.

지난 5개월 동안 코로나19는 국내외 많은 정치인, 과학자, 경제학자, 사상가를 비롯하여 많은 지식인들과 활동가들의 화두가 되었다.

코로나 담론은 코로나 출현의 원인, 각국 나라들의 방역과 K방역의 성공, 백신과 치료제 개발, 재난지원금, 실업 해결과 경기 부양책 등을 담았다.

모든 담론이 코로나19 출현은 화석에너지 사용으로 인한 지구 온난화,

무분별한 자연개발과 생태파괴가 불러온 종의 소멸, 화학 물질 등으로 인한 환경오염으로 분석하였다. 그러나 누구도 코로나19를 불러온 인간의 탐욕, 특별히 다국적 기업과 강대국의 폭력에 가까운 탐욕과 착취, 피비린내 나는 경쟁을 심도 있게 고발하지 않는다.

자연 생태와 환경 파괴는 무한 탐욕을 지향하는 대량 생산과 대량 소비의 결과물인데 삶이 소비가 되어버린 인간의 생존방식에 눈 감아버리면 제2, 제3의 코로나 사태는 언제든지 재발할 수 있음에도 모든 담론이 눈앞의 현상만 말할 뿐이다. 코로나19 이후 인간을 신인류라고 말하지만 삶은 습관의 반복이고 저마다 가치관의 발로이기 때문에 과거와 결별함이 없이 새로워질 수 없다는 사실을 알면서도 아무도 썩고 병든 사람들의 정신의 개혁과 변화, 잘못된 삶에 대한 반성은 말하지 않는다. 모든 신인류의 담론은 원하지 않는 변화가 시작되었으니 변화해야 산다는 사실을 이구동성으로 떠드는 담론에 불과하였다.

사회적 거리두기를 하면서 신이 났다. 한국의 방역의 신속성과 의료진의 헌신성, 과학적인 관리와 치열한 위치 추적, 협조하는 시민들과 생명을 구하려는 정부의 의지 등을 알리는 기사에 기립박수를 보내면서 일본과 미국의 방역 실패를 고소하게 생각하며 한국 국민으로서 자부심과 긍지를 가지기도 하였다.

백신과 치료제 개발에 국제적인 공조가 필요하며 치료제는 전 세계인에게 무상으로 공급되어야 한다는 글에 감동을 받기도 하였다. 한 편으로 코로나19 변종이 최소한 3천 개에서 6천 개가 넘기 때문에 백신과 치료제가 의미가 없다는 말에 코로나19와 함께 사는 시대와 환경에 대한 생각을 하지 않을 수 없었다.

재난지원금과 경기 부양책이 나오면 말이 많아진다.

코로나19를 퇴치하고, 경기부양을 위해 천문학적인 지원금을 쏟아 부어야 한다고 주장이 빗발친다. 코로나19 이전의 물질만능 시대와 결별하고 미래 새 시대로 들어가기 위한 학습비용으로 생각하면 지원금을 적재적소에 신속하게 쏟아 부어야 한다. 그러나 미래의 돈을 차입해서 현재의 재난과 경기 침체를 극복해야 하는 것이기 때문에 시작하기 전에 한국판 뉴딜, 그린 뉴딜의 목적과 방향, 방법과 대상을 분명히 해야 한다. 선명하게 만들어야 한다. 정의, 평화, 생명, 사랑의 바탕 위에 공생공존과 화해와 통합을 위한 새 시대를 건축해야 한다.

디지털인프라 구축, 비대면 산업 육성, 국가기반산업 스마트화 그리고 저탄소, 친환경, 자원절약을 모토로 하는 녹색성장 전략은 성공하면 역사에 길이 남겠지만, 실패할 경우 책임지는 자는 없을 것이고 빚이 고스란히 미래세대의 짐이 되며 계층 간의 골을 더 심화시킬 것이다. 그리고 그린 뉴딜정책이 중산층 지식인들, 전문가들에게만 기회를 주고 자기집단의 확고한 지지기반 형성을 위한 한 몫 나누기를 위한 정책으로 둔갑해버릴 수 있는 위험성이 있는데 이를 감독하고 감시할 집단이 없는 것도 큰 문제이다. 가장 좋은 정책은 가난한 사람들이 자존감을 가지고 살 수 있도록 취업의 기회를 제공하는 것이다. 루스벨트 대통령의 뉴딜정책이 성공한 것은 가난한 자들을 구호하며 330만 명을 실업상태에서 고용한 때문이었다.

한국에 돌아와서 자주 들은 말은 '나라 돈은 눈 먼 돈이기 때문에 먼저 먹는 사람이 임자'라는 말과 똑같이 가난해도 줄이 있으면 차상위계층이 되고 줄이 없으면 안 된다는 말이었다. 이는 정부의 복지예산이 무분별하게 사용된다는 풍자다. 국민 세금이 너무 허술하게 다루어지며 목적을 벗어나 대상이 아닌 자에게 지급된다는 뜻이다. 예산이 목적을 벗어나서 경제 정의와 평등에 반하여 쓰여 지게 되면 아무리 좋은 계획도 부정과 비리로 실패하기 쉽다. 그러므로 정부는 '기회는 균등하게 과정은 공정하게' 라는 말을 실천할 의지와 신념이 확고하며 단호해야 한다. '우리가 남이가' 라는 패거리 문화에 젖어 있는 기득권자들은 법과 원칙을 다른 집단에게는 적용하되 자신들의 집단에는 적용하지 않거나 관용적이어서 개혁을 망치는 변수로 작용할 수 있다. 코로나19와 싸워 이기고 경제회복을 시켜서 국민들을 흥청대며 풍요로운 과거로 돌려보낼 생각으로 경기 부양 정책을 급하게 서둘러서 실시하지 않길 바란다. 부양책의 키워드는 일터를 잃은 사람들의 완전한 취업 또는 생계 확보와 공정한 세금 그리고 에너지와 자연과의 공존의 문제이기 때문이다.

실제로 코로나19가 사스나 메르스에 비하여 강하며 전파력 또한 강력한 것은 사실이지만 지구차원의 핫이슈로 등장하게 된 것은 코로나19에 대한 사람들의 과잉 불안과 무지한 대응에서 시작되었다. 백신도 없고 치료제가 없는 상황에서 무증상 감염자들로 인한 전파가 사람들의 불안심리를 자극하였고 그것이 각국에서 "사회적 거리" 두기와 "셧다운 정책"으로 구체화되면서 상상을 초월하는 일파만파의 대량의 실업과 경기침체로 나타났다.

한국은 사회적 거리두기로 방역을 성공으로 이끌었지만 1일 노동자,

은행 대출로 사업을 시작한 중소기업체와 소상공인들, 대출로 주택과 차량을 구입한 사람들을 실업과 휴업, 파산으로 내몰았다.

"셧다운 정책"은 인도 같은 경우, 하루아침에 1억 2천만 명을 실업자로 만들었다. 미국의 경우 대공황 이후 최악으로 실제 실업자가 2,700만 명이 나왔다. 영국의 경우 4월 실업수당 신청자가 209만 7천 명으로 1970년 대 초 이후 최대를 기록하였다. 국제 노동기구는 연말에 세계적으로 2억 명의 실업자가 추가 발생할 것으로 예상하였으며, 유엔세계식량계획은 연말 즈음에 2억 7천만 명이 추가로 극심한 기아상태에 빠질 것으로 전망하였다. 뿐만 아니라 방역에 실패한 미국 정부가 출구전략으로 중국을 집중공격하며 편 가르기를 하고 있어서 무역전쟁과 신 냉전이 시작되었다.

기존의 질서와 체제를 불과 몇 달 사이에 뒤흔들어 버린 코로나19의 슈퍼파워에 경악을 금할 길이 없다. 과연 코로나19가 인간사회의 기저를 흔들었는가? 대답은 "아니다" 이다.

생각해 보자. 코로나19가 아무리 막강해도 직접적으로 인간에게 줄 수 있는 것은 두 가지 뿐이다. 고통과 죽음이다. 감염되면 익히 알려진 대로 고통을 겪는다. 그러나 코로나19가 강해도 고통을 이기고 살아나는 사람들이 훨씬 더 많다. 그럼에도 불구하고 코로나19 방역을 위해 실시한 몇 달의 셧다운으로 세계가 대량 실업에 직면하였다. 이는 코로나19가 강한 것이 아니라 그 만큼 인간사회 구조와 체제, 개인과 사회의 경제네트워크가 허약하다는 반증이다.

자본과 기술에 의하여 노동이 소외되었으며, 재벌 85명이 소유하고 있는 재산이 지구촌 35억 명의 사람들이 가진 재산과 맞먹을 정도로 부가 편중되어서이다. 주식 자본주의, 군사패권 자본주의, 세계은행과 국제통화기금이 주도한 강대국 중심의 신자유주의 자본주의 체제가 만든 극도의 불평등한 경제구조가 세계화되어 각국의 경제가 다국적기업에 편중, 집중, 독점되었기 때문이다. 과거에는 국지전이나 지도자의 부패와 정책의 실패로 실업과 경기침체가 지엽적으로, 부분적으로 일어났으므로 지금처럼 지구촌 전체가 한꺼번에 실업대란에 빠지지 않았다. 그러나 지금은 셧다운을 실시한 모든 나라에서 거의 동시에 대량 실업이 발생하여 빈익빈, 부익부의 실체, 병든 경제의 증상을 있는 그대로 드러냈다.

세기 말부터 중병으로 드러누운 세계 경제가 스피드, 인터넷, 인공지능, 주식거래, 여행업, 보험업, 스포츠산업, 섹스산업, 스크린산업, 향락산업 등의 산소 호흡기를 끼고 가까스로 가동되어 왔는데 사회적 거리두기와 셧다운으로 말미암아 산소 호흡기 효과가 일시적으로 중단됨으로 대공황에 노출된 것이다.

이쯤에 코로나를 보는 나의 시각이 정리되었다.

세상에서 그 어떤 세계적 수준의 전문가와 학자, 언론이나 대학교육도 해낼 수 없었던 몇 가지 일을 겨우 몇 달 만에 해냈기 때문이다.

첫째는 코로나19는 사람들로 하여금 자연 파괴가 곧 바로 사람 생명의 위협이요, 죽음에 이르는 길이라는 사실을 자기의 문제로 자각하게 만들었다.

지구가 인간의 재산으로서 자원이 아니라 생명공동체라는 것이다. 그동안 사람들이 생태 파괴, 환경오염, 기후변화가 먼 나라 이야기처럼 학자들이나 활동가의 담론으로 들었을 뿐인데, 코로나19 팬데믹으로 비로소 지구 생명이 자연의 안전과 자신들의 생활과 직결되어 있음을 실감한 것이다. 자연 보호의 문제가 자신들의 생명과 안전의 문제임을 깨달은 것이다.

코로나19는 실로 우리에게 잊고 있었던 하나님의 창조와 온 우주만물의 안식과 평화를 지향하는 안식년법과 희년법을 상기시켜 주었다.

둘째는 코로나19는 사람들로 하여금 생명의 안전을 위해 국제적인 공조와 협력의 필요하다는 사실을 깨닫게 만들었다.

초기에는 각 나라들이 자기 나라만 잘 지키면 안전할 것으로 생각하였으나 불과 몇 달 사이에 코로나19가 빠른 속도로 오대양 6대주에 모습을 드러내자 공동으로 방역하며 극복해야 한다는 사실을 깨닫게 된 것이다. 코로나19로 말미암아 세계는 이념의 논리, 경제 우선 논리, 힘의 논리를 넘어서서 협력과 공조로 나가지 않으면 21세기가 끝나기 전에 인류가 지구상에서 사라질 수 있으며, 살아남는다 해도 삶의 질이 형편없이 낮아질 것이라는 대 위기의 전망을 비로소 공유하게 된 것이다.

코로나19는 우리가 생명의 보호와 안전을 위해 서로 협력하여 함께 번성하는 것이 하나님의 창조의 목적이며 섭리임을 알게 해주었다.

셋째는 코로나19는 사람이 개인이면서 사회적, 경제적 유기체라는 것을 한 눈으로 파악하게 만들었다.

사람이 유기체이므로 자본주의의 병폐인 경제적 불평등이 그 당사자들만의 빈곤이 아니라 사회 전체의 빈곤이 되는 것이다. 코로나19는 도시화, 3,4차 산업화시대에서 사람들의 빈곤과 실직이 그 사람들의 개인적 불행만이 아니고, 나라 경제 침체와 파탄의 원인이 되며 전 세계에 대공황이라는 나비효과를 발휘하게 된다는 것을 우리가 함께 학습하게 해주었다.

코로나19는 인간이 피조 된 생명으로 원자화 된 개인 물질, 우주에 던져진 고아 같은 개인이 아니며 개인으로서 전체이며, 전체로서 개인적인 존재로 함께 살며 함께 구원받아야 할 생명의 유기체임을 상기시켜 주었다.

넷째 코로나19는 사람들이 "삶에서 무엇이 더 중요한 것인가?"를 생각하며 본질에 대한 생각을 하게 만들었다.

인생살이에 실제로 필요하고 중요한 우선순위에 대한 개념을 정리할 수 있는 기회를 준 것이다. 사람들이 사회적 거리두기를 하면서 개발과 성장보다 자연 환경이, 돈 보다 건강이, 경쟁보다 협력이, 수단보다 목적이, 개발보다 보존이, 사유보다 공유가, 신속보다 안전과 생명이, 독점보다 공동의 참여가, 물질보다 인간의 존엄이, 독존보다 공존이 우선적임을 생각하게 되었다. 뿐 만 아니라 1차, 2차 산업이 없는 3,4차 산업은 기초적인 안전망이 없는 부실한 나라를 만든다는 것을 유럽과 미국을 통해서 배우게 되었다. 인류가 개인 중심, 물질 중심, 편리와 향락 중심, 성공과 출세 중심의 교육과 가치관의 문제점을 국가적, 인류적 차원에서 반성을 할 수 있는 위대한 시간을 함께 가진 것이다.

코로나19는 생명이 목적이지 '수단과 도구가 아니다' 는 성서의 진리, 생명 존엄의 진리를 다시금 숙고하게 해주었다.

다섯째 코로나19는 한국인들의 미국에 대한 의식의 변화를 촉발시켰다.

지금까지 한국인의 의식 속에서 미국은 절대선 이었고 정의와 평화의 사자였으며 영원한 우방이며 보호자였다. 그러나 미국의 코로나19 방역 실패와 국제적인 방역공조를 무시하는 독선과 횡포, 코로나19 음모론 제기와 무역 분쟁으로 신 냉전의 기류를 만드는 미국의 진면목을 접하게 된 것이다.   코로나19는 형편없는 방역과 부실한 의료보험, 걷잡을 수 없는 실업과 경기침체 그리고 국민의 생명보다 자신들의 정권유지에 급급해하는 정치지도자들의 독선과 교만의 실체, 미국의 민낯을 그대로 보여주어 한국인들의 미국 환상을 깨주었다.

코로나19는 선악과를 따먹은 인간은 결코 구원자가 될 수 없으며, 성서에 나오는 거대한 힘으로 세상을 지배하려는 영웅과 그 시스템인 바벨탑이 언제나 무너졌음을 다시 보게 해주었다.

코로나19가 인간의 탐욕과 죄악, 무절제와 교만에서 비롯되었고 하나님의 심판적인 부분이 있음은 사실이다. 그러나 코로나19는 인간이 비싼 대가를 치루고 깨달은 것이 성서의 진리임을 말해 주고 있다. 코로나19로 인하여 드러난 절망적인 실상이 죄악의 결과물이고 깨달음이 선지자의 회개하고 하나님께로 돌아오라는 선지자의 예언을 닮았다. 코로나19가 자신도 모르게 예언자가 되는 순간이다.

예언자는 왕과 귀족, 종교 지도자와 백성들, 이웃 나라들의 죄악상을 일일이 열거한다. 폭력과 살인, 부정과 부패, 성적 타락과 우상 숭배, 탐욕과 약탈, 사기와 위선, 억압와 빈민학대, 고아와 과부의 인권 유린 등을 열거하며 회개를 요청한다. 전환을 요구한다. 변화를 촉구한다. 맘몬의 가치관을 버리고 생명의 하나님께로 돌아오라고 한다. 자기숭배, 우상숭배, 영웅숭배를 떠나서 하나님께로 돌아오라고 한다. 회개하고 돌아오면, 변화하면, 전환하면 살 것이요, 변화와 회개를 거부하면 망할 것이라고 한다.

코로나19가 우리에게 준 깨달음은 이런 의미에서 예언이 된다. 사람들을 파멸에서 구하려는 하나님의 메시지이며 하나님의 희망이며 인류에게 비는 하나님의 기도이다.

우리는 과감하게 코로나19가 드러낸 인간의 거짓, 허위, 허영, 위선의 껍데기를 벗어 버려야 한다. 쓰레기 자본주의의 노예로 사는 일을 멈추어야 한다. 고급 소비를 위해서 존재하는 소비지상주의에서 벗어나야한다. 마음껏 먹고 마시며 즐기라는 나쁜 자본주의 유혹에서 벗어나야 한다. 수단과 방법을 다해서 승자가 되면 모든 것이 정당화되고 합리화 된다는 자본주의 속임수를 단호히 물리쳐야 한다. 대량생산을 위해 대량소비를 조작하는 선전에 더 이상 속아서는 안 된다. 절제와 근거절약으로 지구 자원을 절약해야 한다.

"때가 찼고 하나님의 나라가 가까이 왔으니 회개하고 복음을 믿으라"

"가난한 자에게 복음을 전하게 하시려고 내게 기름을 부으시고 나를 보내사 포로 된 자에게 자유를, 눈먼 자에게 다시 보게 함을 전파하며 눌린 자를 자유롭게 하고 주의 은혜의 해를 전파하게 하려 하심이라"

"사람이 떡으로만 살 것이 아니요 하나님의 입으로부터 나오는 모든 말씀으로 살 것이라"

"마귀가 또 그를 데리고 지극히 높은 산으로 가서 천하만국과 그 영광을 보여 이르되 만일 내게 엎드려 경배하면 이 모든 것을 네게 주리라 이에 예수께서 말씀하시되 사탄아 물러가라 기록되었으되 주 너의 하나님을 경배하고 다만 그를 섬기라"

코로나19는 주님처럼 인간이 제국의 폭력과 물질의 노예상태를 벗어나서 존엄한 인간으로 살도록 인류를 새로운 세계로 초대하고 있다. 창조의 목적인 정의에 기초한 사랑과 평화의 나라, 공생과 공존의 하나님 나라를 볼 수 있도록 우리의 눈을 열어주고 있다. 코로나19가 끔찍한 고통과 죽음과 함께 온 것은 인간의 탐욕과 착취가 만든 우주적인 참상, 지구 파멸의 전조, 세계의 질서 붕괴, 극단적인 경제적 불평등과 기아에 시달리는 하나님 없는 세계, 경제 영웅들의 폭력에 시달리는 고아가 된 지구를 드라마틱하게 보여주며 새로운 결단을 촉구하기 위해서 였을 것이다.

대부분의 사람들이 속히 백신과 치료제가 나와서 코로나19 이전으로 돌아가길 원하고 있지만 우리는 다시 그 옛날로 돌아갈 수 없다. 아무리 그 치료제가 나와도 새로운 종의 바이러스가 이어서 출현할 것이기 때문이다. 또한 경제개발과 성장을 위한 지속적인 지구 파괴는 인류의 파멸이 될 것이라는 사실을 피부로 체험하였기 때문이다. 우리는 이제 옛 문명, 옛 생활로 돌아가는 것을 숙고하고 자본주의 사회의 핵폭탄인 "에너지와 세금"의 문제를 지혜롭게 풀어가야 한다.

많은 사람들이 "공존"를 코로나 이후시대의 키워드로 말하였다.

나라와 민족을 넘어 선 인류의 공존은 기본이다. 자연과의 공존, 미생물, 무생물과의 공존 뿐 아니라 과거, 미래와 함께 공존을 도모해야 한다. 진실로 그렇게 하기를 바랄진대 생태계의 회복을 위해 공존이 주는 불편과 부담을 기꺼이 견뎌내야 한다. 하나님께서 창조의 하루를 마치실 때마다 "보시기에 좋았더라"고 하신 상태로의 회복을 기대한다.

코로나19의 메시지를 겸손히 경청하면서 미래를 응시한다.

크리스천으로 살아가려면, 복음진리로 세상을 섬기려면 교회와 신학은 각고의 노력으로 거듭나야 한다. 우상과 인간의 관습과 나쁜 조직을 제거해야 한다. 그동안 성공한 목회와 기복 신학으로 한국교회를 물질과 우상의 전으로 만든 과오와 죄악을 참회해야 한다. 목회라는 이름의 탐욕으로 추구한 대형화, 집중화, 도시화, 상업화를 신속하게 정리하고 '만민의 기도하는 집'으로 탈바꿈해야 한다. 교회와 목회의 양극화와 대립을 극복해내야 한다. 촛불 교회와 태극기 교회로 분열되어 서로 불신하며 정죄하는 교만과 독선을 참회해야 한다. 틈새를 노리는 이단과 사탄들 방역에 철저해야 한다. 교회와 지역사회 안에 있는 짓밟히고 무너진 작은 지체들의 존엄을 회복시켜야 한다.

결국 코로나19는 피조물의 신음소리를 들으며 함께 아파하며 치유하며 생활 속에서, 삶이 그대로 메시지가 되는 존재론적인 목회, 성육신 목회, 십자가 목회로 진리를 살아 내라고 요구하는 것이다.

아무것도 아닌 자의 죽음

초판 1쇄 인쇄 _ 2020년 11월 10일
초판 1쇄 발행 _ 2020년 11월 15일

지은이 _ 이옥희

펴낸곳 _ 바이북스
펴낸이 _ 윤옥초
책임 편집 _ 김태윤
책임 디자인 _ 이민영

ISBN _ 979-11-5877-205-5 03230

등록 _ 2005. 7. 12 | 제 313-2005-000148호

서울시 영등포구 선유로49길 23 아이에스비즈타워2차 1005호
편집 02)333-0812 | 마케팅 02)333-9918 | 팩스 02)333-9960
이메일 postmaster@bybooks.co.kr
홈페이지 www.bybooks.co.kr

책값은 뒤표지에 있습니다.
책으로 아름다운 세상을 만듭니다. ― 바이북스

미래를 함께 꿈꿀 작가님의 참신한 아이디어나 원고를 기다립니다.
이메일로 접수한 원고는 검토 후 연락드리겠습니다.